AF240768

SOUVENIRS

DU

RINCE A. DE HOHENLOHE

FRANCE — ALSACE-LORRAINE — ALLEMAGNE
(1870-1923)

TRADUCTION ET PRÉFACE DE ED. DUPUYDAUBY,
TRADUCTEUR AU MINISTÈRE DES AFFAIRES ÉTRANGÈRES

PAYOT, PARIS

SOUVENIRS

DU

PRINCE ALEXANDRE DE HOHENLOHE

COLLECTION DE MÉMOIRES, ÉTUDES ET DOCUMENTS
POUR SERVIR A
L'HISTOIRE DE LA GUERRE MONDIALE

SOUVENIRS

DU

PRINCE ALEXANDRE DE HOHENLOHE

FRANCE — ALSACE-LORRAINE — ALLEMAGNE
(1870 - 1923)

TRADUCTION ET PRÉFACE DE **ED. DUPUYDAUBY**
TRADUCTEUR AU MINISTÈRE DES AFFAIRES ÉTRANGÈRES

PAYOT, PARIS
106, BOULEVARD ST-GERMAIN
—
1928
Tous droits réservés pour tous pays

TABLE DES MATIÈRES

SOUVENIRS

DU

PRINCE ALEXANDRE DE HOHENLOHE

PRÉFACE DU TRADUCTEUR

Alexandre de Hohenlohe, le « démocrate rouge », le « pacifiste », est le fils de Clovis de Hohenlohe-Schillingsfürst, prince de Ratibor et de Corvey, ancien président du conseil de Bavière, ambassadeur d'Allemagne à Paris, statthalter d'Alsace-Lorraine et chancelier d'empire, et le descendant d'une des plus illustres familles princières de l'Allemagne, qui compte dans ses prérogatives de traiter d'égal à égal avec les empereurs et les rois. Né en 1862, à Lindau, en Bavière, il fut, dès son enfance, l'objet d'une préférence marquée de la part de son père et il en devint rapidement l'élève, le collaborateur et le confident, de sorte que faire la biographie de notre auteur, c'est retracer un peu les principales étapes de la vie du chancelier.

Le prince Alexandre a douze ans lorsque son père est nommé ambassadeur à Paris. Les premières impressions de beauté qu'il reçoit dans la capitale française se gravent profondément dans son esprit et entreront sans doute pour une large part dans la sympathie qu'il gardera toujours à notre pays. D'autre part, dans le cabinet de son père, il voit tous les personnages importants de la république commençante : Thiers, le grand bourgeois, d'une correction impeccable, toujours soucieux de sa dignité et fort épris des marques extérieures du pouvoir, Gambetta, plus démocrate et un peu débraillé, qui offre sans façon à l'ambassadeur des cigares médiocres qu'il tire du fond de sa poche. Dans les salons de l'ambassade, où sa mère, née princesse de Sayn-Wittgenstein-Berleburg, fait les honneurs de la maison avec l'aisance et l'autorité d'une souveraine, il voit défiler, à côté des artistes et des gens de lettres, toute la fleur de l'aristocratie parisienne. Chose remarquable, en effet, l'ambassadrice d'Allemagne, dont le rôle est cependant bien délicat après les événements de 1870, réussit en très peu de temps à s'imposer et ses réceptions sont de beaucoup les plus recherchées par les Français de tous les partis politiques. Quelle meilleure preuve pourrait-on donner de son succès complet et de sa grande influence que les fréquentes démarches faites auprès d'elle par les candidats aux bureaux de tabac.

L'adolescent, dont l'intelligence est déjà fort éveillée, trouve donc, rue de Lille, de nombreuses occasions d'exercer les rares facultés d'observation qu'il tient de son père et dont son livre nous atteste le merveilleux développement.

Mais le chancelier entend que son fils fasse de fortes études et, en 1877, il envoie le jeune prince au lycée de Wiesbaden, qui est considéré comme l'un des meilleurs établissements d'outre-Rhin.

Que vaut l'enseignement qu'il y reçoit? Quel profit retire-t-il de ce séjour?

Il semble que, tout comme en France, l'étude des langues anciennes y tienne à peu près toute la place, mais on perd un temps infini aux questions grammaticales les plus insignifiantes et on arrive à dégoûter les élèves des œuvres antiques au point qu'à la sortie du lycée ils se hâtent de brûler leurs livres pour éteindre ainsi tout souvenir de ces tortures intellectuelles. L'enseignement de l'histoire consiste à faire apprendre par cœur aux élèves des chapitres entiers d'histoire militaire. En histoire naturelle, en physique et en chimie, le prince apprend peu de chose, car son professeur, physiquement disgracié, n'arrive pas à tenir sa classe. Mais il a la chance d'avoir un directeur qui est un fin lettré, un grand admirateur d'Horace, qui surtout sait voir dans la culture classique autre chose qu'un exercice verbal et qui en faisant apprendre à ses élèves les meilleures pages de l'antiquité leur enseigne à penser par eux-mêmes avec justesse et fermeté.

A sa sortie du lycée, alors qu'il eût préféré voyager, satisfaire sa curiosité d'esprit et élargir son horizon intellectuel par un contact prolongé avec d'autres hommes, d'autres idées et d'autres mœurs, il se voit obligé d'être ambitieux, lui aussi, et d'aller s'inscrire tout d'abord à l'Université de Leipzig puis à celle de Göttingen, pour s'y préparer à la carrière diplomatique ou administrative. Il entre comme membre non actif dans l'aristocratique corporation des « Saxons ». Mais l'indépendance de son caractère, le libéralisme de son esprit et aussi l'insuffisante résistance de son estomac lui font trouver peu de charme à une existence où il s'agit avant tout d'absorber chaque jour, à heures fixes, une quantité considérable de chopes, d'aller par ordre à la « mensur » se faire balafrer le visage et de célébrer, avec un enthousiasme automatique, la grandeur de l'Allemagne, prussianisée et l'infaillibilité de son monarque tout-puissant.

On peut se demander pourquoi, dans ces conditions, le prince s'est laissé embrigader dans une corporation. Il n'est guère douteux que, s'il n'eût tenu qu'à lui, il serait resté à l'écart, dans cette solitude un peu sauvage, méditative et fructueuse qui le ravissait. Mais on se rend compte qu'il lui était bien difficile de ne pas céder à la pression des influences familiales quand on sait l'énorme prestige dont jouissaient les corporations d'étudiants auprès de l'aristocratie et de la riche bourgeoisie depuis que Bismarck, son fils Herbert, Guillaume II et ses fils en avaient fait partie.

Le grand chancelier avait été à Göttingen le membre le plus turbulent de la corporation des « Bremenser ». Sa constitution de fer lui permettait de supporter sans dommage les pires excès et il avait acquis rapidement, parmi ses camarades, la réputation d'un sabreur intrépide et d'un buveur hors classe. Comme il était devenu chancelier et grand homme d'Etat, on s'imagina volontiers qu'il était nécessaire et même suffisant pour arriver aux plus hautes fonctions de passer les cinq ou six années d'université à boire et à se battre. Quand son fils Herbert, à l'exemple de son père, se fut également imposé à l'admiration de ses camarades par ce genre d'exploits et eut été nommé secrétaire d'Etat aux Affaires étrangères; quand Guillaume II et ses fils, pendant leur séjour à l'université de Bonn, se furent inscrits à la corporation des « Borussen », tous les fils de famille n'eurent qu'un désir : entrer dans une corporation et plus particulièrement dans une de celles qui offraient le plus de chances de se faire des relations utiles. Et cependant, de l'avis du prince Alexandre, la vie de corps présente dans l'ensemble des inconvénients considérables.

Sans doute la « mensur », c'est-à-dire le duel à la rapière entre deux étudiants tirés au sort dans deux associations, n'est point inutile et s'est révélée parfois même une pratique excellente pour tremper et viriliser certains jeunes gens un peu gâtés et amollis par une vie trop facile ou naturellement peu braves. Mais ces interminables beuveries quotidiennes ont des effets déplorables sur la santé d'un grand nombre d'étudiants. Combien s'en sont allés avec l'estomac ou le cœur démoli par cette brutale consommation d'alcool, sans parler de ceux qui en sont morts. Tous ces rites obligatoires et trop fréquents font perdre aux étudiants beaucoup de temps et leur permettent à peine de suivre quelques cours par semaine. Quant à lire, à étendre et approfondir leur culture générale, il n'en peut être question.

Mais surtout, la vie de corps, en cantonnant tous ces jeunes gens dans un milieu toujours le même, animé de l'esprit de caste le plus étroit, sans aucun contact avec le dehors, prépare très mal à leurs futures fonctions ceux d'entre eux qui sont appelés à être plus ou moins les chefs et les dirigeants du peuple allemand. Elle cultive en eux cette sotte présomption, cette brutale arrogance que l'on constate si fréquemment chez l'officier ou le fonctionnaire allemand et qui en font un type ridicule ou odieux aux yeux de l'étranger en même temps qu'elles contribuent à aggraver en Allemagne les oppositions de classes. Et cette servitude de tous les instants, cette abolition de toute indépendance, cette subordination de la volonté individuelle à une fin collective, qui se continuent, avec plus de rigueur encore, à la caserne, créent chez ces jeunes gens cette mentalité spéciale qui leur fait acclamer pendant trente ans un monarque comme Guillaume II et les aurait amenés à l'acclamer encore si ce monarque avait eu le courage de rentrer à Berlin par la porte de Brandebourg. Par leur byzantinisme, par leur culte idolâtre pour la personne de l'empereur, qui a gagné peu à peu toute l'Allemagne, les corporations d'étudiants ont contribué à convaincre de plus en plus Guillaume II de sa ressemblance avec Dieu et finalement à lui donner le vertige de la puissance absolue.

Les corporations d'étudiants ont jadis combattu la réaction de Metternich et favorisé, en même temps que les aspirations unitaires, les tendances libérales, mais, suivant le prince Alexandre, il n'en est plus de même depuis la victoire de 1870. Si leur nationalisme s'est exalté, leur libéralisme a cédé la place à un conservatisme farouche et, à l'heure actuelle, elles sont le foyer le plus ardent de la réaction anti-républicaine et de l'idée de revanche.

En 1885, le prince Alexandre a terminé ses études de droit à l'université de Göttingen, et cette même année son père, le prince Clovis de Hohenlohe, se voit offrir le poste de statthalter d'Alsace-Lorraine. Malgré tous ses regrets de quitter Paris où il s'est acclimaté à tous les points de vue et où il a parfaitement réussi comme ambassadeur, malgré son peu de goût pour cet exil dans la petite ville de province qu'est alors Strasbourg, où il va gouverner des populations dont il ne connaît rien si ce n'est qu'elles sont très difficiles à manier, le prince est obligé d'accepter. Il sait, en effet, qu'Herbert Bismarck, le fils aîné du grand chancelier, est impatient de recevoir un poste et que son père veut l'avoir comme secrétaire d'Etat aux Affaires étrangères. Pour cela, il faut que le poste de Paris devienne libre; Münster, ambassadeur à Londres, viendra à Paris; Hatzfeldt, secrétaire d'Etat, ira à Londres et Herbert sera nommé secrétaire d'Etat. D'autre part,

on lui a fait entendre que le vieil empereur tient beaucoup à l'avoir
comme statthalter parce qu'il le juge plus capable que personne de
faire la politique d'adaptation qui convient à l'Alsace-Lorraine. Donc,
en octobre 1885, le prince Clovis de Hohenlohe arrive à Strasbourg
pour prendre possession de son poste.

Quelle situation trouve-t-il en Alsace-Lorraine?

Le feld-maréchal von Manteuffel, à qui il succède, brave soldat et
excellent homme, avait été nommé par Bismarck au poste de statthalter sur les instances du vieil empereur qui l'avait en particulière
estime et qui était heureux de le récompenser de ses brillants services
en lui conférant un emploi largement rémunéré. Il semblait d'ailleurs
qu'il se fût un peu fait la main en France et qu'après avoir si bien
réussi comme commandant en chef des troupes d'occupation, il eût
des chances de se tirer avec honneur des difficultés, supérieures sans
doute mais du même ordre, qui l'attendaient. Malheureusement, s'il
eut des intentions excellentes et si les populations lui ont malgré tout
gardé un souvenir reconnaissant pour les bienveillantes dispositions
qu'il leur a témoignées, dans l'ensemble sa politique, que l'on a
appelée le « système des notables », a échoué. En s'appuyant sur certains personnages considérables du pays : députés, gros industriels,
riches commerçants, et en recherchant ostensiblement l'amitié des
princes de l'Eglise, notamment du grand patriote français qu'était
l'évêque de Metz, Dupont des Loges, en tranchant arbitrairement en
leur faveur, pour se les concilier, toutes les affaires qui lui étaient
soumises par eux, il leur conféra à tous une importance politique
excessive, donna aux populations l'habitude de s'adresser pour la
moindre requête aux notables bien en cour, faussa ainsi tout le méca-
nisme administratif du pays et mécontenta les fonctionnaires allemands du Territoire d'Empire sans gagner pour cela les notables,
très ardemment attachés à la France, ni les populations qui, en définitive, souffraient de cet arbitraire. Il y récolta même un certain
nombre d'humiliations et d'avanies que les Allemands de l'empire ne
lui pardonnèrent pas.

Ainsi, quand le prince de Hohenlohe arrive à Strasbourg, tout le
travail est à reprendre. Il se heurte tout de suite à une grande difficulté que n'avaient pas connue ses prédécesseurs, savoir la rivalité,
sinon l'hostilité déclarée, des militaires. Sans doute il obtient le règlement en sa faveur de la question de préséance et il se fait proclamer
par l'empereur lui-même le premier personnage d'Alsace-Lorraine
avec rang de chancelier d'empire, mais comment pourrait-il se dire
le véritable chef de la politique alsacienne-lorraine quand le général

commandant en chef à Strasbourg garde la prérogative d'adresser des rapports directs à son empereur sans être obligé, autrement que par la courtoisie, d'en donner copie au statthalter. Or, ces rapports avaient pour base unique les renseignements fournis par les commandants de districts, pour la plupart officiers réformés, qui voyaient surtout dans leur emploi une bonne sinécure et qui, à supposer qu'ils en fussent capables, se souciaient fort peu de se documenter sur l'état d'esprit et les besoins des populations. Que de mesures préconisées ou désapprouvées par le nouveau statthalter seront rejetées ou appliquées parce qu'une influence militaire aura sourdement agi dans un sens opposé.

Le prince Clovis est généralement bien accueilli par la population qui s'attendait à voir un général prussien à poigne succéder au trop conciliant Manteuffel. Ce grand seigneur de l'Allemagne du Sud, esprit libéral, diplomate de mérite, calme et bienveillant, qui connaît remarquablement la France et les points sensibles de la politique française, lui apparaît comme le meilleur statthalter qu'elle puisse souhaiter. Le clergé catholique lui fait tout d'abord grise mine, car, tout en préférant un statthalter catholique, il lui en veut un peu d'avoir combattu le parti ultra-montain au parlement bavarois. En peu de temps cependant, ses relations avec les évêques de Strasbourg et de Metz dissipent les méfiances et encouragent les espoirs. C'était là une condition essentielle de succès car le clergé, identifiant la cause du catholicisme à celle de la France dans les pays annexés, exerçait une influence considérable sur les populations et pouvait, soit par la résistance passive soit par la propagande quotidienne, susciter au statthalter de graves embarras et annuler par avance tout l'effet des mesures de conciliation qu'il pourrait tenter. Mais, si, dans l'ensemble, le prince Clovis de Hohenlohe a réussi en Alsace-Lorraine, une part considérable de son succès revient à son fils, le prince Alexandre, qui, très vite, se familiarisa avec la situation et sut apporter à son père une collaboration aussi intelligente qu'assidue.

En hiver 1892-1893, le prince Alexandre est en Russie où il oublie quelque temps les affaires allemandes lorsqu'une lettre de son père lui conseille de rentrer le plus tôt possible pour prendre part à la toute prochaine campagne électorale en Alsace. En réalité, sa candidature à un siège de député au Reichstag est déjà posée et les populations de la circonscription de Haguenau-Wissembourg sont sérieusement travaillées en sa faveur par le directeur du cercle de Wissembourg, Alsacien de vieille souche, administrateur habile et énergique, qui jouit du plus grand crédit auprès de ses compatriotes, connaît admirablement tous les intérêts de clocher des différentes communes, toutes les petites querelles de parti, sait être informé, au bon moment, des projets ou intrigues des adversaires politiques et peut intervenir avec le maximum d'efficacité. Grâce à ce chaperon de premier ordre, le prince est élu député au premier tour par 13.699 voix libérales contre 5.449 à son concurrent clérical. Mais, dès le lendemain de sa victoire, tout le clergé catholique se met à l'œuvre pour saper sa situation politique. Les jeunes prêtres notamment ne reculent devant aucun moyen pour exciter le fanatisme religieux de leurs fidèles : ils vont jusqu'à menacer des flammes éternelles quiconque, à l'avenir, votera pour lui. Il a beau protester de la pureté de ses intentions à l'égard de la religion et préciser qu'il est seulement hostile à l'intervention du clergé dans les choses de la politique; ses partisans ont beau faire savoir qu'un de ses oncles est cardinal et sera peut-être pape un jour, et rappeler même qu'un autre prince Alexandre de Hohenlohe a été au début du xixᵉ siècle évêque de Grosswardein et qu'on lui attribue un certain nombre de miracles, les paysans catholiques le considèrent de plus en plus comme le représentant du diable et se signent quand ils le rencontrent. En 1898, après une campagne extrêmement dure où il peut juger déjà des effets de la propagande de ses adversaires, il réussit à se faire rééllire; mais, en 1903, en dépit des services qu'il a rendus et de la grande habileté oratoire qu'il a su acquérir pendant ces dix années, il est remercié par ses électeurs et le représentant du parti clérical est élu.

La lutte a été acharnée, et, une fois de plus, on a employé contre lui les grands et les petits moyens. Il n'est plus, aux yeux des populations, qu'un implacable adversaire de la religion et quand il passe dans les villages catholiques les femmes l'injurient et les hommes lui jettent à la face le nom de « Combes » dont ils pensent le flétrir à tout jamais. Mais le prince a trop de connaissance des hommes et trop de sérénité philosophique pour s'étonner de cet échec et en garder rancune à ses électeurs. En 1898, il a été nommé président de district à Colmar, non sans de violentes protestations des milieux administratifs qui lui reprochent de ne posséder aucun diplôme sérieux et de n'avoir tenu aucun emploi administratif officiel. Ils feignent d'ignorer qu'il a été, pendant de longues années déjà, le collaborateur le plus actif et le plus avisé de son père à Strasbourg et qu'il a pu ainsi connaître mieux que personne l'état d'esprit et les aspirations de l'Alsace-Lorraine et s'initier, sous la direction d'un maître, à l'art difficile de gouverner.

Il se consacre dès lors tout entier à ses fonctions.

Il envisage comme autant de « corvées » toutes les obligations de représenter, notamment la nécessité de présider des banquets et de prononcer le discours d'usage en l'honneur de Guillaume II, d'assister, en uniforme caricatural, aux différentes revues de la garnison, de se rendre aux dîners et réceptions de tous ces grands et petits fonctionnaires allemands, qui ont peine à joindre les deux bouts et qui pourtant veulent s'offrir le luxe de recevoir de temps à autre, en se privant du nécessaire tout le long de l'année. Mais c'est avec un plaisir évident qu'il joue la partie utile de son rôle. Il s'est rappelé et il a fait sienne la fameuse formule de Napoléon : « N'oubliez pas que vous ne travaillez pas sur du parchemin, mais sur la peau humaine qui est chatouilleuse. » Sa grande expérience de la vie, sa connaissance admirable du pays et des gens, son jugement droit et sûr, son indépendance de caractère lui permettent, dans ce domaine déjà considérable, l'action la plus efficace, la plus féconde en résultats excellents.

L'anecdote suivante, rapportée au prince par son médecin, montre en quelle estime le tenaient ses administrés : on parlait un jour, devant ce médecin, de l'administration allemande en Alsace et notamment de l'activité préfectorale du prince à Colmar. Un Alsacien d'origine, qui venait de se livrer à une violente sortie contre les administrateurs allemands en général, ajouta : « Je fais exception cependant pour un fonctionnaire, le prince Alexandre de Hohenlohe. » Comme ses interlocuteurs voulaient en savoir davantage, il répondit : « Que voulez-vous que je vous dise, c'est un colonisateur anglais. » Aucun compliment ne pouvait être plus agréable au prince et, à vrai dire, n'était mieux mérité.

Il n'est pas douteux qu'avec d'aussi remarquables débuts, toutes les ambitions lui étaient permises et peut-être même un jour eût-il été appelé au poste suprême d'Alsace-Lorraine, si un incident n'était venu mettre une fin brutale à cette carrière si brillamment commencée. Cet incident, c'est ce que l'on a appelé « l'affaire des *Mémoires* ». Le chancelier Hohenlohe avait légué à son fils Alexandre tous ses papiers, toutes ses notes écrites au jour le jour, avec lesquels il entendait rédiger son autobiographie, en spécifiant que, si la mort l'empêchait de réaliser son dessein, son fils et le Dr Friedrich Curtius, directeur de cercle à Guebwiller, fils du professeur Curtius, l'auteur de l'histoire grecque et le précepteur de l'empereur Frédéric, auraient à assurer, à l'aide des matériaux laissés par lui, la rédaction et la publication de ses *Mémoires*.

Le chancelier meurt en juillet 1901, quelques mois à peine après avoir quitté le palais de la Chancellerie, c'est-à-dire avant d'avoir pu même jeter les fondations de son ouvrage. Les deux mandataires se mettent à la tâche et, à la fin de l'été 1906, les *Mémoires* du prince Clovis de Hohenlohe-Schillingsfürst sont à l'impression à la *Deutsche Verlaganstalt* à Stuttgart. Malheureusement, si certains chapitres en ont été déjà régulièrement publiés par la *Deutsche Revue*, des extraits en sont donnés, sans l'autorisation du prince, par la revue *Ueber Land und Meer* d'où ils passent dans les grands quotidiens. Le prince, qui se rend compte que certaines scènes, notamment les entretiens de son père avec l'empereur et le grand-duc de Bade au sujet du renvoi de Bismarck, doivent produire isolément un tout autre effet que dans le cadre d'un livre, insiste pour qu'on mette fin aux publications dans les journaux. Mais il est trop tard; les récits à sensation ont été avidement exploités par la presse, pourtant unanime à blâmer cette publication. L'empereur, furieux, envoie immédiatement au prince Philippe Hohenlohe-Schillingsfürst, chef de la maison, le télégramme suivant : « Je viens de lire avec étonnement et indignation le récit, publié par la presse, des entretiens les plus intimes qui ont eu lieu entre ton père et moi, au sujet du départ du prince Bismarck. Comment a-t-on pu livrer à la publicité des matériaux de ce genre, sans demander mon autorisation? Je ne puis voir dans ce procédé que manque de tact, indiscrétion et grossière maladresse, car il est sans précédent que des faits dans lesquels le souverain régnant joue un rôle soient publiés sans son consentement. »

Au reçu de la dépêche impériale, le prince Philippe, qui n'est pour rien dans la publication, s'empresse d'aviser le prince Alexandre de l'incident. Celui-ci, qui n'a pas l'habitude de se dérober, rappelle aussitôt, par télégramme, à son frère, qu'il s'agit là des dernières volontés du prince Clovis, dont il n'est que l'exécuteur testamentaire, et il déclare crânement prendre l'entière responsabilité de ce qui est arrivé. Dans une lettre qui suit ce télégramme, il demande à son frère de ne pas oublier que la famille des Hohenlohe-Schillingsfürst est plus ancienne que celle des Hohenzollern et il ajoute que pour son compte il n'accepte de leçon de personne.

Le prince Alexandre avait d'autant plus de raison de ne point s'abaisser à des excuses qu'il s'était comporté dans tout cela avec une parfaite correction. En effet, d'après les déclarations faites par un ancien collaborateur du prince à M. Paul Bourson et rapportées par celui-ci dans *l'Alsace française* du 25 août 1923, il s'était rendu à Berlin avant la publication des *Mémoires* et il avait eu, à ce sujet, une entrevue avec le prince de Bulow, chancelier d'empire, successeur du prince Clovis. S'autorisant du mot de Ranke, d'après lequel des mémoires doivent toujours être marqués au coin de la vérité historique, le prince Alexandre avait prévenu le chancelier qu'il entendait ne rien gazer. Le prince de Bulow l'avait fortement engagé à respecter les textes et à publier les choses telles que l'auteur les avait vues et décrites. Or c'est le prince de Bulow qui avait lui-même signalé à l'empereur, en les soulignant au crayon rouge, les extraits parus dans *Ueber Land und Meer*. L'empereur avait bondi et s'était écrié : « Das ist ja verrückt! » (c'est fou!). C'est alors qu'il avait télégraphié au prince Philippe.

Le prince Alexandre, ayant ainsi assumé toutes les responsabilités, demande un entretien au chef du cabinet civil von Lucanus. On lui répond que l'affaire suit son cours, que toute démarche est inutile. Alors, le 13 octobre, le prince va trouver le prince de Bulow à Hambourg, où il fait une cure et, au cours d'une longue conversation avec le chancelier, dans laquelle il a la suprême élégance de ne faire aucune allusion à l'entrevue de Berlin, il peut se convaincre qu'il ne possède plus la confiance de l'empereur et qu'il va en être officiellement avisé. Le soir même, il se rend à Strasbourg, auprès du statthalter, le prince de Hohenlohe-Langenburg, son oncle. Celui-ci ne peut lui dissimuler son dépit et son inquiétude. N'est-ce pas là une bien fâcheuse affaire, qui peut lui coûter son poste de statthalter! Le prince réussit à le calmer en le persuadant qu'il n'a aucune responsabilité dans tout cela — bien qu'il ait été informé de la publication projetée — et en lui affirmant que l'empereur ne saurait frapper un innocent. Il lui demande s'il a reçu des instructions à son sujet. Sur la réponse négative du statthalter, le prince remet alors sa lettre de démission, ayant ainsi la satisfaction de se dire qu'il n'est point congédié, mais qu'il part de son plein gré. Il était temps, car quelques minutes plus tard, on apportait une lettre du chancelier invitant le statthalter, au nom de l'empereur, à mettre en disponibilité le président de district de Colmar.

Cette chute soudaine et retentissante lui permit de mesurer toute la bassesse et toute la lâcheté des hommes ; maintenant qu'il ne pouvait plus ni servir ni nuire à personne on lui tourna le dos ou on lui jeta des pierres. Tout autre en eût conçu un mépris éternel pour l'humanité. Le prince ne voulut voir dans ces nouveaux adversaires que de pauvres diables à qui la peur pour leur lamentable personne et pour leur carrière dictait cette triste attitude; et il n'en ressentit qu'une immense pitié.

Redevenu simple particulier, il quitte l'Alsace pour aller vivre non point en Allemagne, où semblent l'appeler cependant ses relations de famille et tous ses intérêts matériels, mais en France, où l'attirent invinciblement d'heureux souvenirs de jeunesse, de précieuses amitiés et surtout une atmosphère de liberté intellectuelle et sociale inconnue dans son pays. Partageant son temps entre Paris et sa villa de Beaulieu, près de Nice, il passe en France les meilleures années de sa vie. Il s'occupe d'études littéraires et travaille surtout à l'ouvrage qu'il a projeté sur l'Alsace-Lorraine et où il s'applique à condenser les résultats de ses observations et de ses expériences en territoire annexé.

Il est complètement installé et acclimaté chez nous lorsque survient la catastrophe de 1914. Enveloppé lui aussi par la vague de haine qui s'attaque à tout ce qui est allemand, il se voit contraint de quitter la France. Mais, comme il a dépassé l'âge des obligations militaires et que d'ailleurs sa santé, plus délicate que jamais, lui interdit de prendre du service, il reste relativement libre de ses mouvements. Rentrer en Allemagne? Il n'y songe pas un instant : les dirigeants allemands et tout particulièrement les militaires prussiens lui sont devenus odieux par la fourberie avec laquelle ils ont déclanché la guerre et la brutalité qu'ils montrent dans l'exécution de leurs plans et la conduite des hostilités. Au surplus, une censure impitoyable et l'esprit de caserne triomphant ont rendu l'atmosphère irrespirable pour un homme comme lui, qui considère la liberté de dire hautement ce qu'il pense de tout et de tous comme le plus précieux des biens. Il se rend donc en Suisse d'où il pourra suivre les événements en spectateur impartial et prononcer les jugements que lui dictera sa conscience. Et, pendant quatre années, il ne cesse d'écrire dans les journaux et revues suisses, notamment dans la *Neue Zurcher Zeitung* des articles qui font sensation par la hauteur de vues et l'indépendance de jugement avec lesquelles il traite les questions les plus douloureuses pour l'orgueil allemand et qui lui valent, de la part de ses compatriotes, les terribles injures de « démocrate rouge », « pacifiste », et l'outrage suprême de « vendu ».

Après la guerre, il reste à Zurich et, en même temps qu'il modifie son ouvrage, dont la plus grande partie est devenue sans objet depuis le traité de Versailles, pour en faire uniquement un livre de souvenirs, il entreprend un véritable apostolat en faveur des idées pacifistes et de la réconciliation des peuples. La maladie qui le minait depuis longtemps s'aggrave soudain; ses souffrances deviennent terribles et bientôt son corps est à moitié détruit. Il est obligé de garder le lit une partie de la journée et d'écrire sur ses genoux repliés, le dos soutenu par des coussins. Mais rien n'arrête sa magnifique activité intellectuelle. L'ardeur du prosélytisme avive encore la flamme de son esprit et, jusqu'au bout, défiant la maladie, il luttera pour ses idées dans des articles admirables de clairvoyance, de courage et d'élégance aristocratique. N'est-ce pas quelques mois à peine avant sa mort qu'il écrit dans *Die Menschheit* ces lignes remarquables, véritablement annonciatrices de Locarno : « Il ne faut pas oublier que la question qui pour la France se place au premier rang, avant les réparations, est celle des garanties contre une nouvelle agression allemande. Il peut paraître incroyable qu'une France armée jusqu'aux dents craigne une Allemagne désarmée. Pourtant ce fait est exact. Cette crainte fait partie des raisons qui ont déterminé la France à occuper la Ruhr et à étendre et fortifier de plus en plus l'occupation. Il faut absolument que nous comptions avec cette crainte et même si elle n'était qu'un prétexte pour atteindre d'autres buts — ce que je ne crois pas — nous devons nous efforcer de faire disparaître cet obstacle qui se dresse sur le chemin de la paix mondiale; car, dans son désir de sécurité, le peuple français tout entier est rangé derrière son gouvernement et avant la solution de ce problème le manque de confiance persistera et continuera à empoisonner les relations entre les deux peuples. »

Combien d'Allemands ont osé reconnaître aussi expressément « l'agression allemande » et admettre la nécessité de donner des garanties à la France pour réaliser la paix européenne?

Mais entre temps la guerre, après l'avoir meurtri dans son idéalisme, l'a cruellement atteint dans ses ressources matérielles. Les châteaux, les villas, les précieuses collections qu'il possédait à l'étranger ont été mis sous séquestre et l'inflation allemande a achevé de le dépouiller. D'autres, dans une situation analogue, savent manœuvrer pour obtenir de larges compensations. Mais sa fierté native et le désir de sauvegarder son indépendance lui interdisent de rien demander aux anciens dirigeants qu'il a attaqués sans merci et aux nouveaux qu'il entend juger comme leurs prédécesseurs. Il est donc obligé de quitter la Suisse pour venir s'installer pauvrement dans une obscure station climatérique de la Forêt Noire, à Badenweiler.

C'est là, dans une chambre banale, meublée d'un lit et de quelques livres, qu'il s'éteignit, après d'ultimes vexations, le 17 mai 1924. Suivant ses dernières volontés, on le mit dans un cercueil de pauvre, vêtu d'une chemise de soie et entièrement recouvert de soie blanche. Et on le descendit, précieusement enveloppé comme une œuvre d'art fragile, au caveau de ses ancêtres, à Schillingsfürst.

Ainsi disparut de la scène du monde le prince Alexandre de Hohenlohe, prince de Ratibor et de Corvey, grand patriote allemand et grand « Européen », ruiné, dépouillé, abandonné, maudit et renié pour avoir trop passionnément servi deux causes souvent dangereuses à défendre : la vérité et la paix.

**

S'il est vrai que l'arbre se juge à ses fruits et l'homme à ses actes, nul doute que ce court récit d'une existence magnifiquement remplie ne suffise à assurer au prince Alexandre de Hohenlohe toute l'estime et même l'admiration du public français. Mais le livre qu'il a écrit avec ses *Souvenirs* est, lui aussi, un acte — peut-être le plus important qu'il ait accompli — où se manifestent en plein relief toutes les qualités d'esprit et de caractère que sa biographie nous a déjà révélées : intelligence largement ouverte à toutes les idées, profondeur et justesse de la vision, courage viril dans l'expression des jugements sur les hommes et les faits.

En nous excusant de cette anticipation, nous voudrions donc, pour achever de fixer dès à présent dans l'esprit du lecteur cette originale et noble figure de prince, donner ici quelques exemples particulièrement remarquables de ce que notre auteur a su voir et osé dire.

Voici tout d'abord le langage que ce prince allemand, après une longue étude de la question d'Alsace-Lorraine, n'hésite pas à tenir à ses compatriotes : l'annexion de l'Alsace-Lorraine a été, non point une simple récupération, comme le prétend l'histoire officielle prussienne, mais une injustice, parce que ces deux provinces s'étaient, pendant deux cents ans, intimement mêlées à la vie de la France, qu'elles faisaient réellement partie de l'organisme français et que leur annexion a été, au sens propre du mot, un démembrement, alors que leur séparation d'avec le Saint-Empire Romain germanique n'avait vraiment causé aucune douleur à l'Allemagne à laquelle ne les rattachait aucun lien réel; par suite, cette annexion a été une lourde faute, parce qu'elle a créé en France un état de nervosité, d'inquiétude perpétuelles, en Allemagne la méfiance et la peur d'un coup de tête des Français, qui peu à peu ont amené la course aux armements et par suite l'atmosphère irrespirable d'où est sortie la guerre.

De plus, la politique de germanisation des provinces annexées a fait une faillite complète en dépit des prétendues affinités de race, de langue et de mœurs entre Alsaciens et « Vieux Allemands » et, quarante-trois ans après leur retour au sein de la famille allemande, les « frères perdus », comme on les appelait de l'autre côté du Rhin, étaient plus attachés que jamais à leur ancienne patrie, la France.

Au cours de son livre, le prince fait également de fréquentes allusions à Bismarck et il consacre même un chapitre entier à l'évocation de cette puissante figure, devenue intangible et sacrée aux yeux de tout Allemand. Mais, s'il rend hommage au créateur de l'unité allemande, qui d'ailleurs, selon lui, travaillait surtout pour la gloire de la plus grande Prusse, il sait voir les défauts du « Chancelier de Fer » et, à côté des services rendus, signaler le mal énorme causé par lui à l'Allemagne elle-même. C'est Bismarck qui, par ses principes et ses méthodes, trop souvent couronnés de succès, a plus qu'aucun autre contribué à créer la mentalité allemande contemporaine; c'est lui non pas le seul, mais le principal initiateur de ce culte de la force qui compte encore tant de zélateurs de l'autre côté du Rhin; or n'est-ce pas ce même culte, accompagné du mépris absolu de toutes les valeurs morales, qui lui a fait commettre la faute primitive de l'annexion de l'Alsace-Lorraine et l'a condamné à aggraver encore les effets de cette faute par une indifférence totale à l'égard des sentiments et des vœux alsaciens-lorrains et par l'exercice prolongé d'une « poigne » impitoyable? N'est-ce pas ce même culte aussi qui, en inspirant aux dirigeants allemands pendant un demi-siècle une politique de violence a rendu l'Allemagne odieuse à toutes les nations?

Mais Bismarck porte une autre responsabilité, moins évidente peut-être, mais pour le moins aussi grave : par son autoritarisme politique, son impatience de toute contradiction et même de la plus légère critique, il a fait du peuple allemand un immense troupeau incapable de pensée indépendante, s'en remettant absolument à ses bergers, bons ou mauvais, du soin de le conduire, ignorant des abîmes qui le séparaient des gras pâturages. Et la vision quotidienne de ce peuple grégaire, courbé sous le bâton du maître, finira par griser un de ses monarques déjà trop enclin à se croire semblable à Dieu et, en lui donnant la certitude de la toute-puissance, lui fera commettre les plus désastreuses folies.

Quel Allemand a osé écrire que l'homme qui doit être déclaré coupable d'avoir déchaîné la guerre, c'est Guillaume II. En dépit des circonstances atténuantes qu'il invoque en sa faveur, nature anormale, déséquilibrée, enivrement du pouvoir absolu, influences de cour ou de coteries militaires, notre auteur ne craint pas d'affirmer qu'il ne dépendait que de lui, Seigneur suprême de la guerre, de maintenir la paix et de sauver la vie à des millions d'hommes en disant « non » à l'Autriche et à ses généraux. Ce « non », il ne l'a pas prononcé et c'est là son crime.

Enfin, cet Allemand, descendant d'une des plus vieilles familles princières de l'Allemagne, dont les ancêtres, il nous le dit lui-même, avaient, jadis, surtout vécu de brigandage et de pillage et, dans les temps modernes, du métier des armes, aurait dû, semble-t-il, comme la plupart de ceux de sa race, se sentir attiré par la guerre « fraîche et joyeuse », par le vertige des chevauchées irrésistibles, par l'appât du pillage illimité dans les belles villes modernes, riches de trésors de toutes sortes. Or, en dépit d'un pareil atavisme, le prince Alexandre de Hohenlohe nous crie son horreur pour la guerre, le fléau et la honte de l'humanité, que tous les hommes de bonne volonté dans tous les pays doivent travailler sans relâche à faire disparaître. Et quel remède nous propose-t-il, cet aristocrate de marque, dont la race a produit tant d'excellents défenseurs de la monarchie absolue? L'éducation aussi complète que possible des masses populaires et la remise du pouvoir effectif aux hommes jugés par elles les meilleurs et les plus aptes.

Il y a là, on le voit, un certain nombre de vérités bien dures et d'idées bien nouvelles pour l'orgueil et la mentalité germaniques. Le prince allemand qui, les ayant aperçues, a osé les proclamer, alors qu'il aurait eu tant d'excuses à les ignorer ou à les taire, n'est certes pas une personnalité banale et, de ce fait encore, il mérite bien l'hommage de notre plus sympathique estime. Et sans doute, en lisant ce livre et en se rappelant d'autre part ce qu'a été la vie de cet homme, plus d'un Français ne pourra s'empêcher de dire avec nous : « Plaise au ciel que les magnifiques enseignements donnés par cet esprit d'élite se répandent dans l'Allemagne nouvelle et y portent leurs fruits : l'entente franco-allemande se fera alors d'elle-même et le spectre de la guerre sera pour toujours chassé de l'horizon européen. »

EDMOND DUPUYDAUBY.

INTRODUCTION

Le sujet et le plan de ce livre étaient primitivement tout différents de ceux que je présente aujourd'hui au public. A ce moment-là, la guerre faisait rage encore. La question d'Alsace-Lorraine était plus que jamais discutée chez les belligérants comme chez les neutres. Chose incompréhensible : en Allemagne même on ne voulait pas en reconnaître l'existence ; aussi bien le chancelier d'alors, le comte Hertling, que ses deux prédécesseurs directs avaient refusé de la discuter et, tout récemment encore, le secrétaire d'Etat à l'Office des Affaires Etrangères, von Kühlmann, avait prononcé au Reichstag, au sujet de l'Alsace-Lorraine, son malheureux « jamais » qui devait recevoir quelques semaines plus tard un si cruel démenti. Pendant des années, on s'était mis la tête dans le sable et on n'avait pas voulu reconnaître ce qui ne faisait de doute pour personne dans le monde entier, à savoir qu'il y avait effectivement une question d'Alsace-Lorraine et cela depuis le premier jour de l'annexion et que, par l'acuité qu'elle avait prise dans les dernières années avant la guerre, elle était devenue une menace pour la paix européenne.

Partout, sauf en Allemagne, la conviction s'était peu à peu imposée que si cette question n'était pas résolue pacifiquement bientôt, d'une manière ou d'une autre, elle ne pouvait manquer de déchaîner une guerre entre la France et l'Allemagne et par suite une guerre mondiale. Dans le peuple allemand et parmi ses représentants de tous les partis on s'en tenait obstinément à cette manière de voir que tout ce qui concernait l'Alsace-Lorraine était une affaire intérieure allemande dans laquelle l'étranger n'avait rien à dire : erreur désastreuse, car non seulement les représentants légaux de la population avaient protesté au début et dans la suite encore à plusieurs reprises contre cette annexion par la force, mais l'étranger ne pouvait pas se désintéresser du sort de l'Alsace-Lorraine, dont dépendait la paix et par suite la destinée du monde entier !

Il n'était donc pas douteux pour tout homme capable de pensée objective qu'il y avait là une question non résolue dont la solution était urgente. Les Alsaciens-Lorrains aussi s'en rendaient parfaitement compte et c'est avec une inquiétude croissante qu'ils envisageaient l'avenir car aucun d'eux ne désirait la guerre, même pas ceux qui qui gardaient au fond du cœur tout leur attachement à la France et qui regrettaient leur ancienne patrie. Ne savaient-ils pas qu'en cas de guerre bon nombre de leurs fils se trouveraient dans le plus tragique conflit et que peut-être des frères s'affronteraient les armes à la main, comme cela s'est effectivement produit dans la suite.

Il était donc naturel que cette question continuât à être discutée, alors surtout que la guerre battait son plein et que la décision ne pouvait encore être prévue. Mais dans toutes ces discussions, on combattait surtout avec des arguments historiques, juridiques ou ethniques. Je n'ai pas voulu discuter la question de ce point de vue. Car tout avait été à peu près dit avec plus ou moins de compétence dans cet ordre d'idées. J'ai voulu seulement rechercher quelle était, à mon avis, la solution la plus capable d'assurer une paix permanente, c'est-à-dire traiter la question en quelque sorte d'un point de vue purement « pacifiste ». J'ai voulu montrer laquelle des trois possibilités offrait le plus de garanties à cet égard : l'Alsace-Lorraine devait-elle rester allemande, revenir en totalité ou en partie à la France, ou constituer un Etat neutre autonome. Après mûre réflexion, j'étais arrivé à cette conclusion qu'il fallait, en tout cas, donner aussitôt que possible à la population la possibilité de se prononcer à ce sujet en toute indépendance, sous le contrôle d'un Etat neutre, et je voulais espérer que la décision serait en faveur d'une Alsace-Lorraine autonome et neutre, parce qu'il me paraissait incontestable que toute autre solution mécontenterait l'une ou l'autre partie et contiendrait le germe de nouvelles discordes.

Français et Allemands ont fait, pendant cinq années, de si effroyables sacrifices en richesses et en vies humaines que les uns et les autres étaient fermement convaincus que le pays leur revenait au seul titre d'une compensation, indépendamment de toute autre considération. Quelle que fût la partie gagnante, celle qui s'en irait les mains vides, ne se tiendrait jamais tranquille : toutes ses pensées, tous ses efforts tendraient de nouveau à la revanche : d'où nouvelles inquiétudes, menace permanente pour la paix du monde, continuation, probablement accroissement des armements, union de l'anarchie internationale et finalement une nouvelle guerre. Voilà ce que j'avais exposé dans le livre que je venais de remettre à l'éditeur.

Soudain ce fut la catastrophe, c'est-à-dire l'effondrement militaire de l'Allemagne et la révolution allemande. Les armées françaises pénétrèrent en Alsace-Lorraine. Le maréchal Foch, à la tête de ses troupes, fit son entrée à Strasbourg et, au sommet de la vieille cathédrale, le drapeau tricolore flotta de nouveau. La question d'Alsace-Lorraine avait ainsi trouvé pour le moment une solution, et une solution définitive aux yeux de la France, puisqu'elle n'attendit pas le résultat de la conférence de la paix et soutint immédiatement cette thèse qu'il ne s'agissait point d'une annexion mais d'une récupération des provinces arrachées par la force à leur mère commune, et de la réparation de l'injustice dont elle avait été victime à cette époque. En conséquence, elle ne voulut pas entendre parler d'un plébiscite, d'une consultation de la population et elle prit immédiatement des mesures qui visaient à une réassimilation définitive.

La discussion que j'avais projetée était ainsi devenue sans objet et je décidai alors de me borner à quelques souvenirs de l'époque où j'étais en Alsace et d'essayer d'exposer les causes de la situation actuelle, si douloureuse pour un Allemand. Car il serait enfantin de notre part de nous dissimuler qu'à la fin de la guerre, en novembre 1918, après quarante-sept années d'administration allemande, le cœur de l'Alsace-Lorraine battait encore pour la France et que les Allemands n'avaient pas réussi à gagner l'âme d'un peuple dont ils avaient conquis le pays un demi-siècle auparavant et qui est en grande majorité de race allemande. Comment cela a-t-il été possible ? Quelles sont les causes profondes de cet échec allemand ?

Je voudrais contribuer pour ma part à l'éclaircissement de cette question, qui n'est point aussi simple qu'on pourrait le croire, en racontant ce que j'ai pu voir au cours de mon long séjour dans ce beau pays. Je n'ai point la prétention d'épuiser la question, mais je vais essayer de rechercher, à l'aide de mes observations personnelles, et d'exposer les faits qui, en dépit de beaucoup de travail, de conscience et de bonne volonté, ont amené cet échec; et je m'efforcerai de garder toute l'impartialité et l'objectivité dont peut être

capable un homme, quand il s'agit d'événements auxquels il
a été mêlé.

Ce qui m'a déterminé à faire cette tentative, c'est la conscience que je suis peut-être mieux à même que beaucoup
d'Allemands de contribuer utilement à la découverte de la
vérité dans cette question. Non point que je me pose en
autorité sur les choses d'Alsace-Lorraine. Je sais parfaitement combien il est difficile de pénétrer la mentalité de la
population d'un pays qui a subi pendant des siècles des destinées si différentes et qui a été la pomme de discorde de
deux grands empires. Je crois cependant pouvoir me permettre un jugement sans être taxé d'immodestie, attendu
que, pendant plus de vingt années, j'ai eu l'occasion d'étudier de très près, d'observer et d'apprécier d'en haut comme
d'en bas le pays et les gens d'Alsace-Lorraine et en particulier de l'Alsace. Et je n'ai point eu le seul observatoire d'un
poste administratif supérieur; je me suis mêlé au peuple, à
tous les milieux. Peut-être mes souvenirs n'intéresseront-ils
pas seulement ceux qui désirent se renseigner exactement —
autant que l'exactitude historique est chose possible — sur
le développement des faits en Alsace-Lorraine à l'époque de
l'administration allemande, qui a donné lieu à tant de
légendes; peut-être les hommes aussi auxquels est confiée
maintenant la destinée de ce magnifique pays et de ses habitants tireront-ils quelque profit de mon exposé, car on peut
apprendre beaucoup de son adversaire — si je puis m'appeler de ce nom — quand ce ne serait que la façon dont il ne
faut pas procéder pour rendre un peuple heureux.

Mais les Alsaciens, dont les intérêts et la prospérité m'ont
été confiés pendant de longues années, peuvent être assurés
que j'ai conservé d'eux un excellent souvenir et que si jadis,
soit comme député, soit comme fonctionnaire administratif

d'Alsace-Lorraine, je me suis efforcé de leur être utile, aujourd'hui encore où commence une nouvelle époque de leur histoire si mouvementée, je leur souhaite sincèrement d'être heureux.

En dehors de mes souvenirs sur l'Alsace-Lorraine, ce livre contient encore des souvenirs sur mes parents, en particulier sur mon père, dont j'ai suivi la carrière politique dès ma prime jeunesse, ainsi que certains souvenirs de ma vie politique qui peuvent avoir quelque intérêt pour tel ou tel lecteur. Je voudrais essayer d'ajouter au portrait moral de mon père certaines choses qui ne ressortent pas des journaux et documents publiés par moi dans ses Mémoires : ceux-ci contiennent beaucoup de lacunes que la mort l'a empêché de combler par l'autobiographie qu'il avait projeté. J'ai l'intention de faire apparaître sous son véritable jour pour l'histoire l'homme d'Etat et l'homme qu'a été mon père, d'autant qu'après la publication de ses *Mémoires* son portrait a été faussé et estompé soit par un enchaînement étrange de circonstances, soit intentionnellement et pour des fins bien déterminées. Pour éviter une déception au lecteur qui, sachant que l'auteur a eu l'occasion d'observer de très près l'empereur et son entourage, s'attendrait à des révélations sensationnelles, à des détails intimes sur l'empereur Guillaume II et sa cour, je dirai tout de suite qu'il n'y a rien de tout cela dans mon livre.

J'ai jugé sans prévention l'empereur avant qu'il monte sur le trône et plus tard, mais aussi sans me laisser aveugler par l'éclat de sa puissance ni par certaines qualités personnelles qui induisent souvent en erreur l'observateur superficiel. C'est par ce que m'a raconté mon père quand il revenait d'un entretien avec lui et par ce que j'ai vu et entendu que j'ai pu pénétrer son caractère et sa mentalité mieux que beaucoup d'autres, à part ceux qui se trouvaient dans son entourage immédiat ou qui avaient souvent affaire à lui. Quand je réfléchis à tout cela, je constate que, malgré le peu de sympathie que m'inspirait toute sa manière d'être, malgré une véritable répugnance même pour certains côtés de sa nature, un sentiment dominait en moi, celui de la pitié. Oui, de la pitié pour un homme malade, anormal, à qui une destinée tragique avait assigné une place pour laquelle il n'était pas fait, et conféré le rôle de chef d'une grande nation alors qu'il avait lui-même le plus grand besoin d'être dirigé. Et quand je voyais ce monarque et son trône à peu près uniquement entourés de byzantins — de toutes les classes, de tous les milieux — qui ne cultivaient en lui que les mauvais éléments en étouffant les bons et qui édifiaient un mur entre lui et son peuple, quand j'entendais les flatteurs, qui ne lui disaient jamais un mot de vérité, quand je voyais croître d'année en année les effets désastreux de cette situation, alors la rancune que je lui gardais pour certains incidents disparaissait, pour faire place à un sentiment de pitié, à l'inquiétude, à la certitude que cet homme et son règne auraient une fin tragique. J'en suis alors peu à peu arrivé à cette conviction qu'une constitution qui met un homme comme celui-ci, par le hasard de sa naissance, à la tête d'une nation de soixante-dix millions d'âmes à une époque où les peuples ne se laissent plus gouverner comme il y a cent ans, où les conditions d'existence des nations se sont modifiées de fond en comble — est véritablement inactuelle et ne convient plus même au peuple allemand, que si une monarchie constitutionnelle peut conserver quelque temps encore le régime monarchique en Allemagne, il faudra finalement que le Reich devienne lui aussi une république.

Ce ne sont pas là des *Mémoires*, à proprement parler, car l'auteur n'a pas l'immodestie de croire que tous les détails de sa vie puissent intéresser la postérité. La destinée ne lui a point accordé la faveur d'une vie héroïque — bien suprême aux yeux d'un homme selon Schopenhauer — ni fourni l'occasion de voyages, d'aventures extraordinaires dans des régions inconnues. Ce livre est destiné seulement à apporter à celui qui entreprendra d'écrire l'histoire de la seconde moitié du xixe et du début du xxe siècle certains matériaux rassemblés par un témoin oculaire qui a eu l'occasion de jeter un regard dans la coulisse, et susceptibles d'avoir un jour une certaine valeur. Ce fut, en même temps, pour l'auteur un dérivatif aux soucis et aux déboires du présent que de fouiller un peu dans les casiers de sa mémoire, opération qui ne manque pas, d'ailleurs, d'un certain charme mélancolique quand sont bien loin déjà les années de jeunesse dont parle le poète :

> O speranze, speranze; ameni inganni
> Della mia prima età ! Sempre parlando
> Ritorno a voi ; che per andar di tempo,
> Per variar d'affetti e di pensieri,
> Obliarvi non so.

UNE FIGURE CURIEUSE
LA PRINCESSE LÉONILLE VON SAYN-WITTGENSTEIN

Deux documents peu connus

Je n'ai connu aucune de mes grand'mères. Mon grand-père maternel, le prince Ludwig Zu Sayn-Wittgenstein, a épousé en second mariage, après la mort prématurée de sa première femme, née Radziwill, dont ma mère était la fille, une princesse Bariatinsky. Je voudrais parler d'elle ici non point seulement parce qu'elle a atteint l'âge exceptionnel de cent deux ans, mais parce que vraiment ce fut une figure curieuse et un caractère.

Elle a vu tout un siècle se dérouler sous ses yeux. Une époque d'événements militaires sans précédent venait de se terminer au Congrès de Vienne, lorsqu'elle naquit, le 9 mai 1816, c'est-à-dire à peine quatre années après que l'incendie de Moscou eut mis fin à la campagne de Napoléon en Russie; et, au soir de sa vie, elle put voir encore, de l'asile où elle s'était réfugiée en Suisse, les peuples emportés de nouveau dans une guerre sans précédent dans l'histoire. Elle eut donc cette rare fortune d'être par deux fois, dans sa longue existence — au début et à la fin — le témoin d'événements qui chaque fois signifièrent la fin d'une époque et le commencement d'une autre dans l'histoire de l'Europe et même du monde. Celle qui s'était terminée au moment de sa naissance avait violemment secoué les peuples, assuré, sur les ruines de l'ancien régime, le triomphe des idées de liberté venues de France et fondé un nouvel ordre dans les Etats de l'Europe.

Elle n'a pas vu la fin de la dernière lutte gigantesque ; car elle est morte le 1er février 1918, mais elle a assisté à l'effondrement de son pays natal, à la chute de la dynastie des Romanoff et au commencement de la révolution en Russie.

Elle passa sa jeunesse au château de ses parents à Ivanowski, dans le gouvernement de Kursk, en Russie. C'est là qu'à peine âgée de 9 ans elle vit l'empereur Alexandre 1er lorsqu'il vint en 1825 faire une visite à sa mère, une princesse von Holstein-Gottorp. Il était accompagné du général comte von Sayn-Wittgenstein-Berleburg, le futur feld-maréchal, mon arrière-grand-père, qui devait être son beau-père quelques années plus tard.

Sa première présentation à la cour eut lieu à Saint-Pétersbourg, où sa grande beauté fit sensation. Peu de temps après, Nicolas 1er monta sur le trône et elle entretint avec son épouse, l'impératrice, et ses sœurs de très amicales relations.

En 1834, elle épousa le comte, plus tard prince, Ludwig Zu Sayn-Wittgenstein-Berleburg. Le père de celui-ci, le général dont j'ai parlé plus haut, bien que d'origine allemande, était entré de bonne heure dans l'armée russe et grâce à ses éminentes qualités y avait fait une brillante carrière. Lorsque Napoléon 1er porta la guerre en Russie, le comte Wittgenstein fut chargé du commandement suprême des troupes qui devaient protéger Saint-Pétersbourg contre l'ennemi. Il réussit parfaitement dans cette tâche et il reçut en récompense deux belles propriétés, Droujnoselie, près de Saint-Pétersbourg et Kamenka, en Podolie, ainsi que le bâton de feld-maréchal. Le métier des armes était d'ailleurs très en faveur aussi dans la famille de la princesse. Son frère aîné, le prince Alexandre Bariatinsky, sut conquérir également la dignité de feld-maréchal en domptant la révolte du Caucase (en 1859) et en capturant Schamyl. Il résida longtemps au château de Skierniewice, qui devint célèbre plus tard par la rencontre des trois empereurs. Tant que son mari vécut, la princesse résida tantôt en Russie, tantôt en Allemagne, tantôt à Paris et à Rome. Elle m'a raconté elle-même qu'à Berlin, elle vit, dans sa petite loge de l'Opéra Royal, Frédéric-Guillaume III avec son épouse morganatique, la princesse von Liegnitz. Elle prit part à un bal qui fut donné en l'honneur du duc d'Orléans et du duc de Nemours et elle se montra souvent à la Cour aussi sous Frédéric-Guillaume IV, mais elle eut quelque peine à s'adapter aux usages de cette cour et aux habitudes étranges de ce monarque. C'est ainsi, par exemple, qu'elle a gardé un souvenir peu agréable d'un dîner où, se trouvant placée à côté de Frédéric-Guillaume IV, elle remarqua qu'il avait fait mettre tout près de lui un crachoir et qu'il s'en servait fréquemment. Elle goûta peu également la soupe au chocolat et aux prunes qui lui fut servie à cette occasion. Avec le successeur de ce roi, Guillaume Ier, la tenue de la Cour fut toute différente et il n'y eut plus d'incidents de ce genre.

A Paris, où elle se trouvait en 1848, la princesse assista au commencement de la révolution et put voir, des fenêtres de l'hôtel Meurice, dans la rue de Rivoli, la fuite de Louis-Philippe et de la famille royale par le jardin des Tuileries et le pillage du palais des Tuileries par la populace. Ne se sentant pas en sécurité à l'hôtel, elle passa la nuit avec les siens à l'ambassade de Russie, quitta Paris le lendemain et partit pour Berlin en passant par Cologne. Mais elle tombait de Charybde en Scylla, car, à son arrivée, elle trouva Berlin en pleine révolution et la famille royale en fuite.

La princesse vécut alors quelque temps au château de Sayn, près de Coblence, que son mari avait fait construire dans le style anglais, comme c'était alors la mode, au pied d'une colline sur laquelle on peut voir encore les ruines du vieux burg de Sayn. Là elle reçut entre autres la visite de Frédéric-Guillaume IV, accompagné de Bismarck. Plus tard, elle revit le roi à Rome au Palazzo Caffarelli, alors que ses facultés intellectuelles avaient déjà sensiblement baissé. Elle me raconta un jour que le roi, debout à la fenêtre du palais, lui montrait la magnifique perspective de Rome et voulait lui nommer les différents édifices remarquables qu'il apercevait, mais sa mémoire l'abandonna et malgré tous ses efforts, il ne put retrouver les noms; le regard désespéré et douloureux du roi l'avait profondément émue et lui était resté inoubliable. Lorsque le roi eut quitté la pièce, la reine fondit en larmes....

Elle revint, par la suite, plusieurs fois à Rome où sa fille unique avait épousé le prince Chigi appartenant à l'une des plus vieilles familles princières de Rome qui a donné à l'Église un certain nombre de hauts dignitaires et même un pape. Cette famille compte notamment parmi ses prérogatives héréditaires la fonction de gardien du Conclave.

Lorsqu'en 1869 le pape Pie IX lança le fameux Syllabus et la déclaration d'infaillibilité, la princesse se trouvait justement à Rome. C'est alors que son beau-fils, mon père, président du Conseil et ministre des Affaires Étrangères de Bavière envoya sa fameuse dépêche circulaire du 9 avril 1869 où il attirait l'attention des gouvernements étrangers sur les conséquences des prochaines décisions du Concile pour les rapports entre l'État et l'Église. Il échoua, on le sait, devant la résistance du comte Boust. Naturellement, la princesse n'approuva pas du tout l'attitude de son beau-fils et elle le lui fit connaître par lettre : mais leurs relations personnelles ne souffrirent nullement de ce désaccord.

Parmi les princes de l'Eglise qu'elle connut à Rome, il faut citer particulièrement le cardinal Antonelli, secrétaire d'Etat de Pie IX. Elle a vu le règne de trois papes et le commencement du règne du quatrième ; et une petite histoire qu'elle m'a racontée elle-même montre à quel point elle était renseignée sur ce qui se passait au Vatican. Lorsque le Conclave se fut réuni après la mort de Pie IX, ayant supputé les chances des différents cardinaux, elle écrivit sur un billet les noms de Pecci et de Léon XIII et elle enferma cette petite fiche dans son bureau jusqu'au jour du résultat définitif. Lorsque la nouvelle télégraphiée de l'élection et de l'avènement du nouveau pape arriva et qu'on la compara avec ses prévisions, on constata qu'elle avait exactement deviné et le cardinal et le nom qu'il prendrait comme chef de l'Eglise. Pecci avait bien été élu et il avait pris le nom de Léon XIII.

A Rome, elle rencontra également un haut personnage historique, le roi de Naples dont elle fit la connaissance dans le camp des zouaves pontificaux, près de Rome, à l'occasion d'une fête qu'avait organisée le général Charette.

Pendant les années que la princesse passa au château de Sayn, près de Coblence, elle eut des relations particulièrement intimes avec l'impératrice Augusta, alors princesse de Prusse, et leur amitié dura jusqu'à la mort de l'impératrice. Jusque dans les dernières années de sa vie, celle-ci ne manqua jamais, chaque automne, d'aller voir la princesse incognito et pour quelques jours dans sa retraite de Suisse ; et la fille de l'impératrice, la grande-duchesse Louise de Bade, est restée pieusement fidèle à cette tradition. Les relations de l'impératrice Augusta et de la princesse Léonille ont plus d'une fois provoqué la mauvaise humeur de Bismarck. Il craignit que par cette voie des influences françaises et « ultramontaines » ne se fissent sentir sur l'empereur. Cette méfiance se manifesta particulièrement à l'époque du « kulturkampf » et elle atteignit son point culminant lorsque le comte Gontaut-Biron fut ambassadeur de France à Berlin, notamment lorsqu'en 1875 celui-ci partit pour Saint-Pétersbourg où, suivant le reproche que lui fait Bismarck dans ses « *Pensées et souvenirs* » il prépara avec le prince Gortschakoff le coup de théâtre qui, lors de la visite de l'empereur Alexandre à Berlin, devait faire croire au monde qu'il avait seul protégé la France désarmée contre une agression allemande. Bismarck n'eut de cesse que Gontaut n'eût été rappelé par le gouvernement français et remplacé par Saint-Vallier, qui sut gagner sa confiance et la conserver longtemps.

Il est plus que probable que le prince Bismarck a considérablement exagéré ces influences féminines à la cour et par suite aussi celle de la princesse Léonille. C'était un trait, pour ne pas dire une faiblesse, de son caractère de ne pas savoir séparer le personnel et le réel et d'attribuer souvent à l'influence de quelques individus une importance qu'elle ne méritait pas en réalité, bien qu'on ne puisse guère contester qu'il serait peu sage pour un homme d'État ou un diplomate de négliger complètement ces influences en politique et notamment en politique étrangère. Le profane n'a, la plupart du temps, aucune idée des choses étranges qui se passent encore aujourd'hui dans les coulisses du grand théâtre mondial et ne soupçonne pas à quel point les romans historiques les plus invraisemblables restent souvent au-dessous de la réalité.

Il va de soi que le jugement d'une femme aussi intelligente
n'a pas dû rester sans effet sur l'impératrice Augusta. Les
capacités nécessaires pour jouer également un rôle politique
n'ont certainement pas manqué à ma grand'mère. Elle était
de l'étoffe dont on fait les souveraines. Et si la destinée
l'avait placée sur le trône d'un grand empire (comme une
Catherine ou comme la dernière impératrice de Chine sur-
nommée « le vieux Bouddha »), elle aurait été parfaitement
à la hauteur de son rôle. Mais ce n'est pas à la politique
qu'elle s'est principalement intéressée, c'est à l'Eglise.

C'était une femme curieuse également dans les choses de
la religion. Bien qu'elle fût passée de bonne heure et par
conviction de l'Eglise russe-orthodoxe à l'Eglise romaine
catholique et que, comme tous les néophytes, elle fût ardemment attachée à l'Eglise catholique, on ne peut dire qu'elle
fût bigote. J'ai toujours eu l'impression que, chez elle, le
bon Dieu ne venait qu'en seconde ligne et que la première
place était occupée par le Saint-Père ou plutôt par l'Eglise
elle-même, l'*Ecclesia triumphans*. Le triomphe de l'Eglise
sur tous ses ennemis, voilà ce qui lui tenait à cœur et elle
fit tout ce qui était en elle pour y contribuer. Elle jouissait
d'un grand prestige auprès de la Curie romaine et je me suis
souvent amusé à voir l'indépendance avec laquelle elle jugeait
et critiquait à l'occasion les cardinaux, les évêques et les
grands prélats, et même le pape, malgré tout son respect pour
le chef de l'Eglise. J'avais l'impression qu'elle s'était entendue une fois pour toutes avec le bon Dieu au sujet de son
salut, pour pouvoir consacrer tout son temps à l'Eglise et à
sa cause. Ce qu'il y avait de bien chez elle, c'est que, malgré sa conviction inébranlable que la religion romaine
catholique était la seule vraie, elle se montrait très indul-
gente et tolérante à l'égard de ceux qui n'avaient pas la même

croyance ou même des catholiques qui ne pratiquaient pas. Elle a laissé un monument de sa piété dans cette église qu'elle a fait construire dans sa propriété d'Ouchy et qui est ouverte à tous les catholiques.

Le pape qu'elle a le plus admiré, c'est Léon XIII, et elle a eu à son sujet maintes discussions assez vives avec ses amis français du faubourg Saint-Germain qui, moins clair-voyants qu'elle, ne voulaient pas reconnaître qu'en refu-sant d'identifier la destinée de l'Eglise avec celle des partis monarchistes français et en entretenant des relations ami-cales avec le régime existant, la République française, Léon XIII pratiquait la seule politique qui convînt aux intérêts de l'Eglise. On ne vit que trop tôt dans la suite combien la modification de cette politique sous le succes-seur de Léon XIII devait être désastreuse pour les rela-tions entre l'Etat et l'Eglise en France. Dans une autre occasion encore la princesse fit preuve de plus de clair-voyance que ses parents et amis de l'aristocratie française. C'est au moment de la fameuse « affaire », comme on appe-lait en France l'affaire Dreyfus. Alors que tout son entou-rage et tous les milieux catholiques français, en proie à une suggestion collective, croyaient aveuglément à la culpabi-lité du capitaine Dreyfus, et en restaient fanatiquement con-vaincus bien que son innocence fût évidente pour tous ceux qui avaient des yeux, la princesse montra tout de suite l'indépendance de son jugement et, en tous cas, elle recon-nut avant tous ceux de son milieu le danger qu'il y avait pour l'Eglise à défendre une erreur judiciaire. Là encore, les con-séquences désastreuses qui ne tardèrent pas à se manifester donnèrent raison à son jugement clair et indépendant. Les divergences d'opinion provoquées par cette affaire, qui bou-leversait tous les esprits, lui rendirent le séjour de Paris si désagréable qu'à partir de ce moment-là elle n'y revint plus et s'établit bientôt définitivement en Suisse.

Un épisode peu connu de la vie de la princesse présente un certain intérêt historique. Lorsque la guerre éclata en 1870, elle se trouvait chez sa belle-fille à Dusseldorf. Son plus jeune fils venait de se marier avec la fille du duc français de Blacas, d'une vieille famille légitimiste. La princesse resta pendant la guerre à Dusseldorf et s'y occupa activement d'œuvres de bienfaisance. Au cours de cette guerre, elle eut deux fois l'occasion de jouer un rôle dans les affaires politiques et chaque fois à propos de négociations visant la conclusion de la paix. La première fois, c'est le comte de Chambord qui fit demander à la princesse Wittgenstein de vouloir bien s'entremettre pour faire parvenir une lettre au roi Guillaume Ier de Prusse, alors installé à Versailles. Dans cette lettre, le comte de Chambord se déclarait prêt à amener la paix si le roi consentait au rétablissement de la monarchie héréditaire en France, qui était représentée par la maison de Bourbon, et s'il gardait une sage modération dans les conditions de paix. La princesse transmit la lettre du comte de Chambord au comte Bismarck, qui la remit au roi.

Voici la teneur de cette correspondance [1].

Le comte de Chambord au roi Guillaume Ier de Prusse.

Yverdon (Suisse) 1er octobre 1870.

A Sa Majesté le roi de Prusse :

Votre Majesté aurait le droit d'être étonnée si, en présence de l'immense malheur dans lequel la France se voit

1. La lettre du comte de Chambord est traduite de l'original en allemand, celle du prince Bismarck à la princesse Wittgenstein était écrite en allemand

précipitée par la faute du Second Empire, le chef de la Maison des Bourbons restait indifférent et muet. Dès la première nouvelle d'un échec de nos armées, j'ai quitté le lieu de mon exil dans l'espoir de pouvoir consacrer au service de ma patrie bien-aimée, mon bras, mon sang et ma vie. Ma présence en un pareil moment a été considérée comme un danger. On y a vu une complication et non un renfort. Sur le point de franchir la frontière, j'ai dû céder à des prières instantes et, en consentant à ce dur sacrifice, j'ai voulu donner à la France une nouvelle preuve de mon absolu dévouement.

Les passions démagogiques trouvent dans la défaite une occasion favorable pour réaliser leurs désastreux complots. Les esprits se troublent et s'inquiètent. On commence à comprendre aujourd'hui que le principe de la monarchie héréditaire, que je me suis consciencieusement appliqué à conserver, est, à cette heure décisive, seul capable d'apporter le salut. La destinée de l'Europe dépend, j'en suis convaincu, du rétablissement de ce principe en France.

Je suis donc prêt, dès que ma patrie m'appellera, à remplir la mission que m'impose un devoir sacré et je suis également résolu à reprendre le chemin de l'exil plutôt que de souscrire à son humiliation. Votre Majesté peut être convaincue que la nation a été surprise mais qu'elle ne sera jamais abattue. Si l'on voulait profiter de ses épreuves pour exiger une parcelle de son honneur, ce serait là le point de départ d'incalculables malheurs. Si la victoire a ses exigences,

<hr>

dans l'original. Mais nous n'avions sous les yeux que la traduction française et nous avons été obligé par la suite de la retraduire du texte français en allemand. Nous ne pouvons donc pas garantir l'exactitude absolue des phrases allemandes. Seuls les mots qui se trouvent à la fin de la lettre « von Sayn her » et au début « Gnädigste Fürstin » avaient été laissés en allemand dans le texte français (Note de l'auteur).

il appartient à la sagesse des princes de la maintenir dans de justes limites. Votre Majesté peut actuellement établir ou compromettre pour longtemps la sécurité de l'avenir. Sur les champs de bataille, vous avez plus d'une fois rendu publiquement hommage à l'héroïsme de nos soldats : vous pouvez sans crainte compter sur les nobles instincts d'une nation qui est fière et courageuse et qui désire clore pour toujours la période des révolutions. Je m'adresse au cœur de Votre Majesté; mon appel sera entendu car je l'élève au nom de mon droit et de ma conscience, au nom de la justice instituée par Dieu au-dessus des rois et de leurs peuples. Je l'élève surtout pour le bonheur de la France et la paix du monde.

Je renouvelle à Votre Majesté les sentiments avec lesquels je reste, Monsieur mon frère et cousin,

de Votre Majesté le bon frère et cousin

HENRI.

Le comte de Bismarck répondit le 11 octobre 1870 de Versailles à la princesse Wittgenstein :

Comte de Bismarck à la princesse Wittgenstein.

Versailles, 11 octobre 1870.

Madame,

Vous n'aviez pas tort de dire que serais étonné, mais une lettre de votre main est toujours une surprise agréable et vous n'aviez point à vous excuser de n'avoir pas cru devoir refuser votre bienveillante entremise à une demande émanant d'une pareille personnalité. Sa Majesté le Roi a reçu avec plaisir la lettre du comte de Chambord et est heureuse que celui-ci s'adresse à Elle avec confiance. Si le Roi ne répond pas personnellement et directement, Sa Majesté espère que Monsieur le comte de Chambord en comprendra les raisons. Le Roi a l'impression qu'il n'est pas possible actuellement de donner à une correspondance qui doit être rédigée de manière à ne pas redouter la publicité, une forme et une teneur qui aient également d'heureux effets pour les deux correspondants ainsi que pour tous les intérêts qu'ils représentent.

Le Roi comprend et apprécie les sentiments qui ont animé dès le début Monsieur le comte de Chambord et la sympathie que le descendant de tant de rois de France éprouve pour les malheurs de son pays trouve un écho dans le cœur de Sa Majesté.

Monsieur le comte de Chambord exprime l'espoir que l'on commence à se rendre compte en France que seul le principe de la monarchie héréditaire, qui le lie à la France, peut apporter le salut du pays.

Ce sera assurément pour Sa Majesté un sujet de satisfaction si cette espérance se réalise et si la nation française retrouve la paix intérieure en se pénétrant de ce principe qui répond aux convictions du peuple allemand. Le Roi s'estimerait heureux, au cas où la Providence réserverait à Monsieur le comte de Chambord la mission de sauver la France, d'avoir avec lui les relations d'amitié et de bon voisinage que les deux nations devraient toujours entretenir. A cet effet, il serait nécessaire, comme Monsieur le comte de Chambord le remarque lui-même, que la France s'adressât d'elle-même à sa vieille dynastie ; la moindre pression du dehors ne pourrait que troubler ses aspirations dans ce sens au lieu de les favoriser.

Sa Majesté doit, par contre, s'abstenir d'examiner les allusions à la paix avec la France contenues dans la lettre de

Monsieur le comte de Chambord, aussi longtemps que la Maison royale de Bourbon n'aura pas renoué avec la France des relations que la nation française aura reconnues. Si Monsieur le comte de Chambord était réellement en situation de parler au nom de la France avec notre Roi, il aurait certainement l'occasion de se convaincre que sa Majesté le Roi ne fait la guerre que pour arriver à une paix durable. L'Allemagne respectera scrupuleusement l'indépendance de la nation en ce qui concerne les institutions qu'elle se donnera et s'abstiendra de toute immixtion, mais ce serait une grande satisfaction personnelle pour Sa Majesté si l'avenir du pays se décidait dans le sens indiqué par les espérances de Monsieur le comte de Chambord. Sa Majesté le Roi me charge, Madame, de vous transmettre les sentiments de son amitié et je vous prie d'agréer l'expression de mon respect personnel avec cette bienveillance dont je garde, « von Sayn her », le souvenir reconnaissant.

Signé : VON BISMARCK.

Il est intéressant de remarquer que le roi, évidemment sur le conseil du chancelier, évite de s'engager en quoi que ce soit au sujet des conditions de paix. On voit dans la lettre un effort pour ne pas enlever au comte l'espoir d'obtenir le trône mais aussi pour laisser la porte ouverte à une autre solution. Cette correspondance n'a pas eu d'autre suite. Et pourtant, le rétablissement de la monarchie des Bourbons a tenu à bien peu de chose. Tout était prêt; même les chevaux étaient achetés et le carrosse de gala attendait Henri V qui devait faire son entrée par les Champs-Élysées, « dans sa bonne ville de Paris ». Mais les chevaux restèrent à l'écurie, le carrosse de gala tout doré resta dans la remise et il n'y eut pas d'entrée; tout échoua par suite de l'obstination bornée du comte de Chambord, qui, malgré les représentations de ses partisans, ne voulut pas abandonner son drapeau blanc à fleurs de lys et accepter le drapeau tricolore. Pour l'amour d'un principe, il préféra reprendre le chemin de l'exil. Qui sait les influences qui se sont exercées secrètement sur lui à cette occasion pour le fortifier dans cette attitude.

Il a été souvent prétendu dans la suite, notamment par des historiens français, que Bismarck avait fait faire au comte de Chambord d'autres offres verbales. On ne sait rien de précis à ce sujet, car le comte de Chambord n'en a fait aucune mention ni dans son journal pourtant très exactement tenu, ni ailleurs. Il aurait dit un jour, quelques années après la guerre, à son neveu, le duc Robert de Parme : « Si j'avais consenti à une cession de territoire, je serais aujourd'hui roi de France ». Il aurait fait également des allusions de ce genre à quelques intimes de son entourage. On ne sait rien de sûr à ce sujet. Il est évident que cela n'aurait pas précisément contribué à la popularité d'un roi de France que de commencer son règne par la cession de deux des plus belles provinces de la France et on comprend que, dans ces conditions, il ait préféré renoncer au trône, dans la prévision assez justifiée que ce trône n'aurait pas de bases très solides.

Les bruits relatifs à des offres de ce genre du comte Bismarck ont persisté en France : peut-être l'un des nombreux agents et intermédiaires qui alors, comme toujours au moment de négociations de paix imminentes, allaient et venaient entre les deux pays, a-t-il sondé à ce sujet le comte de Chambord, soit au nom de Bismarck, soit sans aucune mission de celui-ci. Bismarck, qui éprouvait un certain plaisir d'artiste et de technicien à tenir simultanément entre ses mains les fils des négociations diplomatiques les plus différentes et les plus compliquées, aimait à se servir d'agents secrets, qu'il pouvait, à l'occasion, désavouer catégoriquement, puisqu'ils n'avaient aucun caractère officiel. Ce qui est certain, c'est que dans la suite Bismarck a dirigé toute sa politique dans le sens du maintien du régime républicain en France, parce qu'il le considérait comme moins capable d'alliances et par suite moins dangereux que la monarchie.

Une deuxième fois, à la fin de la guerre de 1870-71, la princesse Wittgenstein a joué un rôle de ce genre. L'impératrice Augusta l'avait informée que l'on aimerait voir des négociations de paix amorcées avec le gouvernement français par l'intermédiaire d'un personnage français digne de confiance. La princesse avait aussitôt pensé à Mgr Dupanloup, évêque d'Orléans, et elle l'avait proposé à l'impératrice qui avait immédiatement accepté. Mais, juste à ce moment-là parut une lettre pastorale du bouillant évêque dans laquelle il comparait le vieux roi Guillaume Ier à Attila et ses soldats aux Huns (tout comme dans la guerre mondiale). Naturellement, toute possibilité d'exécuter ce plan fut aussitôt anéantie. Longtemps après, la princesse rappelait un jour à l'évêque cette malheureuse lettre pastorale qui était peut-être cause que la guerre ne se fût pas terminée plusieurs mois plus tôt. L'évêque garda le silence ; depuis lors il s'était sans doute rendu compte lui-même qu'il aurait mieux fait d'être un peu plus maître de son tempérament.

Cet incident ne diminua en rien l'admiration de la princesse pour l'évêque Dupanloup. Ne disait-elle pas souvent qu'elle aurait voulu qu'il reçût dans l'histoire de l'Eglise le surnom de « la flamme d'Orléans ».

Quand la princesse Léonille eut définitivement quitté la France, elle vécut constamment dans sa propriété d'Ouchy, à laquelle elle donna le nom caractéristique « Mon abri » lorsqu'elle l'acheta il y a quarante ans ; mais même dans sa retraite, cette curieuse femme garda de nombreuses relations avec le monde. Sa maison devint peu à peu le lieu de pèlerinage de tous ses parents et admirateurs qui venaient la voir de toutes les capitales de l'Europe.

La princesse fut dans sa jeunesse une beauté célèbre, comme on peut s'en convaincre par un portrait de Winterhalter, le portraitiste bien connu du Second Empire, qui se trouve dans la galerie du château de Sayn, ainsi que par un portrait de Horace Vernet qui représente la princesse à cheval, entourée de son époux et de ses enfants. Jusque dans son extrême vieillesse, elle avait conservé sa noble et imposante silhouette, le regard vif de ses beaux yeux noirs et le charme personnel de son amabilité.

L'ADMINISTRATION DE L'ALSACE-LORRAINE

Si je puis me permettre un jugement sur l'administration d'Alsace-Lorraine, bien que j'aie fait partie moi-même e cette administration pendant plusieurs années, je dois ire que bon nombre de reproches qui lui ont été adressés ont injustes et qu'une grande part a de ce qu'on a raconté l'étranger sur la façon dont le gouvernement allemand railait les habitants d'Alsace-Lorraine est pure légende.

mon avis, c'est lord Loreburn qui, dans son impartialité, a trouvé le mot juste quand il a dit : « Incontestablement 'administration allemande était extrêmement capable, incorruptible et d'une froide justice dans toutes les choses qui 'avaient rien à voir avec la politique ou l'organisation militaire »[1]. Je me permets de remarquer qu'il aurait pu ne pas ajouter l'adjectif « froide » au mot « justice », car je sais que mon père et plus d'un fonctionnaire allemand ne se sont pas montrés seulement d'une « froide justice » dans l'exercice de leurs fonctions, à l'égard des Alsaciens-Lorrains, mais qu'ils ont été guidés aussi par un sentiment de chaude sympathie et se sont efforcés d'assurer, autant que possible, le bien-être et le contentement des populations, de faire disparaître les abus qu'on leur signalait et de donner suite aux plaintes quand elles étaient fondées. Je ne doute pas qu'aujourd'hui encore plus d'un Alsacien ne reconnaisse le fait, pas plus que je ne doute qu'il n'y ait eu un grand

1. Comte Loreburn, *How the war came*, Methuen & C°, Londres 1920.

nombre de fonctionnaires allemands qui non seulement ont fait leur devoir dans leur domaine propre — ce serait là chose toute naturelle et qui ne mériterait pas d'être signalée — mais qui, dans un sentiment d'affection sincère pour le pays, ont favorisé son développement et ont accompli des travaux qui subsistent encore aujourd'hui et sont d'un profit durable pour la population. Il serait de même injuste de ne pas dire que sous le régime allemand l'administration de la justice pouvait soutenir la comparaison avec celle de tout autre pays civilisé dans ses deux qualités essentielles : incorruptibilité et équité. Je reconnais volontiers que l'appareil administratif aurait pu être plus simple et fonctionner quelquefois plus rapidement, que les fonctionnaires auraient pu être moins nombreux, surtout dans les grades supérieurs. Mais je voudrais bien savoir si la situation est meilleure à cet égard aujourd'hui, et quand je songe à la lourdeur et à la complication de l'appareil administratif que j'ai souvent remarquées en France, je me permets de douter que les Alsaciens-Lorrains soient mieux servis qu'autrefois.

D'où vient donc que malgré cela le résultat final obtenu par l'administration allemande n'ait pas été celui que l'on aurait eu le droit d'attendre et qu'après de si longues années, elle n'ait pas réussi à faire accepter la situation existante par la population et à assimiler celle-ci à l'organisme du peuple allemand, qui lui était pourtant apparenté, de telle sorte qu'elle renonçât définitivement à un retour à l'ancienne patrie et qu'elle en abandonnât complètement la pensée ? Fait d'autant plus remarquable que l'essor matériel du pays sous le régime allemand frappait tous les regards et qu'au point de vue politique, par exemple en ce qui concerne l'autonomie de l'administration communale, on avait réalisé des progrès qu'on ne constate même pas aujourd'hui en France.

D'où vient que la légende de l'Alsace-Lorraine « asservie »
ait été indéracinable et soit devenue presque un axiome à
l'étranger et que les armées françaises aient été accueillies
en libératrices lorsqu'après l'effondrement de l'Allemagne,
en automne 1918, elles entrèrent victorieuses en Alsace-Lorraine.

La réponse n'est pas aussi simple qu'on pourrait le croire.
Il ne suffit pas de dire, comme les Français, que « le joug
prussien » qui a accablé la population pendant près de cinquante ans était si dur qu'il était devenu intolérable, ou bien
que, dans un sentiment d'admirable fidélité, la population était
restée attachée à son ancienne patrie et à l'espoir de la retrouver ; ou bien de répondre, avec les Allemands, que l'enthousiasme qui s'est manifesté lors de l'entrée des Français n'a
été qu'une comédie habilement mise en scène, dans laquelle
les sentiments intimes du peuple n'ont joué aucun rôle, ou
que cet enthousiasme est venu seulement de la joie de retrouver le pain blanc et le vin rouge, intentionnellement et libé-
ralement distribués par les vainqueurs, qu'une petite partie
seulement de la population a montré là ses vrais sentiments
et que la seule joie de voir la guerre terminée, qu'elle qu'en
fût l'issue, aurait suffi à provoquer l'enthousiasme de la
population.

Ni l'une ni l'autre de ces affirmations ne répond à la réalité des faits. Quand on connaît mieux le peuple d'Alsace-
Lorraine, on sait combien il est difficile de pénétrer son
âme. Un peuple, qui au cours des siècles a vu sur son sol
tant d'armées de tous les pays et qui a si souvent changé de
maîtres, devient peu à peu sceptique à l'égard des changements politiques ; et le paysan en particulier (la population
d'Alsace-Lorraine se compose en immense majorité d'agri-
culteurs) devient peu à peu indifférent à la couleur que peut

avoir le poteau-frontière de l'Etat auquel il appartient. Ce qui l'intéresse, c'est son champ, son bien et la question de savoir sous quel maître il paiera le moins d'impôts; la grande politique le laisse froid.

D'autre part, quand on a vu de ses propres yeux les réceptions officielles en Alsace-Lorraine et constaté la souplesse traditionnelle qui s'y est formée avec le temps, sous les régimes les plus différents, quand on se rappelle que quelques années à peine après la guerre de 1870-1871 le vieil empereur Guillaume, qui avait cependant annexé l'Alsace-Lorraine, et plus tard son petit-fils Guillaume II et tous les stathalters ont été reçus avec le même cérémonial, les mêmes cortèges en costume national, les mêmes ovations dont on avait déjà gratifié Napoléon III, Charles X, Louis-Philippe, le grand Napoléon et maint autre depuis Louis XIV, on est un peu sceptique sur la spontanéité de cet enthousiasme populaire. Dans ces moments-là, j'ai toujours eu l'impression que ce qui importait surtout à la foule, c'était de passer une bonne journée et de s'abandonner à la joie de vivre, quels que fussent la mine et le costume du maître devant qui elle défilait. Ce n'est point là un reproche, au contraire, j'y vois simplement l'effet du solide bon sens que possède le peuple. Et tout cela ne revient-il pas, en dernière analyse, à la même formule *panem et circenses* qu'avaient trouvée les anciens Romains, et avant eux sans doute les maîtres et les gouvernements de tous les temps et de tous les pays, déjà peut-être à l'époque pré-hellénique, en Crète, au temps des rois assyriens, à Babylone et à Ninive, chez les Pharaons ou les empereurs chinois : et toujours pour atteindre le même but, qui est de distraire la foule par des fêtes inoffensives pour la détourner des idées dangereuses.

Il est fort possible, d'ailleurs, qu'une partie de l'enthou-

siasme manifesté lors de l'entrée des Français en Alsace ou
en Lorraine ait été sincère. Les militaires allemands et en
particulier les militaires prussiens n'avaient-ils pas tout fait
dans les quatres années de guerre pour provoquer un état
d'esprit de ce genre dans la population de ce malheureux
pays? Si l'on avait voulu systématiquement extirper le dernier reste de sympathie et de sentiment de parenté qui pouvait subsister à l'égard du peuple allemand, si l'on s'était
donné pour tâche de susciter la haine contre la domination
allemande dans certains milieux, comme par exemple la
population rurale, qui avant la guerre s'adaptaient peu à peu
à la situation aussi bien en Alsace qu'en Lorraine, on n'aurait
pu procéder autrement que les chefs militaires allemands
qui pendant la guerre ont été chargés de l'administration du
pays.

Tout homme d'État ou tout gouvernement qui veut administrer avec succès l'Alsace et la Lorraine doit surtout tenir
compte et avoir une connaissance exacte de ce facteur : l'influence du clergé catholique sur la population. C'est de ce
côté qu'il trouvera les plus grandes difficultés et qu'il aura
la tâche la plus épineuse, que le gouvernement soit allemand
ou français. L'observateur superficiel, qui connaissait la
situation politique du pays avant 1914, a peut-être supposé
que dès l'instant où l'Alsace-Lorraine serait revenue à la
France, tout le clergé catholique allait se montrer doux
comme un mouton et ne plus susciter aucune difficulté au
gouvernement : le clergé catholique n'était-il pas considéré
comme le principal soutien de l'idée française en Alsace-Lorraine? N'y avait-il pas eu parmi les députés protestataires
plusieurs prêtres catholiques éminents, et le clergé catholique n'était-il pas presque toujours du côté de l'opposition?
Faisait-il le moindre mystère de ses sympathies françaises?

Ces sympathies se manifestaient même dans les questions en apparence insignifiantes ; c'est ainsi que les ecclésiastiques catholiques parlaient presque uniquement français entre eux, portaient le costume habituel des prêtres français, prononçaient le latin à l'église à la manière française et ainsi de suite. Et ce n'est pas tout : dans les élections, chaque fois qu'il s'agissait d'un candidat qui était un protestataire déclaré ou secret ou qui, après la disparition à peu près totale du parti, pouvait être compté tout au moins parmi les membres de l'opposition, tout le clergé intervenait en sa faveur, même s'il n'était pas catholique. Lors de l'élection de Bebel à Strasbourg, il donna, si je ne m'abuse, la consigne de voter pour Bebel plutôt que pour le candidat du gouvernement. Le clergé intervint encore en faveur de l'introduction de l'enseignement du français à l'école primaire, et en cent autres questions il montra à l'idée française en Alsace-Lorraine toute sa sympathie et sa fidélité ; et même lorsque le gouvernement eut obtenu que Rome nommât des ecclésiastiques allemands aux deux sièges épiscopaux de Strasbourg et de Metz, rien ne fut changé. Car ceux-ci étaient impuissants contre leur clergé francophile et ils n'auraient pas osé entrer en conflit avec des personnages aussi combatifs que certains abbés bien connus, qui avaient un siège au Reichstag. Ils n'avaient non plus aucun pouvoir sur la presse catholique et devaient s'estimer très heureux de ne pas être attaqués eux-mêmes par quelque jeune et impudent abbé.

Quand on ne connaît pas le pays et la population d'Alsace, on ne peut se faire une idée de la façon dont la politique et la religion se pénètrent réciproquement ni de l'acuité des conflits religieux qui divisent les Alsaciens et qui s'exaspèrent au moment des élections. J'aurai l'occasion de revenir plus tard là-dessus et de raconter certains souvenirs personnels. Pour moi qui ai pu voir de très près la situation pendant mon séjour en Alsace, il y aura double intérêt à observer le développement des choses sous le nouveau régime. Si je voulais me réjouir des difficultés de mon voisin, j'en aurais déjà l'occasion, à en croire les journaux : Qu'est-ce donc que la presse française ne cessait de reprocher à l'administration allemande ? Elle ne savait pas gouverner le pays et elle commettait faute sur faute, surtout à l'égard de l'Eglise. Or il se trouve maintenant que le gouvernement français ne fait pas mieux : c'est tout simplement parce que les difficultés sont énormes. La critique est aisée, l'art est difficile. Et puis, avec l'Eglise, il s'agit d'être prudent si l'on ne veut pas avoir le dessous ; de grands hommes d'Etat en ont fait eux-mêmes l'expérience ; je me borne à rappeler Canossa et Bismarck ; il y a quelque chose de vrai dans le dicton français : Qui mange du pape en meurt.

Avec toutes les qualités que possédaient encore les fonctionnaires allemands en général et ceux d'Alsace-Lorraine à l'époque où j'exerçais mes fonctions en Alsace, on pouvait remarquer aussi quelques graves défauts, surtout chez les hauts fonctionnaires. L'un d'eux était le respect excessif de l'autorité supérieure et le zèle avec lequel ces fonctionnaires, par servilité, répondaient au moindre signe ou au moindre désir supposé de l'autorité supérieure, même quand ce n'était pas dans l'intérêt de l'affaire, et même quand c'était aux dépens des intérêts généraux du pays ; un autre était la paresse, la lourdeur et l'apathie avec lesquels ils traitaient les affaires ordinaires et dont les conséquences étaient aggravées encore par le formalisme bureaucratique et la paperasserie : il fallait souvent des mois entiers pour régler des affaires de ce genre ; certaines d'entre elles traînaient si longtemps qu'elles finissaient pas se régler pour ainsi dire d'elles-mêmes, s'il ne venait quelque signe d'en haut ou quelque recommandation d'un personnage que le fonctionnaire intéressé considérait comme influent, c'est-à-dire bien en cour auprès de l'autorité supérieure.

Je me souviens d'un fait qui, en raison des vastes conséquences qu'il a entraînées pour le pays au point de vue politique, m'est resté gravé dans la mémoire. Un jeune ecclésiastique catholique, un abbé alsacien, qui avait quitté l'Alsace, avait passé quelque temps dans un couvent de Jésuites du Tyrol, puis dans une université espagnole (Salamanque) et avait fait plus tard, comme précepteur d'un de mes jeunes cousins, un long séjour en France et en Suisse, adressa au statthalter, qui était mon père, une demande de réintégration dans la nationalité allemande et de naturalisation en Alsace-Lorraine. La demande était accompagnée de quelques mots de recommandation de la seconde femme de mon grand-père, la princesse Léonille Wittgenstein, chez qui cet abbé avait été précepteur. Mon père fit envoyer la demande, avec la lettre de recommandation, au ministère, d'où elle partit pour les différents bureaux compétents, pour être finalement réglée par le président de district de Colmar, l'abbé en question étant né dans cette ville. Le directeur de cercle de Colmar (le futur conseiller supérieur de gouvernement Böhm, type du bureaucrate que j'ai décrit plus haut) fut chargé de présenter un rapport à ce sujet. Il remarqua la lettre de la princesse Wittgenstein, jointe à la demande par le statthalter lui-même, et, croyant peut-être aller au devant d'un désir de son chef suprême, il se hâta, dans son rapport au président de district, de recommander une réponse favorable. Précédemment il s'était prononcé dans un sens défavorable, qui était d'ailleurs le bon en la circonstance, car il n'était nullement de l'intérêt de l'Allemagne de conférer la natio-

nalité allemande à cet ecclésiastique qui avait séjourné de
longues années à l'étranger et ne pouvait être une recrue
intéressante pour le pays. Le président de district, sans peut-
être se renseigner davantage, accorda la naturalisation. Mais
on vit bientôt que cette affaire d'apparence inoffensive devait
avoir de lourdes conséquences. Ce jeune abbé se révéla très
vite un journaliste habile et dangereux; il fonda un journal
qui critiqua, sous la forme la plus venimeuse, les mesures du
gouvernement, qui même ne craignit pas d'attaquer basse-
ment la personne de l'empereur (le vieil empereur Guillaume I⁰ʳ). En outre, cet abbé déploya une activité politique
intense. Il fut élu à l'Assemblée de district, à la Délégation
et finalement au Reichstag; et on s'aperçut très vite que
c'était un personnage extrêmement dangereux pour la paix
du pays, qu'il s'était donné pour tâche d'empêcher l'adaptation de la population, alors en très bonne voie, et que, pour
atteindre son but, il ne reculait devant aucun moyen, pas
même devant la calomnie. Avec cela, il écrivait d'une plume
fielleuse un excellent français et cette capacité, jointe à son
impudence, le rendait si redoutable aux yeux de ses supérieurs ecclésiastiques, notamment du bon mais faible évêque
Fritzen, qui avait été appelé en 1891 au siège épiscopal de
Strasbourg, qu'il pouvait tout se permettre. C'était, en outre,
un orateur mordant qui prenait la parole même au Reichstag, et un agitateur infatigable dans les campagnes électorales. Plus tard, lorsque le secrétaire d'Etat von Köller jugea
très malin de chasser en quelque sorte le diable par Belzé-
buth, c'est-à-dire d'amener les cléricaux alsaciens à s'unir
avec le parti du centre catholique allemand et à combattre
avec celui-ci les socialistes, l'ambitieux abbé devint le partisan et l'encenseur le plus zélé des junkers prussiens, et on
put voir sa soutane dans tous les bureaux du ministère à

Strasbourg, exactement comme plus tard, lorsqu'elle se fu[t] mise à l'abri, au dernier moment, en 1914, par une fuite opportune en Suisse, on put la rencontrer dans toutes les antichambres des ministres, à Paris. Si j'ai mentionné longuement cette affaire, ce n'est point en raison de la personnalité peu intéressante de ce petit abbé-journaliste ambitieux et sans scrupules, mais bien parce qu'elle caractérise la bureaucratie d'Alsace-Lorraine à la fin du xix° siècle. Cette affaire montre toutes les conséquences fâcheuses que la servilité des fonctionnaires peut avoir dans l'Etat et la profondeur que le mal avait déjà atteints. Car j'ai malheureusement vu plusieurs cas de ce genre, bien que d'importance diverse.

Par contre, je suis obligé de reconnaître et de louer le sentiment du devoir et le zèle des fonctionnaires subalternes, à quelques exceptions près ; qualités d'autant plus remarquables que ces gens étaient mal payés, avaient un service assez dur, devaient faire et faisaient réellement le principal travail, alors que les autres fonctionnaires, comme les conseillers de gouvernement, en prenaient fort à leur aise, étant d'ailleurs beaucoup plus nombreux qu'il n'était nécessaire.

M. Von Puttkamer

De tous les fonctionnaires administratifs allemands qui sont venus en Alsace après 1870, à l'exception du président supérieur von Möller, que je n'ai pas connu personnellement, M. von Puttkamer a été non seulement le plus capable mais encore celui qui a su le mieux comprendre le pays et le caractère de ses habitants. Si les Alsaciens qui ont écrit sur l'administration allemande pendant les quarante-sept années où l'Alsace-Lorraine a fait partie intégrante de l'empire d'Allemagne ne lui ont pas toujours rendu justice, cela tient d'une part à ce qu'il n'a jamais recherché la popularité, comme par exemple son successeur M. von Köller, qui ne dédaignait point de faire des concessions même aux Allemands douteux parmi les personnages politiques du pays, pour se les attacher et gagner en même temps la presse qu'ils inspiraient; et cela tient, d'autre part, à ce qu'il était de ces fonctionnaires prussiens de l'école bismarkienne, qui avaient l'habitude de défendre la politique de leur seigneur et maître, non seulement par un sentiment inné de la discipline, mais encore par conviction, même lorsque cette politique était dure, accablante pour ceux qu'elle touchait. Par sa direction politique, il n'était d'ailleurs point conservateur d'extrême droite; on aurait pu le compter parmi les conservateurs libres; et même, jusqu'à un certain point, on aurait pu lui donner le titre de libéral. Il avait, en outre, des manières d'homme du monde et, au Parlement, par son attitude conciliante à l'égard des députés, il savait amener un compromis dans des situations difficiles où d'autres auraient échoué. Il avait quelque chose de la manière courtoise, élégante de certains ministres de l'ancienne Autriche, comme Chlumetzky, Körber et quelques autres.

Puttkamer fut pour mon père un collaborateur excellent, sûr et inappréciable, car avec toutes ses autres capacités, dont il avait d'ailleurs conscience, il avait toujours le tact de rester à sa place, ce qui n'était pas très facile car il était en quelque sorte le président du ministère d'Alsace-Lorraine sans être le ministre responsable —, ou tout au moins il ne l'était que dans les cas où le statthalter, en vertu des pouvoirs de seigneur du pays à lui conférés par l'empereur, signait à la place de l'empereur et où la signature du statthalter devait être accompagnée de la contre-signature du secrétaire d'Etat. M. von Puttkamer a prouvé qu'il était un fonctionnaire intelligent et plein de tact en s'accordant avec deux caractères aussi différents que mon père et son successeur, sans jamais entrer en conflit avec eux. A vrai dire, son rôle de premier ministre et de secrétaire d'Etat s'est beaucoup étendu sous le troisième statthalter, le prince de Hohenlohe-Langenburg, parce que celui-ci, contrairement à mon père, n'avait ni l'expérience ni les capacités voulues pour diriger véritablement les affaires de l'Etat et qu'il prenait plaisir et s'attachait surtout à jouer au seigneur du pays. M. von Puttkamer était doué d'abnégation et savait très habilement lui laisser l'illusion qu'il dirigeait lui-même la politique du gouvernement. Il serait probablement resté longtemps encore à son poste, et cela pour le bien du pays, quoique la situation devînt déjà de plus en plus difficile et que le petit Parlement fût moins facile à manier qu'autrefois, s'il n'était pas tombé en disgrâce auprès de l'empereur. Ses envieux et ses ennemis se servirent habilement de circonstances familiales défavorables, dont il n'était responsable que par un excès d'indulgence, pour le rendre peu à peu impossible auprès de l'empereur. Mon père et moi-même nous réussîmes quelque temps à le maintenir, car nous étions convaincus qu'il y aurait perte et grave dommage pour le pays si cet homme d'Etat expérimenté, qui avait une connaissance exceptionnelle du pays et des gens et jouissait de la confiance des notables et des fonctionnaires, devait céder la place à un homme nouveau envoyé de Berlin; mais la volonté de l'empereur finit par triompher, d'autant mieux que, par un sentiment qui ne lui fait point honneur, le statthalter abandonna son collaborateur éprouvé à qui il devait beaucoup, sans chercher le moins du monde à empêcher sa chute, dès l'instant où il eut remarqué de quel côté le vent soufflait à Berlin. Pour Puttkamer, qui, bien que sexagénaire, avait gardé toute sa vigueur intellectuelle et physique, c'était là un coup très dur, d'autant plus dur qu'il n'avait pas de fortune et qu'il était maintenant réduit à sa maigre pension.

Extérieurement, M. von Puttkamer n'était point le type du junker, tel qu'on se le représente habituellement, bien qu'il appartînt à la vieille famille junker d'où est sortie la femme de Bismarck, Johanna von Puttkamer qui, aux dires de mon père, — car je ne l'ai pas connue — avec ses cheveux noirs et son teint foncé, ressemblait à une bohémienne. M. von Puttkamer était de taille moyenne ; son visage, la plupart du temps impassible, son teint un peu blafard, ses pommettes saillantes, ses cheveux luisants et ses yeux étrangement bridés, sa moustache grise tombant sur une bouche au sourire facilement sceptique auraient pu appartenir aussi bien à un homme d'État ou à un diplomate japonais. Il n'avait rien d'arrogant, mais rien non plus de familier ou de commun dans les manières ; il savait, à l'occasion, se montrer aimable avec les dames, il avait toujours une conversation agréable et judicieuse et se montrait à l'aise même dans les questions qui n'ont rien à voir avec la politique. Il était très supérieur à la plupart de ceux de sa race et à beaucoup de ses collègues de la bureaucratie germano-prussienne. Le cas échéant, il aurait peut-être fait un excellent secrétaire d'État aux Affaires étrangères. Même il s'en fallut de peu que, sur ma suggestion, mon père le proposât à l'empereur pour ce poste ; le tout-puissant Holstein, dont l'approbation était presque toujours nécessaire pour une nomination ministérielle, y consentait ; le projet échoua par suite de circonstances privées, complètement étrangères à la politique.

Ernst von Köller

Le successeur de Puttkamer, Ernst Mathias von Köller, était une personnalité d'un tout autre genre. Il n'y avait entre eux qu'un seul trait commun : l'un et l'autre sortaient d'une authentique famille de junkers prussiens. M. von Köller était beaucoup plus resté le type du junker que son prédécesseur. Il avait l'extérieur d'un propriétaire rural, vigoureux, corpulent, qu'on se serait plutôt représenté en costume de chasse ou avec de hautes bottes, la cravache à la main, inspectant ses domaines ; quant à sa culture, elle ne dépassait pas sans doute celle de la plupart des gens de sa classe qui avaient été officiers dans un brillant régiment de cavalerie et que Théodor Fontane a si exactement peints dans ses romans. Si mes souvenirs sont exacts, à ses heures de loisir il ne s'intéressait guère qu'aux études généalogiques sur la famille von Köller ; il ne parlait ni ne comprenait aucune langue étrangère, pas même le français et il ne pouvait lire le *Figaro* par exemple, qu'avec beaucoup de peine et à coups de dictionnaire. Il est aisé de voir que cette lacune n'était pas précisément faite pour lui faciliter son orientation sur le développement et les diverses phases de la politique française, dont la connaissance était cependant indispensable pour un secrétaire d'Etat en Alsace-Lorraine. Mais il ne paraît nullement en avoir été gêné ; il avait cette assurance enviable de la plupart des gens que n'embarrasse point un gros bagage scientifique et littéraire. Non point qu'il fût sot ; au contraire : il avait beaucoup de bon sens, de malice même et se plaisait à évoluer parmi les intrigues parlementaires — il avait déjà joué un rôle dans le groupe conservateur du Reichstag —; il possédait aussi une certaine expérience technique de l'appareil administratif, savait organiser son travail au mieux de son agrément et se réserver assez de loisirs pour faire quelques parties de chasse au lièvre ou au faisan. Il n'était pas toujours très poli avec les journalistes et il les traitait un peu de haut, à leur grand déplaisir. Je me rappelle qu'à une séance de la Délégation, les journalistes de la tribune s'étant plaints qu'il ne parlait pas assez nettement, il leur cria de se procurer d'autres oreilles. Mais s'il méprisait la presse, il savait parfaitement en apprécier l'importance, quand il s'agissait de ses intérêts personnels. C'est ainsi que l'une de ses premières mesures fut de s'assurer une influence officieuse sur la presse ; et, quand il le fallait, il ne dédaignait pas de prendre lui-même la plume, malgré le peu de plaisir qu'il avait, en général, à écrire longuement. En ce qui concerne ses opinions politiques, il était naturellement monarchiste et conservateur prussien convaincu, mais, si son horizon n'était pas très étendu, il se rendait compte cependant qu'un peuple aussi profondément démocratique et indépendant que celui d'Alsace-Lorraine ne pouvait pas être gouverné comme ses compatriotes du fond de la Poméranie, et il sut comprendre assez bien, par exemple, l'autonomie des communes.

Dans les relations privées, Köller était un homme jovial, heureux de vivre, et cette jovialité, jointe à son aimable corpulence, lui valut bientôt une certaine popularité auprès des membres du petit Parlement alsacien-lorrain qui l'avait vu venir tout d'abord avec beaucoup de méfiance. Mais je doute que ses collègues du ministère, surtout plus tard lorsqu'il fut devenu ministre de l'Intérieur prussien, aient eu raison d'avoir en lui une confiance aveugle. J'ai eu l'occasion, à ce moment-là, de faire certaines observations à ce sujet. Il avait quelque chose d'un ours et non point seulement dans son apparence. Quand, au cours de mes chasses en Russie, je voyais un gros ours devant moi, je ne pouvais m'empêcher de penser à M. von Köller. Ces ours russes avaient également l'air pleins de douceur et de bonhomie; mais quand on voyait leurs petits yeux mauvais, on savait qu'il fallait se tenir sur ses gardes.

DÉPUTÉS ALSACIENS

Parmi les députés de la Délégation d'Alsace-Lorraine, que j'ai pu connaître d'un peu près à ce moment-là, le plus remarquable de beaucoup par ses capacités et ses connaissances était le député Köchlin. Il appartenait à une vieille famille bien connue, qui a joué un grand rôle dans l'industrie alsacienne pendant des générations ; il était propriétaire d'un grand établissement industriel, situé à Weilertal en Haute-Alsace, qu'il dirigeait lui-même, membre de la Délégation d'Alsace-Lorraine et de l'assemblée de district de la Haute-Alsace, membre du conseil d'Etat et la personnalité la plus compétente dans les questions financières. Si l'Alsace avait été alors française, il aurait sans aucun doute fait un excellent ministre des Finances français. C'était un vieux garçon qui, malgré sa richesse, vivait simplement et modestement, et qui, en dehors de son industrie, ne s'intéressait qu'à la politique; mais il n'était pas de ceux à qui il importe surtout de faire de beaux discours et de jouer un rôle brillant dans la vie politique. Tout cela lui était parfaitement égal. Ce à quoi il tenait, c'était à la réalité des choses et aux intérêts de son petit pays. Quand il prenait la parole, ses discours étaient toujours rigoureusement objectifs et il n'avait que mépris pour les formules politiques générales et pour la politique de parti; mais, comme il possédait des connaissances remarquables et une extraordinaire puissance de travail et qu'il était toujours absolument maître du sujet qu'il traitait, il exerçait une influence considérable et même décisive dans le petit Parlement alsacien. Il savait, comme pas un, contrôler le budget du pays jusque dans les moindres détails ; il inspirait le respect à tous les représentants du gouvernement et à tous les députés et son approbation était toujours nécessaire pour qu'un projet un peu important eût des chances d'être adopté. Il régnait en maître dans l'assemblée de district de la Haute-Alsace. Mon père l'appréciait beaucoup et faisait le plus grand cas de ses connaissances techniques et de son intelligence éminemment pratique; moi-même, en ma qualité de président de district de la Haute-Alsace, j'ai eu avec lui les meilleures relations, et ses conseils et ses avis dans les affaires du district soumis à mon administration m'ont toujours été extrêmement précieux. Il a incontestablement rendu à son pays des services de premier ordre. Ses sympathies allaient sans doute à la France, ce qui était naturel étant données son éducation et ses relations de famille, et, comme la plupart des Alsaciens-Lorrains de sa caste, il avait à Paris un pied-à-terre où il passait de temps en temps quelques semaines; mais il s'est toujours tenu à l'écart de toute action ou intrigue politique dans les questions nationales, et je sais qu'il était du nombre des Alsaciens qui voyaient avec inquiétude l'agitation croissante de certains de leurs compatriotes dans le pays comme en France et le danger d'une nouvelle guerre qui pouvait en résulter. Chose curieuse, à un âge déjà avancé, il était arrivé à posséder la langue allemande, mais naturellement le français lui était plus familier et, dans le privé, je parlais toujours français avec lui, ce qui provoquait les hochements de tête de plus d'un général prussien.

Un autre grand industriel de la Haute-Alsace a joué un rôle éminent dans la politique locale alsacienne-lorraine, c'est Jean Schlumberger. Lui aussi appartenait à une vieille famille industrielle établie depuis longtemps en Alsace, où elle a poussé de nombreux rejetons. C'était un petit homme trapu qui rappelait un peu Darwin dont il avait la ressemblance avec un vieux chimpanzé, un peu l'oncle Krüger dont il avait la malice, dissimulée sous une certaine bonhomie. A ses heures de loisir, il s'occupait avec ardeur de botanique et d'entomologie, et, en sa qualité de chef d'une nombreuse famille, il avait établi un sévère régime patriarcal dans sa maison, à Guebwiller, où se trouvaient ses établissements industriels. Au point de vue politique, il était du parti des autonomistes et il avait su entretenir de bonnes relations avec les différents statthalters qui s'étaient succédé en Alsace. A la terreur et aussi à la secrète envie de sa famille, qui était au fond du cœur de sentiments purement français, il était allé assez loin dans la voie du rapprochement pour accepter le titre de noblesse que lui avait conféré l'empereur et le ruban de l'ordre prussien de la Couronne. Il fut longtemps président de la Délégation d'Alsace-Lorraine et, malgré quelque lourdeur, il sut diriger avec un certain humour et un solide bon sens cette assemblée qui était alors, à vrai dire, l'une des plus dociles qu'on pût imaginer. Il est difficile de dire s'il se serait aussi bien adapté sous un gouvernement français; véritable tête carrée, il devait s'accommoder plus facilement du régime allemand. Lui aussi fut membre de l'assemblée de district de la Haute-Alsace; il en fut même président pendant quelque temps; avec lui aussi, j'ai toujours eu les meilleures relations et lui aussi a incontestablement rendu à son pays d'excellents services.

Parmi les députés alsaciens que j'ai pu connaître particulièrement, un personnage bien original était le baron Zorn von Bulach. Il appartenait à une vieille famille alsacienne, qui possédait dans la plaine du Rhin, non loin de Strasbourg, dans le canton d'Erstein, l'antique château d'Osthausen ; il avait été chambellan de l'impératrice Eugénie et était du tout petit nombre des nobles alsaciens qui étaient restés dans le pays en 1871 et avaient vite cherché et trouvé un moyen de se rallier à l'Allemagne. De stature puissante, avec une barbiche blanche comme on la portait au temps de Napoléon III, il était le type du gentilhomme campagnard ou du junker plutôt que de l'homme de cour. Je le vois encore à ses chasses au lièvre, dans les environs de son château d'Osthausen : vêtu d'une peau de bique, il prenait en plein air son petit déjeuner et, après s'être restauré par une soupe aux petits pois et à la saucisse, épaisse et bien chaude et s'être réchauffé par quelques verres d'un bon vin d'Alsace, de vieux kirsch et de café, il se dépouillait peu à peu de toutes ses enveloppes, car, sous sa peau de bique, il portait généralement encore quatre ou cinq gilets très épais. Son fils aîné, également député, dirigeait la chasse sous le contrôle suprême de son père, qui tenait beaucoup à son autorité dans la famille, et maintenait une discipline rigoureuse dans la troupe des rabatteurs et rabatteuses ; et je m'étonnais souvent, à part moi, de voir ces dames supporter tranquillement certaines expressions qui, sans doute, ne laissaient rien à désirer en netteté et en vigueur, mais qui auraient été impossibles dans un salon et même dans un parlement. Il eût été difficile à un junker poméranien ou silésien d'être plus grossier. Le soir il y avait dîner au château d'Osthausen, vieille bâtisse de proportions moyennes, entourée d'un fossé, pourvue de tours rondes, située dans la plaine du Rhin, où il fait très froid en hiver, avec beaucoup de brouillard, et très chaud en été, et où l'on ne pouvait dormir sans moustiquaire à cause des innombrables cousins qui surgissaient des marécages et des eaux dormantes du Rhin. On voyait aussi apparaître, au dîner, les dames de la maison, la baronne, une vieille dame imposante, un peu raide, ayant l'air d'un portrait d'ancêtre, et sa jeune et aimable belle-fille, une Espagnole, qui avait donné à son fils toute une troupe d'enfants, puis le cadet de la maison, un élégant abbé au visage expressif et distingué, aux mains soignées comme il convenait à un futur évêque. A sa vue, on ne pouvait s'empêcher de penser à Mgr d'Agde, le jeune évêque dans *le Rouge et le Noir* de Stendhal, et à la scène où, devant une glace, il s'exerce à donner la bénédiction avec élégance et dignité et à bien poser la mitre sur sa tête. Le jeune von Bulach était entré tout d'abord, sur le désir de son père, dans la diplomatie allemande et il travailla quelque temps à l'Office des Affaires Étrangères. Plus tard, tout à fait contre la volonté de son père, il entra dans la carrière ecclésiastique et, après avoir été quelque temps secrétaire à la nonciature pontificale à Madrid, il fut nommé, jeune encore, co-adjuteur de l'évêque de Strasbourg.

Au dîner où abondaient les mets les plus différents — un pâté de foie gras naturellement, parfois aussi un marcassin, ou une oie grasse et un rôti de lièvre — ainsi que les vins capiteux d'Alsace et de Bade (le baron avait de l'autre côté du Rhin de magnifiques vignobles), tous les hôtes, qui en dehors de la suite de mon père étaient pour la plupart des propriétaires fonciers du voisinage, déployaient de vigoureuses capacités d'absorption. Après une dure journée de chasse, il n'y avait là rien d'étonnant, car on s'était traîné depuis l'aube à travers les champs marécageux et argileux, dans le froid et le brouillard, ou bien, quand il s'agissait d'une chasse au canard sauvage, au râle, et au gibier d'eau, on s'était gelé en bateau. Seul mon père, fidèle à son habitude, restait la sobriété même.

Naturellement, la conversation avait lieu en français, car le vieux baron et la baronne parlaient mal l'allemand, et, en dehors du français, seulement le patois alsacien. D'ailleurs, dans cette famille, comme chez tous les Alsaciens des hautes classe, on ne parlait que français. Même lorsque le fils aîné Hugo fut devenu ministre, il ne possédait l'allemand qu'imparfaitement, ce qui le gênait parfois beaucoup dans ses interventions publiques au Parlement, surtout quand on eut décrété la publicité des débats et l'usage de la langue allemande à la Délégation d'Alsace. Malgré cela, pour plus de commodité, les députés se servirent encore du français et du patois alsacien dans les séances des commissions. Il a dû être plus d'une fois pénible à ceux qui étaient d'un âge avancé de se trouver en état d'infériorité vis-à-vis des représentants du gouvernement, par suite de leur connaissance défectueuse de la langue allemande. Chose étonnante, quelques-uns d'entre eux, qui pourtant n'avaient pas appris un mot d'allemand dans leur jeunesse, avaient réussi, à force d'application et de persévérance, à s'exprimer couramment dans cette langue.

Le baron Zorn von Bulach était du petit nombre des Alsaciens qui étaient restés dans le pays après l'annexion et s'étaient immédiatement occupés de politique. Son fils aîné entra de bonne heure aussi dans la carrière parlementaire, comme député d'abord à l'assemblée de district et à la Délégation et plus tard au Reichstag. Lorsque mon père eut accepté les fonctions de chancelier de l'empire et que le prince von Hohenlohe-Langenburg, son cousin et par conséquent mon oncle, lui eut succédé comme statthalter, celui-ci nomma le baron Hugo Zorn von Bulach sous-secrétaire d'Etat à l'Agriculture. Je me rappelle à ce propos la scène suivante, comme si elle était d'hier. C'était au cours d'une visite impériale à Strasbourg, l'année suivante. Mon père était venu à Strasbourg pour faire un rapport à l'empereur sur certaines affaires importantes et pour faire, comme chancelier, une visite à la ville de Strasbourg, la première depuis son départ. Je l'accompagnais. Le lendemain de notre arrivée, un grand dîner officiel eut justement lieu au palais, chez l'empereur. Comme nous montions le grand escalier de ce palais, célèbre par sa laideur, mon père me fit remarquer devant nous un homme de haute taille vêtu d'un uniforme de ministre, tout flambant neuf, mais chargé de broderies d'un goût affreux; et il me dit à mi-voix, avec un sourire sans méchanceté, mais plein d'ironie : « Quel changement par la volonté de Dieu ». Quelques années auparavant, ce même sous-secrétaire d'Etat de fraîche date faisait encore l'opposition la plus acharnée. Mais mon oncle, le nouveau statthalter, ayant procédé dès son entrée en fonctions à des changements dans le personnel des hauts fonctionnaires, venait de le nommer sous-secrétaire d'Etat à l'Agriculture. Mon père savait bien que le vieux baron, qui aimait beaucoup l'argent, avait le plus vif désir de voir son fils occuper un poste élevé et bien payé dans l'administration d'Alsace-Lorraine; mais il avait toujours différé cette nomination parce qu'il ne jugeait pas le moment encore favorable.

J'ai considéré cette nomination, même à ce moment-là, comme une faute : non point que je jugeais un Alsacien incapable d'administrer son pays, mais je prévoyais qu'avec la situation d'alors, avec le recrutement et l'organisation de l'administration, dans laquelle à peu près tous les postes supérieurs et l'immense majorité des postes subalternes étaient occupés par des Allemands, un homme du pays devait avoir de grandes difficultés et se trouver dans une situation fausse. Ou bien, s'il n'était pas initié aux mystères de la bureaucratie, il devait tomber sous l'influence de ses inférieurs ou bien, s'il voulait essayer de diriger par lui-même, il devait se heurter à la résistance passive de ses conseillers. Dans l'un comme dans l'autre cas, rien de satisfaisant ne pouvait en résulter. Au surplus, il devait se trouver dans une situation difficile vis-à-vis de certains de ses compatriotes, qui ne lui pardonneraient pas d'être entré au service du gouvernement allemand, et d'autre part il devait être regardé avec méfiance par les bureaucrates allemands et surtout par les militaires de haut grade. A mon avis, la nomination exceptionnelle de quelques Alsaciens aux postes administratifs supérieurs était une faute, tant qu'on n'accordait pas au pays une autonomie complète et qu'on ne remettait pas l'administration entre les mains des Alsaciens. Et cette solution, on n'arrivait pas à l'admettre. Mais même si un statthalter avait décidé de la proposer à l'empereur, on pouvait parier cent contre un qu'immédiatement le grand état-major et en général tous les militaires de haut grade auraient protesté, en faisant remarquer que la sécurité militaire des frontières était menacée. Mais, à moins d'être en même temps général commandant de corps d'armée — et pas même alors peut-être —, aucun statthalter n'aurait pu briser cette résistance. L'empereur lui-même ne se serait pas prononcé contre les militaires.

D'ailleurs pour en revenir à Zorn von Bulach, il faut lui rendre cette justice que, s'il était ambitieux, son ambition ne visait pas uniquement à obtenir un poste élevé et bien payé, mais aussi à servir son pays. Déjà comme député, il s'était

consacré avec beaucoup de zèle aux affaires publiques tant
de sa commune, de son canton que du district de la Haute-
Alsace et finalement de tout le pays et il était du nombre des
députés qui travaillaient réellement et qui par suite avaient
de la compétence et de l'influence dans plus d'une question.
Dans la suite, le soleil de la faveur impériale vint l'éclairer
soudain : pour son malheur, car la faveur de la cour est changeante, il devait en faire lui aussi l'expérience plus tard.
Quand l'empereur venait en Alsace, c'est-à-dire tous les ans,
Bulach devait l'accompagner dans ses déplacements à travers
le pays et, finalement, lorsque la faveur eut atteint son point
culminant, l'empereur le nomma capitaine du château du
Hohkönigsburg. C'est ainsi que le fils du chambellan de
Napoléon était devenu lui-même chambellan du roi de Prusse,
car capitaine du château correspond à peu près au rang de
chambellan, c'est même un degré au-dessus.

La restauration des ruines du Hohkönigsburg, sur le désir
de l'empereur, souleva en son temps des discussions passion-
nées. Beaucoup de personnes, et non point seulement les
gens du pays, regrettèrent qu'on eût détruit d'une main sacri-
lège le charme de ces ruines; à cela s'ajouta que les frais
de cette restauration s'élevèrent à des sommes considérables
qui furent mises à la charge du pays; et, par-dessus le mar-
ché, en dehors de l'empereur lui-même qui avait choisi pour
ce travail un architecte qu'il protégeait, mais dont la compétence technique était mise en doute par beaucoup de gens,
personne ne fut content. Mais cela ne changea rien au choix
fait par l'empereur; au contraire, il fit exécuter également
la décoration intérieure du château d'après les indications
de son architecte, et lorsque le travail fut terminé, on orga-
nisa, en présence de l'empereur, une fête costumée comme
il les aimait, où ce qu'il y avait d'étrange et un peu grotes-

que était que l'empereur paraissait oublier qu'il s'agissait de représentation théâtrale et prenait les choses au sérieux. Pour comble de malheur, la fête et l'effet des costumes moyenâgeux furent gâtés par le mauvais temps, par une violente averse. Mais le byzantinisme avait déjà pris un tel développement en Alsace-Lorraine que personne n'osa dire à l'empereur l'impression fâcheuse pour lui que toute cette affaire du Hohkönigsburg avait faite sur la population.

Au reste, quand on voulait étudier la profondeur des ravages que le byzantinisme produisait déjà en Allemagne, on n'avait qu'à assister à l'une des visites que l'empereur faisait en Alsace-Lorraine tous les ans au mois de mai. En général, on saisissait le prétexte d'exercices militaires, de la visite d'un fort, d'une revue des troupes, etc..., quelquefois aussi des manœuvres impériales. En soi, la comédie que l'on donnait dans ces occasions aurait peut-être été inoffensive car la population s'y amusait. Mais ce qu'il y avait de grave c'est que le souverain se faisait ainsi une fausse image de la vie et de l'état d'esprit de cette population; en outre, à cause de ces manifestations extérieures, dont la préparation et l'exécution prenaient beaucoup de temps (les fonctionnaires qui y étaient occupés restaient des jours entiers inutilisables pour autre chose), aussi bien les fonctionnaires responsables que le souverain lui-même perdaient de vue le but principal qui aurait dû être celui de la visite du monarque, à savoir de se renseigner à fond sur la situation, les besoins, les désirs et les sentiments de la population. Avec toutes ces fêtes, il ne restait plus de temps pour le travail sérieux, et les questions les plus importantes devaient être discutées et réglées à la hâte. A cela s'ajoutait que dans les rares cas où les représentants les plus éminents du pays, ceux qui connaissaient le mieux la situation, auraient eu l'occasion d'entrer en contact avec le monarque et où il aurait eu lui-même la possibilité de se documenter exactement et de savoir quels étaient les sujets de mécontentement de la population, il ne profitait pas de cette possibilité. Avant et surtout après les grands dîners officiels au palais impérial, auxquels on invitait tous les personnages de premier plan, naturellement tout d'abord les chefs militaires, puis les fonctionnaires supérieurs de l'administration et de la justice, le haut clergé, les représentants de la science, et aussi des notables alsaciens choisis parmi les industriels, les commerçants et les grands propriétaires fonciers, très peu nombreux en Alsace, il y avait, conformément à l'étiquette de la Cour, ce que l'on appelait le « cercle »; l'empereur et, éventuellement, l'impératrice faisaient le tour des hôtes, invités ou « commandés », rangés en un vaste demi-cercle, et ils leur adressaient la parole dans l'ordre où ils se trouvaient ou bien suivant leur inspiration du moment. Il y avait généralement derrière l'empereur ou près de lui un homme de cour qui nommait à l'empereur ceux qu'il ne connaissait pas, ce qui était d'ailleurs très rare, car — c'est sans doute une question d'entraînement — comme beaucoup de souverains, il avait une excellente mémoire des physionomies et des noms, et il n'oubliait pas facilement un visage qu'il avait vu une fois. Celui qui jouait le rôle de souffleur à cette occasion — je me rappelle encore avoir été chargé une fois de renseigner, dans sa tournée, l'impératrice, qui venait plus rarement à Strasbourg et, par suite, connaissait moins les gens — devait avoir une connaissance exacte des personnes et des lieux, pour chuchoter rapidement, en quelques mots, les données nécessaires sur la personnalité à qui on allait adresser la parole. En général les souverains peuvent ou plutôt pouvaient — j'oublie toujours que tout cela appartient au passé — facilement arriver à savoir ce métier, car tout d'abord, ils y étaient exercés dès leur enfance et, en second lieu, l'étiquette interdisait aux personnes qui se trouvaient devant eux de poser des questions indiscrètes; ils pouvaient donc choisir eux-mêmes le sujet de la conversation (et s'y préparer éventuellement). L'empereur avait un talent exceptionnel pour parler à chacun de ce qui était de son domaine ou l'intéressait plus particulièrement et pour donner à plus d'un l'impression de profondes connaissances techniques, qu'il venait en réalité d'acquérir rapidement pour la circonstance, grâce à sa remarquable faculté d'assimilation. Il réussissait souvent à donner le change aux étrangers, Français et Américains, et à leur en imposer par ses extraordinaires connaissances techniques dans les domaines les plus différents. D'ailleurs, il avait réellement l'esprit vif et s'intéressait aux choses les plus diverses.

Quand l'empereur venait à Strasbourg ou à Metz, il aurait pu et dû profiter de l'occasion de ses dîners ou de ses réceptions pour étudier sérieusement la situation du pays et de la population, interroger et écouter ses représentants les plus éminents. Plus d'un aurait été tout disposé à lui dire toute la vérité et à répondre, en toute sincérité, à toutes ses questions pour être utile à son pays. Ces fêtes officielles étaient parfois la seule occasion pour ces Alsaciens de se présenter devant l'empereur, seigneur du pays, et de lui parler à cœur ouvert. On peut s'imaginer l'âpre déception de ces hommes quand l'empereur adressait la parole à quelques élus du « cercle », s'entretenait une bonne demi-heure avec un seul, quelque général ou professeur, puis soudain quittait, avec un bref signe de tête, l'assemblée qui s'inclinait profondément, sans juger les autres invités dignes du moindre mot, et « se retirait dans ses appartements ».

Non seulement cela laissait chez plus d'un un amer ressentiment, mais l'empereur lui-même perdait le profit qu'il aurait eu à causer avec les hommes du pays qui étaient le mieux en état de le renseigner sur la situation et sur les mesures à prendre éventuellement par le gouvernement ou sur les fautes commises ou à éviter. D'année en année, il prit de plus en plus l'habitude de ne causer qu'avec ceux qui lui inspiraient une sympathie particulière, ou qui l'intéressaient spécialement. Mais, dans son entourage, personne n'osa jamais lui faire remarquer ce qu'il y avait d'insuffisant et de fâcheux dans ce système. Quand mon père, étant statthalter, remarquait dans ces occasions que l'empereur voulait causer avec une personnalité éminente du pays dont il y avait intérêt, selon lui à ce que l'empereur recueillît l'avis, il attirait son attention sur elle et quand il voyait que l'empereur s'arrêtait trop longtemps avec un personnage insignifiant, abrégeant ainsi le temps qu'il pourrait consacrer aux autres, il le lui faisait délicatement remarquer et il obtenait ainsi que les personnalités les plus importantes eussent leur tour. Mais son successeur, le nouveau statthalter, n'eut jamais cette audace; je dirai même qu'il était heureux d'être lui-même ignoré de l'empereur, quand celui-ci se trouvait être de mauvaise humeur.

Avec ce système, les visites impériales, qui avaient toujours lieu à grand fracas et en grande pompe, n'avaient d'utilité que pour quelques restaurateurs strasbourgeois qui faisaient d'excellentes affaires en raison de l'affluence des gens de la campagne qui voulaient voir l'empereur et à qui les longues stations dans les rues avaient donné faim et soif. Quant à lui, il ne voyait qu'un peuple qui l'acclamait, dont une forte proportion se composait d'ailleurs de vieux Allemands installés dans le pays ou venus de l'autre rive du Rhin et il y gagnait une impression totalement fausse, encore fortifiée par les articles, qui venaient jusqu'à lui, du journal le plus lu de Strasbourg, la *Strassburger Post*, articles byzantins, toujours teintés du rose de l'optimisme qui volontairement se cachait la tête dans le sable. Comme une tradition séculaire avait donné, je le répète, beaucoup d'entraînement et de souplesse aux Alsaciens dans leurs relations avec les « grands personnages », il en résultait que l'empereur ne croyait voir que des gens satisfaits, et même lorsque mon père lui affirmait que tout n'était pas pour le mieux — par exemple, lorsque l'introduction du passeport obligatoire eut causé une véritable exaspération chez les Alsaciens-Lorrains qui se considéraient comme offensés dans leurs sentiments familiaux les plus sacrés — il était très difficile de l'en convaincre, d'autant que les militaires ne cessaient de lui recommander comme une nécessité le système de la poigne, en lui disant qu'on ne pouvait avoir aucune confiance dans la population en cas de guerre. Ce qui montre combien peu les souverains saisissent l'occasion de se renseigner exactement sur leur pays, c'est le fait que l'empereur, qui me voyait souvent, ne m'a jamais posé de question sur la situation de mon district ou de la circonscription électorale qui m'avait élu député au Reichstag ; et pourtant, cela paraissait élémentaire, car il devait supposer qu'après un si long séjour dans le pays, je pouvais lui donner quelques renseignements utiles.

Il ne pouvait être question pour nous de relations mondaines un peu intimes avec la société alsacienne ou lorraine. Et si j'ai pu connaître, à titre privé, quelques-uns de ses représentants, ce ne furent là que des exceptions, dues à des circonstances toutes fortuites. D'une manière générale, presque tous les Alsaciens et Lorrains qui appartenaient à la haute bourgeoisie ou à la noblesse du pays se tenaient absolument à l'écart et si certains membres de ces classes sociales se montraient aux fêtes officielles du statthalter, c'était presque uniquement l'élément masculin : ils exerçaient quelque fonction ou avaient quelque mandat de député ou bien ils faisaient cela par intérêt, pour obtenir quelque chose pour eux, leur famille, leur circonscription, etc...

C'est exactement la situation que j'ai trouvée en Haute-Alsace, quand, plus tard, je fus chargé de l'administration de ce pays comme président de district à Colmar. Là-bas aussi, les relations avec les hautes classes locales, bien que courtoises extérieurement, restaient froides et réservées. Et moi-même, naturellement, je ne faisais rien pour m'imposer.

Je savais qu'un abîme infranchissable rendait toujours impossibles des relations mondaines un peu étroites ; et si je ne l'avais pas su, mes yeux se seraient ouverts devant le fait suivant : quand, par exemple, je faisais une visite à un fabricant ou à un grand industriel alsacien, il était très rare que je pusse voir la maîtresse de maison et, chaque fois, j'entendais de la bouche du maître de la maison cette phrase d'excuse : « Madame est un peu souffrante et regrette beaucoup », etc... Mais, quand j'étais sur le point de quitter la maison, je pouvais entendre, la plupart du temps, le bruissement d'une robe ou des chuchotements de voix de femmes et voir apparaître aussi quelquefois un œil curieux derrière un rideau, un peu comme en Orient derrière les grilles du harem. J'attribuais plutôt cela à la curiosité que provoquait ma qualité de prince même chez ces dames « démocrates » qui, comme beaucoup d'autres (voyez en Amérique), ne sont pas exemptes de snobisme.

Malgré cela, j'ai conservé un très agréable souvenir des quelques cas exceptionnels où il m'a été donné de faire la connaissance de l'élément féminin de la bourgeoisie alsacienne. Je ne veux pas dire ici les noms des intéressées pour ne pas leur attirer des désagréments en raison de l'état actuel des esprits en France; je me bornerai à citer un petit cercle de dames alsaciennes de la bourgeoisie : c'était le salon de Mme S..., la femme d'un vieux et digne strasbourgeois qui appartenait à une famille d'industriels et de commerçants. M. S..., se montrait généralement aux soirées de sa femme avec le ruban rouge de la Légion d'honneur à la boutonnière de son habit; par contre, quand le statthalter apparaissait, M. S..., avait le ruban bleu de l'ordre prussien de la Couronne; il portait encore la barbe à la Louis-Philippe et faisait une très digne impression, comme il convenait à son titre, car il était, si je ne m'abuse, président d'honneur du conseil d'administration de l'hospice civil ou quelque chose de ce genre. Sa femme Mme S..., était une aimable vieille dame à cheveux blancs, qui se donnait l'air d'une vieille marquise de l'ancien régime, bien qu'elle ne fût point noble mais qu'elle eût été, disait-on, gouvernante dans une famille bourgeoise. Elle avait un faible marqué pour les personnages princiers et elle parlait volontiers et avec un sourire mélancolique, qui en disait long, de Sa Majesté l'Impératrice, c'est-à-dire de l'impératrice Augusta, qu'elle avait eu l'occasion de voir à Baden-Baden où elle avait coutume de passer l'été. Elle me rappelait, quand elle parlait, Mme Scherer, dame de la cour, dans *La guerre et la paix* de Tolstoï. Quant au reste, c'était une dame très aimable et inoffensive, qui savait réunir autour d'elle quelques femmes jeunes, jolies et musiciennes, dont je fis la connaissance. Dans ces petites soirées, tantôt on faisait de la musique, tantôt on jouait à la roulette ou aux cartes, mais sans que jamais personne courût le risque de se ruiner; on savourait de délicieux pâtés de foie gras de Strasbourg et d'autres spécialités alsaciennes, que l'on se rappelle aujourd'hui comme les fruits d'un paradis perdu. Parfois aussi on jouait de petites comédies et on faisait des charades.

L'AME POPULAIRE EN ALSACE-LORRAINE

LA QUESTION D'ALSACE-LORRAINE

Il est très difficile de pénétrer l'âme d'un peuple. J'ai vécu de longues années en Alsace, j'ai été en étroit contact avec toutes les classes de la population, et cependant, si l'on me demandait aujourd'hui quels étaient, selon moi, les sentiments de la population ou, mieux, de quel côté penchaient les sympathies de la majorité, je serais assez embarrassé pour donner une réponse précise. Dès le début, j'ai été frappé de la difficulté qu'il y avait à voir clair dans les véritables sentiments de la population. Comme nous habitions Strasbourg, je dirai tout de suite qu'il s'est agi pour moi tout d'abord de l'Alsace et des Alsaciens. J'ai moins connu la Lorraine où je ne séjournais que rarement. Ce n'est que plus tard que j'ai remarqué la différence qui existe entre ces deux provinces. L' « Alsacien-Lorrain » était une entité qui n'existait que sur le papier. En réalité, l'Alsacien est aussi différent du Lorrain que, par exemple, un Normand peut l'être d'un Picard. Le seul lien qui les unissait était artificiel : c'était le fait d'appartenir à l'Etat confédéré d'Alsace-Lorraine, ou plutôt au Territoire d'Empire, car ce pays n'avait pas encore tous les droits d'un Etat confédéré allemand ; c'était un organisme politique particulier, qui avait pour souverain l'empereur d'Allemagne. En outre, il n'y avait point de grande sympathie entre l'Alsacien et le

Lorrain en dehors des souvenirs communs depuis 1871, et d'un attachement commun à la France, tout au moins dans la vieille génération. Au point de vue politique, le Lorrain paraissait plus indifférent que l'Alsacien, et chez l'Alsacien les sentiments démocratiques étaient plus prononcés peut-être que chez le Lorrain.

La difficulté qu'il y a à découvrir les véritables sentiments des Alsaciens s'explique par leur situation d'habitants d'un pays frontière. C'est une observation que l'on peut faire dans tous les pays de ce genre, en particulier dans ceux qui ont souvent changé de maîtres et sont passés d'une nationalité à l'autre, que les habitants sont atteints dans leur caractère et qu'ils deviennent nettement méfiants, craintifs, réservés dans leurs relations avec tous ceux qui n'appartiennent pas à leur entourage habituel et immédiat. Même entre eux, souvent, ils ne montrent pas plus de confiance. Dans la riche bourgeoisie alsacienne, chez les fabricants et les industriels, on pouvait constater qu'ils vivaient absolument entre eux et qu'en dehors de leurs parents, souvent très nombreux, il est vrai, ils n'avaient point pour ainsi dire de relations, même à l'intérieur de leur caste. On peut faire des constatations semblables dans un autre pays frontière qui, plus encore que l'Alsace-Lorraine, a subi des changements de destinée, je veux dire en Pologne. On sait que sur trois Polonais deux au moins médiront l'un de l'autre devant le troisième. J'ai souvent vu cela chez les Alsaciens, et, sans en être surpris, j'en éprouvais parfois au début une impression désagréable. Dans les classes laborieuses, chez les petits industriels, les artisans, les paysans et les ouvriers, il y avait naturellement moins de réserve, et quand on s'en donnait la peine, on pouvait se rendre compte de leur état d'esprit.

Pour l'observateur superficiel, il n'y avait pas de doute. Les classes supérieures, les milieux bourgeois cultivés, étaient de sentiments français; un bon nombre de petits bourgeois aussi; et les paysans de la vieille génération restaient fidèles à la France, au souvenir de leur service militaire sous le drapeau Français, à la guerre de Crimée, etc... Quant aux jeunes, dans les milieux bourgeois, un certain nombre d'entre eux étaient Français de cœur; dans la population paysanne, la plupart avaient des sentiments alsaciens. Le fait qu'un certain nombre d'entre eux passaient chaque année la frontière pour se soustraire au service militaire allemand n'est point une preuve de leurs sentiments français; il peut s'expliquer par un goût inné pour les aventures.

Voilà ce que voyait l'observateur superficiel. Mais qu'apercevait-on quand on y regardait de plus près? C'est incontestablement dans les milieux bourgeois aisés que l'affection pour la France était la plus forte. Dans la vieille génération qui avait grandi sous la domination française, qui avait vu la splendeur du Second Empire, l'attachement à la France était tout à fait compréhensible ; et il n'était pas étonnant non plus que les femmes de la bourgoisie aisée se sentissent invinciblement attirées par la France et surtout par le charme de Paris. Mais dans les jeunes générations, il y avait plus d'un Alsacien déjà qui ne fermait point les yeux aux bons côtés de la vie politique allemande, au point même que quelques-uns cherchaient une carrière dans l'administration et la justice allemandes, quelquefois aussi, mais plus rarement, dans l'armée.

Ainsi se forma un curieux type d'Alsacien, chez qui l'extérieur trahissait le conflit intérieur : je me rappelle nettement certains exemplaires de ce type. Cet Alsacien-là portait les cheveux courts coupés en brosse, comme les officiers français, mais aussi la moustache retroussée à angle droit à la manière de Haby, le coiffeur de la Cour impériale à Berlin.

Je reconnaissais facilement le bourgeois alsacien de sentiments français ou, comme on disait alors, protestataire, à ce que, à un âge avancé encore, il portait souvent une barbiche à la Napoléon III, à ce qu'il hésitait, pour saluer, à porter la main à son chapeau, généralement enfoncé jusqu'aux oreilles, mais sans avoir le courage de ne pas saluer quand il rencontrait M. le préfet. La coupe du pantalon et certains autres signes étaient également révélateurs. Quelques-uns seulement osaient porter ouvertement le ruban rouge, si convoité, de la Légion d'honneur; par contre, chez eux, ils le portaient peut-être sur leur chemise de nuit; chez les Alsaciens, cette faiblesse était une tradition qui leur venait de l'époque française; sous le régime allemand, elle donna lieu maintes fois à des situations comiques. Je me souviens d'un homme qui avait reçu du gouvernement allemand, d'ailleurs à mon avis beaucoup trop libéral sur ce point, l'ordre de la Couronne de 4e classe, ce qui l'autorisait à se faire mettre un petit ruban bleu clair à la boutonnière; mais son rêve, comme celui de tout Alsacien, était le ruban rouge de la Légion d'honneur. Lorsqu'enfin, Dieu sait pour quels «services», après des années d'efforts et grâce à ses relations parisiennes, il eut obtenu ce ruban, il vint me trouver : car pour pouvoir le porter, il fallait l'autorisation du gouvernement allemand et j'étais alors président de district à Colmar. Dans sa peur que cette demande n'éveillât en moi des doutes sur ses sentiments allemands, il me déclara immédiatement qu'il porterait naturellement toujours son ordre de la Couronne prussienne dans les occasions officielles, mais qu'il serait bien heureux de mettre le ruban rouge tout au moins à la maison et dans les fêtes de famille ; il était rayonnant de joie lorsque je lui dis que je n'y voyais aucune objection.

Chose curieuse, la fondation d'une université allemande, qui avait été installée à grands frais et en laquelle on avait mis en Allemagne de si grandes espérances après 1871, n'a pas obtenu, à beaucoup près, les résultats assimilateurs qu'on en attendait ; on a même constaté peu à peu que les francophiles les plus enragés et notamment ceux qui, plus tard, ont joué un rôle dans la politique et sont devenus extrêmement gênants et même dangereux pour le gouvernement allemand, se recrutaient parmi les Alsaciens formés à l'université allemande. Il faudrait, pour répondre à la question, une enquête spéciale qui mènerait trop loin. Je me bornerai à dire que je suis convaincu aujourd'hui, comme je l'étais alors, que pour favoriser l'assimilation, l'adaptation à la situation existante et l'acclimatation des Alsaciens dans le cadre de l'empire d'Allemagne, il eût été beaucoup plus sage de ne pas restaurer l'université de Strasbourg après l'annexion et d'obliger ainsi les jeunes Alsaciens à passer le Rhin et à fréquenter les universités allemandes de l'intérieur de l'empire. La plupart d'entre eux restèrent à Strasbourg, se groupèrent étroitement, en se tenant à l'écart des Allemands, et furent, comme auparavant, exposés aux influences françaises, tout d'abord à celles de la maison paternelle, puis à celles du dehors ; ils ne purent pas connaître personnellement et directement l'Allemagne et le peuple allemand et par suite emportèrent dans la vie l'esprit français ou tout au moins des dispositions à recevoir les influences françaises, qui se firent sentir plus fortement dans la suite, lorsque, surtout dans les dix dernières années avant la guerre, la propagande française souterraine fut menée avec beaucoup de méthode et d'habileté et que l'agitation politique se développa dans le pays.

Mais quelle était la situation à la campagne, chez les populations paysannes? J'ai eu affaire aux paysans de deux des cantons les plus allemands de l'Alsace : Wissembourg et Haguenau, où la langue est exclusivement allemande, où les mœurs et les usages sont allemands, où la population est purement alémanique. Remarquait-on chez eux un attachement ou une affection pour l'Allemagne, un certain sentiment de joie d'avoir retrouvé leurs frères de race, les « frères allemands », joie que se plaisaient à évoquer les professeurs allemands avant 1870 ou bien, au contraire, le regret d'avoir perdu leur mère-patrie, la France, dont l'annexion les avait séparés? Selon moi, il n'y avait ni l'un ni l'autre. Ce qui caractérise le paysan, c'est ici, comme chez tous les peuples et dans tous les pays, autant que j'ai pu en faire l'observation personnelle, l'amour de la glèbe, du morceau de terre, de la ferme où il a grandi. Mais il lui était tout à fait indifférent que ce morceau de terre, cette maison appartinssent à tel ou tel État. La « grande politique » ne l'intéressait nullement.

C'est ce que l'on pouvait constater aux élections du Reichstag. Je me rappelle qu'au cours d'une de mes campagnes électorales, on discuta vivement, pour faire de l'agitation, la question du paragraphe en vertu duquel le gouvernement pouvait, s'il le voulait, instituer la dictature. Je demandai, un jour, dans une réunion, à un paysan qui, suivant les instructions de son curé, se plaignait de l'existence de ce paragraphe, ce que c'était que ce paragraphe; il ne sut que me répondre. Il fallut des années d'agitation systématique des cléricaux et des socialistes, qui voyaient là un moyen précieux d'exciter le mécontentement, pour que les paysans pussent s'imaginer qu'ils en souffriraient. En réalité, il ne s'en étaient même pas aperçus. Ce paragraphe n'a été que bien rarement appliqué dans toute la période de l'administration allemande et naturellement jamais contre un paysan. Ceux qui le redoutaient, et à juste titre, c'étaient les agitateurs parmi lesquels on comptait de nombreux ecclésiastiques, de jeunes abbés qui étaient en même temps rédacteurs de journaux politiques. Je me souviens que les Alsaciens, des hommes sérieux, industriels ou propriétaires fonciers, me confièrent qu'il était excellent que le gouvernement gardât cette arme dans la main pour pouvoir modérer l'insolence de ces gens-là qui ne faisaient que troubler le développement tranquille et pacifique du pays. On le vit bientôt lorsque le paragraphe en question fut abrogé.

Est-ce que l'importance attribuée par les politiciens français et alsaciens et par la presse à l'effet de ce paragraphe sur l'état d'esprit des Alsaciens-Lorrains était exagérée ? Est-ce que tout ce que l'on a dit à ce sujet était pure invention afin de créer la légende de l'Alsace-Lorraine asservie ? Non, la chose n'est pas aussi simple. Assurément, il y a eu beaucoup d'exagération et d'exagération voulue, mais — l'âme populaire ou plutôt l'inconscient collectif est si mystérieux — le peuple s'était peu à peu laissé envahir par le sentiment vague sans doute, mais réel d'une oppression, d'une menace humiliante, d'une offense imméritée, surtout lorsque les agitateurs eurent très habilement lancé la formule de « peuple de deuxième classe », que les Alsaciens-Lorrains restaient, disaient-ils, aux yeux du gouvernement allemand. Cet effet du paragraphe de la dictature faisait partie de ces impondérables psychologiques qui ont été si souvent négligés par les gouvernants, surtout en Allemagne. J'avoue franchement que je ne voyais pas cela aussi nettement qu'aujourd'hui. Je le pressentais bien parfois, mais je me laissais très facilement convaincre que le danger d'une agitation démagogique, principalement par les éléments francophiles du clergé, était beaucoup plus grand pour la tranquillité et le développement pacifique du pays que la petite gêne que pouvait causer à la population une loi qui n'était pour ainsi dire plus appliquée. Aussi lorsqu'à la suite d'une demande d'abrogation la loi sur le paragraphe de la dictature vint de nouveau en discussion au Reischstag me laissai-je aller à voter contre cette abrogation et même à motiver cette attitude hostile par un discours. Naturellement, ce fut là une aubaine pour nos adversaires politiques, les cléricaux d'Alsace. Ils s'empressèrent de se servir de l'arme que je leur avais mise entre les mains, pour saper ma situation jusque-là inébranlable dans ma circonscription électorale. A cela vint s'ajouter que le gouvernement lui-même fit soudain volte-face et, sur le conseil du secrétaire d'Etat, von Köller, abrogea le paragraphe sur la dictature. Je rappellerai seulement en passant que l'abrogation fut théâtralement proclamée par l'empereur du haut du château du Hohkönigsburg où il s'était rendu à cet effet. Il apparut très vite que les efforts politiques de M. von Köller étaient mal inspirés. On se trouva alors en présence de la curieuse situation suivante : les mêmes gens, c'est-à-dire certains abbés politiciens, versaient, dans les journaux qu'ils dirigeaient, tout le venin de leurs railleries sur les mesures gouvernementales et, d'une manière générale, sur tout ce qui était allemand, mais en même temps ils avaient leurs grandes et petites entrées dans les bureaux du gouvernement et en particulier chez le secrétaire d'Etat, von Köller. Et même, aux élections de 1903, j'ai pu constater que le parti clérical qui avait présenté mon concurrent, un jeune débutant quelconque, était soutenu par le gouvernement, et cela avec l'approbation bienveillante de M. von Bülow, chancelier d'Empire, qui avait fait des vœux pour son succès. N'était-il pas, lui aussi, le prisonnier du centre?

Dans les dernières années qui ont précédé la guerre mondiale, à l'époque du statthaltérat du comte Wedel, je venais de temps à autre à Strasbourg — j'avais alors déjà quitté mon poste de Colmar — et j'étais frappé du changement qui s'était opéré dans les esprits. Les sympathies françaises ou, si je puis dire, les sentiments français s'étaient considérablement accrus dans une grande partie de la population; on entendait beaucoup plus parler français; dans les magasins, dans les restaurants, ceux qui ne me connaissaient pas s'adressaient à moi de préférence en français; chaque fois qu'une troupe française donnait des représentations, le théâtre était comble; les conférences, politiques ou non, faites par des publicistes ou des artistes français avaient de nombreux auditeurs dans l'élite de la bourgeoisie strasbourgeoise, parmi les membres de la noblesse ou les grands industriels des environs, et les conférenciers étaient toujours frénétiquement applaudis. Cette propagande était organisée avec une extrême habileté. La France envoyait ce qu'elle avait de meilleur et si les conférenciers évitaient toujours prudemment et avec beaucoup d'habileté tout ce qui aurait pu donner aux autorités allemandes l'occasion d'intervenir, il y avait pour l'auditeur attentif, entre les lignes de chaque conférence, maintes choses qui étaient moins inoffensives que le texte réellement prononcé. Je me souviens encore d'une brillante conférence de Tardieu, alors rédacteur au *Temps*, plus tard tout-puissant commissaire de la France pour toutes les affaires franco-américaines et l'un des cinq représentants de la France à la Conférence de la Paix. Si je me souviens bien, le sujet de la conférence était la politique extérieure de la France et le système des alliances européennes, et, bien que le conférencier évitât soigneusement tous les écueils dangereux et que sa conférence fût réellement inoffensive pour un auditoire qui se composait en majeure partie de dames, à quelques exceptions près, peu au courant de la politique étrangère, il recueillit des applaudissements très démonstratifs. En même temps que cette propagande par les conférences, la propagande par les revues surtout par la *Elsässische Rundschau* avait alors des effets plus profonds peut-être.

A tout cela, on n'opposait rien d'équivalent du côté allemand, soit qu'on n'en eût pas l'habileté, soit que le gouvernement ne vît pas la nécessité d'une contre-offensive, soit qu'il ne disposât pas des éléments nécessaires. Ce qui, en outre, rendait très difficile cette contre-offensive, c'était le fait que précisément les milieux intellectuels lui étaient inaccessibles parce qu'ils continuaient à tirer de la France leur nourriture intellectuelle, qu'ils connaissaient à peine de nom la littérature allemande moderne et ne s'y intéressaient pas. On restait rigoureusement fidèle aux habitudes françaises parce qu'on était fier d'appartenir aussi à cette vieille civilisation et qu'on ne voulait pas se laisser dépouiller de ce trésor.

Mais en dépit de tous les protestataires, il y avait chez la plupart des Allemands et, je l'avoue aussi, chez moi, la conviction que le régime allemand était inébranlable en Alsace-Lorraine. L'indissolubilité des liens existant entre le Territoire d'empire et l'empire et l'inanité de tous les efforts qui tendaient à détacher l'Alsace-Lorraine de l'Allemagne pour la rendre à la France étaient si évidentes que nous ne songions pas un instant à la possibilité d'un changement. Sans doute on se demandait parfois ce que les Français pourraient bien

faire de ce Strasbourg si agrandi pendant la période allemande, de ces bâtiments comme celui de la Délégation, le
palais impérial, le palais ministériel, etc... s'ils reconqué-
raient un jour Strasbourg, mais tout cela n'était que plaisanterie; personne ne songeait sérieusement à une éventualité
de ce genre; et bien peu d'Alsaciens même osaient l'envisager. Cela venait surtout de ce que chacun de nous était
profondément convaincu de la force invincible de l'armée
allemande.

Dans l'empire, ou, comme on disait en Alsace, dans la
vieille Allemagne, on se désintéressait de plus en plus de
l'Alsace-Lorraine, et, à part quelques exceptions, aussi bien
la presse que le public montraient une ignorance et une
indifférence curieuses à l'égard de la situation en Alsace-
Lorraine. Ni le Reichstag, ni le gouvernement d'empire lui-
même ne s'intéressait à ce qui se passait dans ce pays, pas
plus qu'il n'était exactement renseigné sur la situation. Il y
avait bien, de temps à autre, au Reichstag, des débats sur
telle ou telle affaire alsacienne-lorraine, mais alors on envoyait un des « ministres » alsaciens-lorrains ou l'un des
représentants du gouvernement alsacien-lorrain auprès du
Conseil Fédéral, avec mission de répondre aux attaques et
aux plaintes de quelques abbés alsaciens-lorrains ou de tel
ou tel député socialiste d'Alsace-Lorraine. Le Reichstag écoutait quelques instants avec une curiosité amusée ces hôtes
exceptionnels, mais, dans l'ensemble, l'Alsace-Lorraine était
aussi éloignée de Berlin qu'une colonie africaine ou une
station navale d'Extrême-Orient. Il n'y avait pas là de vraie
sympathie pour l'Alsace-Lorraine ni de compréhension réelle
des désirs, des soucis et des sentiments de ses habitants. Cela
n'aurait peut-être pas été un mal; je dirai même que cela
aurait présenté des avantages, si l'on avait laissé faire un

statthalter intelligent, juste et bienveillant, qui s'intéressait sincèrement au pays et aux populations d'Alsace-Lorraine, comme par exemple mon père, et si on n'était pas venu déranger son travail.

. . . .

Lorsque le 3 août 1914 la guerre eut commencé entre l'Allemagne et la France, il ne pouvait y avoir de doute pour personne que l'Alsace-Lorraine serait le prix de cette guerre, car, c'est le côté tragique de sa destinée, l'Alsace-Lorraine était pour les deux peuples, allemand et français, le symbole de leur puissance. Lorsqu'en 1871, par le traité de Francfort, l'Alsace et la Lorraine eurent été réunies au nouvel empire, le « Territoire d'empire » devint pour la nation unifiée le symbole de l'empire. Mais, pour la France aussi la possession de l'Alsace-Lorraine était le symbole de sa puissance, et, en août 1914, il était évident pour tous les Français que cette guerre ne se terminerait pas avant que les deux provinces d'Alsace et de Lorraine, dont la France n'avait jamais pu accepter la perte au cours de ces quarante-trois années, fussent revenues à leur mère commune. La perte de ces deux provinces était beaucoup plus douloureuse pour les Français qu'elle ne l'avait été pour les Allemands, lorsque par ses Chambres de Réunion Louis XIV avait fait réunir ces pays à la France, car, à cette époque du Saint Empire romain germanique, le sentiment national allemand était assez superficiel chez les différentes races allemandes réunies sous le sceptre de l'empereur, et l'Alsace-Lorraine actuelle n'était qu'une agglomération de territoires différents, appartenant à une multitude de petits souverains temporels et spirituels, et de quelques villes, qui avaient conservé leur souveraineté sous le protectorat de l'empire. Plus la puissance de l'empire diminuait, plus se relâchait le lien qui unissait à lui les habitants du pays et plus s'affaiblissait leur conscience nationale, si tant est que l'on puisse en parler.

Mais ils s'étaient mêlés beaucoup plus intimement à la vie de la France, non seulement pendant la période de l'administration royale, qui avait pris soin de favoriser la fusion, en ménageant habilement les habitudes locales, mais encore et surtout pendant la grande Révolution qui leur avait apporté la liberté et l'union avec un grand Etat centralisé ; et le sang qu'ils avaient versé sous les glorieux drapeaux de Napoléon sur tous les champs de bataille de l'Europe et du monde avait constitué un lien de plus. La France elle-même savait ce qu'elle devait aux vaillants et robustes enfants de ces deux provinces, qui lui avaient donné bon nombre de ses hommes les plus remarquables, de ses meilleurs généraux et fonctionnaires. Ce fut donc une blessure douloureuse qui lui fut infligée et une profonde humiliation lorsque, sous la contrainte de la défaite, elle dut accepter qu'on lui arrachât ces deux provinces pour les réunir à l'Allemagne.

En réalité, la France n'a jamais oublié cette humiliation. La formule de Gambetta « N'en parler jamais, y penser toujours » a été, au moins dans sa deuxième partie, celle de tous les Français. L'idée et l'espoir de la revanche ne se sont jamais éteints dans ces quarante-trois années. Il y a eu des moments où ils étaient moins apparents et où il semblait que le temps, qui guérit tout, guérirait aussi cette blessure, où l'on pouvait espérer une réconciliation définitive des deux peuples, mais ce n'était là qu'un beau rêve, une illusion. En réalité, le feu a toujours couvé sous la cendre ; aucun de ceux qui observaient les choses d'un peu près ne pouvait avoir de doute à ce sujet. Et de même qu'autrefois, dans le temple des Vestales à Rome, les prêtresses entretenaient soigneusement le feu sacré, de même le feu de la revanche avait ses prôtres[1], qui l'empêchaient de s'éteindre.

Chaque fois que la situation mondiale et, en particulier, les relations entre la France et l'Allemagne paraissaient s'assombrir, on voyait le feu se ranimer et, chose curieuse, c'est à l'attitude de la population alsacienne-lorraine que l'on pouvait le mieux, comme à un baromètre, lire la force de l'idée de revanche.

Aussi, lorsqu'arriva le jour de gloire et de revanche, dont elle avait si longtemps rêvé, la France ne voulut pas attendre une heure de plus pour entrer en possession et, en dépit de tous les conseils de la froide raison, ne voulut rien savoir d'un plébiscite ou d'un referendum, d'une consultation expresse des populations, et, avant même la décision définitive de la Conférence de la Paix, elle s'incorpora les deux provinces.

Renan écrivait, le 15 septembre 1871, au philosophe allemand David Friedrich Strauss : « L'harmonie intellectuelle, morale et politique de l'humanité est dérangée. Une grave dissonance se mêlera, pour des siècles, au concert de la société européenne » et il ajoutait cet avertissement : « Quand on croit, comme vous, que la France est indispensable à l'harmonie du monde, on doit réfléchir aux conséquences avant de la démembrer ». Mais ces paroles n'eurent pas d'écho. Bismarck pressentait bien les conséquences désastreuses que l'annexion de l'Alsace-Lorraine allait voir pour la politique européenne, avec un caractère comme celui du peuple français. Il voyait plus loin que les généraux, pour qui seules les considérations stratégiques entraient en ligne de compte, mais le côté tragique du grand génie

---

1. Comme Déroulède, Maurice Barrès ; et ses prêtresses, comme Juliette Adam, Sarah Bernhardt.

politique qu'a été Bismarck, c'est qu'il n'a pu se libérer de la croyance en la force et en l'épée et qu'il a sous-estimé la puissance des valeurs morales en politique. C'est ainsi que l'avis de Moltke prévalut finalement et que le « Territoire empire » devint le « glacis » de l'empire [1]. C'est là l'origine de toutes les fautes commises par le gouvernement allemand dans son attitude à l'égard du pays.

Chose intéressante à noter, Sir Robert Morier, qui en 1870 et 1871 était ministre de Grande-Bretagne à Darmstadt et qui, au cours de la guerre, vint plusieurs fois en Alsace pour se renseigner directement sur l'état des esprits, avait eu, au cours d'un voyage de quinze jours à travers l'Alsace, l'impression, dont il fait part dans ses mémoires, qu'il se trouvait dans une province absolument allemande. Encore faut-il remarquer qu'au moment de son départ pour l'Alsace, il était très défavorable à l'annexion, où il voyait une injustice contre les populations. Il avait d'ailleurs très nettement exprimé cette opinion dans une conversation qu'il avait eue, en juillet 1870, à Spire, avec le prince héritier, le futur empereur Frédéric ; et cette opinion avait été fortifiée encore par une conversation avec le grand-duc de Bade qui se trouvait alors à l'armée en Alsace et qui lui avait dit que l'annexion de l'Alsace-Lorraine serait une faute politique en raison des très grandes difficultés qu'il y aurait à adapter les habitants à la nouvelle situation. Il est vrai que le grand-duc avait ajouté que l'idée de l'annexion était si générale en Allemagne qu'il serait vain de s'y opposer.

La faute de l'annexion n'était-elle plus réparable ? N'était-il pas possible de l'effacer et d'acclimater peu à peu, au

___

1. Les seuls qui, en dehors des Alsaciens-Lorrains, aient alors protesté au Reichstag contre l'annexion sont les députés socialistes Bebel et Liebknecht et le démocrate Sonnemann.

cours de ces quarante-trois ans, les populations d'Alsace-Lorraine qui, personne ne peut le nier, car c'est un fait, sont de race allemande dans une proportion de 93 %, et n'était-il pas possible d'amener une fusion non seulement extérieure mais intime avec le reste du peuple allemand ? Qui peut le dire avec certitude ? Pour moi, je persiste à croire qu'une fusion progressive et une adaptation des Alsaciens-Lorrains à la situation créée par l'annexion aurait été possible.

Il y avait pour cela trois moyens. Il ne fallait pas, aussitôt après la victoire de 1870, faire un tout, un Etat, qu'elles n'avaient d'ailleurs jamais été auparavant, des parties annexées du Bas-Rhin, du Haut-Rhin, de la Moselle, de la Meurthe et des Vosges ; il fallait, au contraire, les partager immédiatement, suivant leurs coutumes ethniques et leur situation géographique, entre divers Etats confédérés allemands comme la Prusse, la Bavière, le Grand-Duché de Bade, le Wurtemberg. Ce système aurait eu l'avantage de donner aux habitants la possibilité de participer à la vie politique d'Etats déjà existants et prospères ; et, d'autre part, il aurait évité la formation d'une conscience populaire alsacienne-lorraine qui, dans la suite, devait faciliter à la France la tâche d'entretenir la fidélité des habitants de ce nouvel Etat à la patrie perdue. De plus, la création d'un organisme politique alsacien-lorrain illustra aux yeux de l'étranger le fait de l'annexion brutale et lui permit d'observer p s facilement les destinées ultérieures de ces populations, alors que si elles avaient été réparties entre différents Etats confédérés allemands, elles s'y seraient peu à peu amalgamées et le fait se serait peut-être effacé avec le temps.

Cette solution du partage du territoire de l'Alsace-Lorraine entre divers Etats confédérés, en vertu de laquelle l'Alsace-Lorraine n'aurait pas été Territoire d'empire et n'aurait pas figuré comme Etat particulier sur la carte européenne, Bismarck l'a rejetée pour des raisons précises. C'est en commun que les diverses races allemandes avaient combattu, en commun qu'elles avaient remporté la victoire sous la conduite du roi de Prusse et conquis le pays. Bismarck avait réalisé leur unité « par le sang et par le fer » ; mais lorsqu'il voulut mettre la couronne d'empereur d'Allemagne sur la tête du roi Guillaume Ier, il n'eut pas seulement à surmonter la résistance de celui-ci ; il lui fallut avoir les plus grands égards pour les princes confédérés allemands, particulièrement pour la Bavière, le Wurtemberg et le Duché de Bade. Dans leur jalousie dynastique, ils auraient vu d'un très mauvais œil que la Prusse s'appropriât la plus grande partie du pays conquis et ils se seraient difficilement mis d'accord sur ce partage ; sans compter qu'un bon nombre de petits Etats confédérés allemands s'en seraient allés les mains vides et, par suite, mécontents : n'avaient-ils pas tous participé à la conquête ?

C'est ainsi que Bismarck dut abandonner aussi bien le plan d'une annexion de ces territoires par la Prusse, qui eût été le plus agréable au vieux roi Guillaume, que celui d'un partage entre plusieurs princes confédérés et se résoudre à faire de l'Alsace-Lorraine le « Territoire d'empire » sous la souveraineté de l'empereur d'Allemagne, qui gouvernait le pays au nom de l'empire, c'est-à-dire au nom de tous les membres de la Confédération. Ainsi se trouvaient apaisées toutes les susceptibilités des princes confédérés. Dans la suite, lorsque mon père eut été nommé statthalter d'Alsace-Lorraine, le roi de Bavière ne manqua jamais de faire remarquer qu'il le considérait, lui aussi, comme son statthalter. En fait, naturellement, l'influence des différents princes confédérés devint peu à peu égale à zéro et seule compta la volonté de l'empereur et celle du gouvernement d'empire, qui dans la personne de son chef, le chancelier d'empire, à la fois président du Conseil prussien et ministre des Affaires Étrangères, se confondait avec le gouvernement prussien.

Une deuxième solution aurait consisté à accorder au pays, immédiatement ou tout au moins un ou deux ans après l'annexion, cette vaste autonomie qui fut réclamée sans succès, au lendemain de la guerre, par les représentants les plus éminents de l'Alsace-Lorraine. Il aurait fallu que Bismarck ne fût pas Bismarck et que la mentalité prussienne fût tout autre pour qu'une pareille demande pût être accueillie. C'eût été évidemment une expérience hardie d'accorder une aussi large liberté et une pareille confiance aux Alsaciens-Lorrains à un moment où les sentiments de la grande majorité d'entre eux allaient encore à la France. Mais la confiance engendre la confiance, et qui sait? Peut-être aurait-elle été récompensée par le succès.

Puisque l'on n'avait pu se décider pour aucune de ces deux solutions, il n'en restait plus qu'une troisième : celle que mon père envisageait lorsqu'en automne 1885 il fut appelé à succéder au feld-maréchal von Manteuffel comme statthalter d'Asace-Lorraine. Il s'agissait de contenter la population d'Alsace-Lorraine par une administration calme, persévérante et juste, de tenir compte de ses sentiments et de ses souvenirs ainsi que de ses coutumes et d'amener peu à peu une adaptation à la situation existante jusqu'à ce que le moment fût venu de lui donner une autonomie complète et de lui confier le gouvernement du pays dans le cadre de l'empire, comme l'a fait l'Angleterre dans l'Afrique du sud. Je ne méconnais nullement la solidité, l'indissolubilité des liens moraux qui unissaient les Alsaciens et les Lorrains à leur ancienne patrie, ni le profond attachement qu'ils gardaient à la France; mais je me dis, d'autre part : le temps guérit mainte blessure douloureuse, surtout quand on la traite avec précaution et quand on ne la rouvre pas à chaque instant. De nouvelles générations allaient grandir et quand elles auraient vu qu'elles pouvaient vivre en liberté sous un gouvernement juste qui respectait leurs particularités ethniques aussi bien que le trésor de souvenirs qu'elles conservaient au fond de leur cœur, peut-être à un moment donné auraient-elles plus songé à l'avenir qu'au passé, se seraient-elles définitivement et volontairement placées sur le terrain de la réalité existante et auraient-elles participé à la vie politique du peuple allemand avec la volonté de faire véritablement de leur pays un membre de l'empire d'Allemagne, jouissant des mêmes droits que les autres, sans plus songer à un changement de situation et à un retour à la France.

Mais ce sont là des pensées oiseuses, maintenant que le traité de Versailles a sanctionné la réunion de l'Alsace-Lorraine à la France sans plébiscite préalable. Cette solution est-elle définitive? L'histoire le dira. D'un point de vue purement humain et « surnational » — et c'est seulement à ce point de vue que l'on devrait se placer aujourd'hui où l'idée de la société des nations est entrée dans le cerveau de tous les êtres raisonnables, il faudrait souhaiter aux habitants de ces régions, si richement dotés par la nature, qu'ils aient enfin trouvé la paix et la tranquillité, qu'une tragique destinée, en les condamnant à être la pomme de discorde de deux grandes nations, leur a si souvent refusées. Il faudrait souhaiter qu'ils deviennent, à l'avenir, ce à quoi la nature paraît les avoir destinés : un trait d'union et non plus un élément de dispute entre deux grandes nations qui, comme Renan l'a écrit, « représentent deux parties de la race européenne, dont l'union aurait le plus importé au progrès de l'esprit humain ». A vrai dire, il ne semble pas qu'il en soit ainsi actuellement, et pour des raisons trop compréhensibles. Mais, à moins de perdre tout espoir dans l'avenir et toute foi dans l'humanité, il faut persister à croire que le profond abîme creusé par le crime de cette guerre et par la haine existant entre les deux peuples sera comblé un jour et que sera réparée la tragique erreur commise par Bismarck lorsqu'en dépit des conseils de sa raison et de sa clairvoyance politique, il céda aux instances des militaires qui, ne tenant aucun compte des désirs de la population, voulaient avoir ce malheureux pays, pour en faire un glacis de la grande forteresse que le nouvel empire d'Allemagne allait constituer au centre de l'Europe.

SOUVENIRS SUR BISMARCK

Dès mon enfance, ou plutôt dès ma prime jeunesse, l'ombre du grand homme d'État s'est projetée sur ma vie. Je n'ai pas véritablement vu les guerres de 1866 et 1870, c'est-à-dire la période où Bismarck s'est élevé au zénith de sa puissance, car, étant né en 1862, j'étais encore trop jeune. De cet été de 1870 que j'ai passé dans la villa paternelle à Alt-Aussee en Styrie, il ne m'est resté dans l'esprit, et encore très superficiellement, que quelques-uns des événements les plus remarquables, comme les batailles de Wissembourg, Woerth, Gravelotte et Sedan. Ce que je me rappelle le mieux de cet été si tumultueux, c'est un vieux chien basset que l'on appelait « Muzi ». Il avait été dressé à porter chaque jour l'*Augsburger Allgemeine Zeitung*, qui était alors l'organe le plus important de la presse allemande, à une vieille dame, la baronne Binzer, amie de mes parents, qui s'était installée vers 1860 à Alt-Aussee avec son mari, le poète A. von Binzer.

De temps à autre j'accompagnais l'intelligent animal et j'étais témoin de l'enthousiasme de la vieille dame. Cet enthousiasme était particulièrement vif quand le journal apporté par le chien contenait l'annonce d'une nouvelle victoire. Je vois encore son fin visage spiritualisé, encadré de belles boucles blanches, ses yeux intelligents et aimables et j'entends encore sa voix lorsque, toute tremblante d'émotion, elle lisait le journal. J'ai été maintes fois aussi témoin

de conversations entre elle et mon père, qui à cette époque-
là, après la chute de son ministère, au début de 1870, venait
de quitter la scène politique et qui pendant la guerre faisait
de fréquents voyages entre Munich et Alt-Aussee. Dans ces
conversations le nom de Bismarck était souvent prononcé
et il se gravait dans la mémoire de l'enfant, silencieusement
assis dans un coin et écoutant avec une curiosité attentive.
Lorsque l'été fut passé et que mes parents furent rentrés
dans leur maison de Munich, j'eus encore souvent l'occasion
d'entendre citer le nom du grand homme, et non point seulement avec une admiration aveugle, mais souvent aussi dans
un esprit de libre critique, lorsque mon père et le conseiller
de ministère baron Völderndorff, son confident, déjeunaient
ensemble dans la maison de la Briennerstrasse et commen-
taient les événements du jour. Pendant ce temps-là, mon
frère et moi, nous mordions à belles dents dans nos tartines
de beurre qui, en ce bon vieux temps, avaient un volume
beaucoup plus considérable qu'aujourd'hui.

Mais l'époque où je puis dire que, bien qu'encore très
jeune, j'ai commencé à sentir vraiment le souffle de l'esprit
de ce génial homme d'Etat, ne commence qu'avec l'année 1874, lorsque mon père eut été nommé ambassadeur
d'Allemagne à Paris. Après avoir été renversé à la Chambre
par une coalition ultra-montaine et s'être démis des fonctions de président du conseil bavarois, de ministre des Affaires étrangères et de la Maison royale, il avait vécu plusieurs
années dans la retraite. Avec le premier Reichstag allemand,
dont il avait été élu vice-président, il rentra dans la politique active. Il faut se rappeler l'état d'esprit créé en France
par la guerre pour se faire une idée de la situation dans ce
pays à ce moment-là. Alors comme aujourd'hui, les milieux
intellectuels étaient remplis de haine et d'exaspération. Il

suffit de lire, par exemple, la correspondance d'un homme comme Flaubert, qui n'était pourtant pas un chauvin au sens ordinaire du mot.

Cependant, dans les milieux gouvernementaux français on raisonnait plus froidement, comme le montre l'anecdote suivante qui m'a été racontée par mon oncle le prince Peter Wittgenstein, qui avait été attaché militaire russe à Paris à l'époque de la guerre franco-allemande.

Pendant les négociations relatives à l'armistice, il accompagnait un jour Thiers qui allait voir Bismarck à Versailles. La voiture s'étant arrêtée en chemin dans un village à moitié détruit, les habitants s'approchèrent et, montrant leurs murs noircis par la fumée, se plaignirent auprès de Thiers de leur triste sort et demandèrent des secours. Mais Thiers se détourna d'un air ennuyé et donna l'ordre à son cocher de continuer sa route, après avoir crié aux gens avec quelque impatience : « Que voulez-vous, on ne fait pas la guerre sans casser de vitres ».

D'ailleurs, je me rappelle très bien Thiers. Ce doit être vers 1876 qu'il avait un jour annoncé sa visite à mon père. Comme je savais l'heure à laquelle il se présenterait, je m'étais posté à la fenêtre et je le vis entrer dans la cour de l'ambassade. Il était dans un de ces élégants coupés à huit ressorts, dont on se servait alors, mais qui, à l'époque de l'automobile, ont complètement disparu. La voiture était attelée de deux magnifiques chevaux bai foncé ; le cocher et les valets de pied étaient en livrée de deuil et les chevaux portaient également sur leurs harnais des rosaces noires. Lorsque Thiers était entré dans la maison, je m'étais caché derrière une porte pour le voir de près. Je vois encore, comme si c'était hier, ce petit homme en redingote noire, monter lentement et posément le grand escalier. Toutes les deux marches, il s'arrêtait et contemplait, à travers ses lunettes d'or, les tapisseries hollandaises du xvii° siècle qui décoraient alors l'escalier et qui présentaient des scènes de l'histoire d'Alexandre le Grand.

J'ai vu venir souvent aussi Gambetta, mais dans un appareil beaucoup plus simple que celui du grand bourgeois Thiers. Mon père me dit une fois combien l'avait intéressé une conversation avec le rusé Italien qui, déjà très influent, allait atteindre le point culminant de sa carrière. On sait que celle-ci fut brutalement interrompue plus tard par une mort soudaine, qui est restée environnée d'un certain mystère. Dans ces visites, il avait coutume de garder son pardessus, car il faisait froid dans le cabinet de travail de l'ambassadeur, situé au rez-de-chaussée; et parfois il tirait de son veston un cigare pour l'offrir à mon père, qui d'ailleurs, n'acceptait qu'avec répugnance quand il eut remarqué que Gambetta les portait en vrac dans sa poche. De nombreuses légendes circulaient alors dans le public au sujet de ce que l'on appelait le grand luxe et la richesse de Gambetta; en réalité, on put constater après sa mort qu'il ne possédait qu'une fortune insignifiante. La petite maison de Ville d'Avray, auprès de Paris, où il est mort, et que l'on montre encore aujourd'hui comme une curiosité historique, est si petite et si simple qu'un modeste épicier s'en contenterait à peine de nos jours. Le seul luxe de Gambetta, comme président de la Chambre, c'était son fameux cuisinier Trompette, qui fournissait une matière inépuisable aux journaux amusants de l'époque.

On a beaucoup discuté la question de savoir si Gambetta était allé voir Bismarck à Varzin ou à Friedrichsruh, comme on l'a souvent prétendu. En réalité, il n'y est jamais allé. Gambetta aurait eu, paraît-il, le désir de causer avec le grand chancelier et Bismarck aurait été assez disposé à le recevoir. Mais la visite n'a jamais eu lieu : je le sais de façon absolue. Pourquoi, je l'ignore : il est probable que Gambetta a redouté les critiques de ses compatriotes et n'a pu s'y résoudre. Il est dommage qu'il n'ait pas réalisé son intention, car qui sait si une rencontre des deux hommes d'État n'aurait pas été heureuse pour les relations entre la France et l'Allemagne et ne les aurait pas influencées favorablement jusqu'à nos jours. Peut-être, si Gambetta avait vécu plus longtemps, ce projet se serait-il finalement accompli.

A l'ambassade d'Allemagne, mon père travaillait dans une pièce à deux fenêtres donnant sur le derrière du palais et si basse que même un homme de petite taille pouvait toucher le plafond de la main. C'est là que j'ai passé maintes heures, tranquille dans un coin, absorbé par le déchiffrement de la grande écriture du chancelier et m'efforçant de comprendre la teneur de ses ordonnances. Je dois ajouter que même au milieu de son travail mon père ne se lassait jamais de répondre à mes questions et de me donner des explications. Il s'ensuivait fréquemment une longue conversation sur la grande politique européenne, surtout par rapport à la France, et je puis dire, sans exagération, que j'étais alors, à l'âge de treize ou quatorze ans, mieux renseigné sur la politique intérieure et extérieure de la France que ne l'a été, dans la suite, plus d'un secrétaire ou conseiller d'ambassade, je n'irai pas jusqu'à dire plus d'un ambassadeur.

C'est ainsi que l'ombre du grand homme s'était déjà projetée sur ma prime jeunesse. On comprendra que ce fut pour moi un moment inoubliable lorsque j'aperçus, pour la première fois, au Reichstag, le prince Bismarck, dans son uniforme historique de cuirassier, assis à la table du Conseil fédéral, et que je l'entendis parler. Pourtant sa voix et son élocution hésitantes me causèrent une déception comme à la plupart de ceux qui l'ont entendu. Mais au bout de peu de temps, j'étais, moi aussi, tout entier sous l'emprise de cette puissante personnalité et je me rendais compte que l'incertitude apparente de sa parole n'était point une incertitude de la pensée, mais qu'elle était due à l'effort qu'il faisait pour trouver l'expression la plus parfaite de ses idées, et qu'il continuait jusqu'au succès : d'où le prestigieux effet de ses discours, surtout à la lecture. Si je ne me trompe, il s'agissait alors de tarifs douaniers sur les céréales. En tout cas — indépendamment du sujet — l'impression produite sur moi par le grand homme fut si profonde que j'en vécus pendant des jours et je me souviens encore de l'enthousiasme avec lequel je fis part de mes impressions sur cette séance à une vieille cousine, qui était une admiratrice fanatique de Bismarck et que j'avais souvent taquinée à ce sujet.

C'était en 1884. Lorsque onze ans plus tard, je fus moi-même élu au Reichstag et que je pris ma place dans la salle des séances du vieux palais de la Leipzigerstrasse, il n'y avait plus à la table du Conseil fédéral le chancelier aux bottes de cuirassier ; c'en était un autre, le général de Caprivi.

Je me rappelle, de cette époque, la visite de Bismarck à Berlin, qui avait été précédée de l'envoi de la bouteille historique *Steinberger Kabinett* et qui scella la réparation extérieure de la déchirure qui s'était produite entre le « duc de Lauenburg » et son empereur. La veille de l'arrivée du prince, il y avait séance au Reichstag. Je ne sais plus quelle question était à l'ordre du jour. En tout cas, les députés s'intéressaient uniquement à ce qui se passait dans la petite galerie et dans les salles de restaurant du Reichstag. Les députés étaient assis sur des sofas en cuir brun ou se tenaient

debout par groupes et discutaient avec animation. Contrairement à l'habitude, il y avait là comme le bourdonnement
d'un essaim d'abeilles qui est sur le point de s'envoler. De
minute en minute, l'émotion des députés et des journalistes
croissait, à mesure que circulaient les bruits les plus invraisemblables sur la visite imminente du grand homme et les
conséquences qu'elle pourrait avoir. Les uns considéraient
comme certain que le prince Bismarck allait rentrer au palais
de la Wilhelmstrasse et que Caprivi s'en irait; les autres
que le vieux chancelier d'empire ne reprendrait sans doute
pas sa place, mais allait rester à Berlin avec les fonctions
de conseiller non responsable, de « senex conciliator » de l'empereur, sur le désir même de celui-ci; qu'il allait s'installer
dans un palais royal mis à sa disposition, et que sais-je
encore. Mais il ne faisait pas de doute pour certains journaux, que plusieurs personnages du ministère allaient être
sacrifiés, et en première ligne le ministre d'État et secrétaire
d'État von Bötticher, particulièrement détesté de Bismarck,
qui l'accusait, à tort selon moi, de trahison envers sa personne.

On parlait beaucoup dans la presse bismarckienne d'un
rapport de Bötticher à l'empereur où le prince Bismarck
était représenté comme s'adonnant à la morphine. Dans ces
mêmes milieux on considérait comme hors de doute que
Holstein aussi, l'ancien collaborateur intime du grand chancelier, allait disparaître de la scène et du ministère des
Affaires Étrangères : personne n'ignorait, en effet, que Bismarck ne lui avait jamais pardonné d'être resté en fonctions
alors que lui-même s'en allait. L' « avocat général badois »,
comme la presse bismarckienne se plaisait à appeler dédai-
gneusement le secrétaire d'État von Marschall, était également cité comme l'une des victimes probables de cette grande

journée. Mais on nommait surtout le chancelier lui-même, Caprivi.

J'avoue que pour moi, jeune député, personnellement étranger à toute cette agitation, le spectacle que j'avais sous les yeux était extrêmement intéressant et amusant. C'était un de ces moments de la vie politique où l'on peut pénétrer à fond l'âme de certains hommes qui, dominés par la crainte, ne sont plus aussi maîtres de leur visage. L'impression que j'eus en observant les ministres et secrétaires d'État est restée gravée dans mon esprit. Je ne pouvais m'empêcher de penser à une troupe de poules qui, les plumes hérissées, courent en tous sens dans le poulailler quand le vautour plane au-dessus d'elles. Les plus calmes étaient les deux personnages que l'on citait comme les premières victimes : Bötticher se résignant à son sort avec le calme, d'un fataliste et Marschall, joyeux de vivre comme toujours.

Le même soir, j'étais invité par hasard, avec mon père, à dîner en tout petit comité chez le général von Winterfeld. En dehors de la famille Winterfeldt, il n'y avait, si mes souvenirs sont exacts, que le comte Caprivi et son aide de camp. Caprivi non plus n'était pas sans inquiétude — sa mine le trahissait —; mais il gardait sa dignité et son calme de gentilhomme et de général prussien. Etant donné le caractère des deux personnages qui allaient se rencontrer de nouveau le lendemain et après tout ce qui s'était passé dans l'intervalle, un chancelier pouvait avoir certaines craintes, même sans penser à sa situation personnelle. Je crois que Caprivi était assez philosophe pour ne pas s'accrocher à sa situation : il l'a montré plus tard par la manière décente dont il a quitté son poste, en répondant par le silence à des attaques injustes. Il est de ces hommes d'Etat auxquels ni ses contemporains ni l'histoire n'ont pleinement rendu justico jusqu'à présent, bien que le jugement prononcé par Guillaume II dans cette curieuse lettre du 3 avril 1892 à l'empereur François-Joseph, récemment publiée, où il l'appelle « le plus grand Allemand que nous ayons » soit d'une exagération inconcevable. Caprivi n'était ni un grand homme d'Etat ni un grand diplomate, mais, autant qu'on peut en juger par ses actes de chancelier, un soldat pénétré d'un profond sentiment du devoir et animé d'un ardent patriotisme, et il a fait tout son possible pour diriger le navire de l'Etat à travers toutes les tempêtes, provoquées notamment par son grand prédécesseur, qui n'a jamais pu se résigner à la perte du pouvoir. Son défaut, qui est celui de sa caste, fut de pousser le sentiment du devoir et de la subordination militaire à l'égard de son souverain au point de considérer qu'il ne pouvait refuser le poste de chancelier de l'empire, alors qu'il ne s'était jamais occupé de politique étrangère, uniquement parce que son Seigneur suprême de la guerre l'en avait chargé. On ne peut se rendre compte des difficultés de sa tâche que si l'on a vu les attaques et les critiques haineuses dont l'accablait impitoyablement son prédécesseur. Ce soir-là Caprivi confia toutes ses inquiétudes à mon père, en précisant qu'il n'avait pas été informé de l'intention de l'empereur. Mais, avec sa manière calme, douce et sceptique, mon père rassura le chancelier en lui disant qu'il ne sortirait rien de toute cette visite, que le prince s'en irait comme il était venu et qu'il n'y aurait aucun changement.

Et c'est ce qui arriva en effet. Lorsque, le lendemain matin, l'avenue des Tilleuls et toutes les rues conduisant de la gare au Château furent remplies de milliers de personnes, on ne savait pas encore comment les choses se passeraient. Les bruits les plus insensés étaient mis en circulation. On voyait le comte Herbert Bismarck aller et venir ostensiblement « Sous les Tilleuls » dans une calèche ouverte de prince, qui n'était alors que comte, Guido Henckel von Donnersmarck. Tous les personnages de marque qui se rendaient à la gare faisaient naître dans le public les discussions les plus ardentes. Le moment décisif vint enfin. Je vis l'arrivée des fenêtres de l'ambassade de Russie où le comte Schuwalow m'avait réservé une place. Lorsque le prince Bismarck passa en voiture accompagné du prince Henri, le public cria « Hurrah », mais beaucoup plus qu'aux autres occasions. A l'arrivée au Château, où le prince fut reçu par l'empereur et la famille impériale, le prince aurait eu, dit-on, une crise d'émotion et aurait versé quelques larmes. En tout cas, cette émotion ne fut pas de longue durée. Puis on servit au prince et à son entourage, dont faisait partie le comte Herbert, un déjeuner auquel l'empereur assista. J'étais allé au château, avec un certain nombre de députés, de fonctionnaires ou de civils, vers trois heures de l'après-midi, pour m'inscrire sur le livre des visites à l'adresse du prince Bismarck, ce qui, soit dit en passant, était alors considéré comme un acte d'héroïsme. Lorsque je sortis du Château, j'eus l'occasion d'assister à une scène curieuse. Sur la place, une foule innombrable s'était rassemblée. Soudain les portes du Château s'ouvrirent à deux battants et l'empereur, en uniforme bleu foncé de hussard de la garde, à cheval, une cigarette à la bouche, apparut, avec sa suite, et traversa lentement la place. Au même moment, on put voir derrière les fenêtres du Château la silhouette de Bismarck. Alors l'enthousiasme de la foule enveloppa l'empereur qui se trouvait au milieu d'elle. Je vois encore un homme de haute taille, maigre, pâle, portant une barbe noire, en redingote noire déboutonnée, brandissant constamment son chapeau haut-de-forme, courant ovant l'empereur et criant à pleine gorge: « Nous te remercions, nous te remercions ! ». Si le cheval de l'empereur 'avait pas été aussi bien dressé, il aurait pu lui faire peur. lais l'empereur, arrivé sur le côté droit des Tilleuls, épeonna légèrement son cheval et, souriant et saluant avec onne humeur, se dirigea au petit galop, accompagné de sa uite, vers la porte de Brandebourg. Et le prince Bismarck tait toujours derrière les fenêtres du Château, d'où il avait ertainement observé la scène. Je songeai alors aux sentients que tout cela avait pu éveiller chez ce vieux comempteur des hommes sur les variations de la faveur popuaire et autres choses de ce genre.

Vers le soir, il repartit, escorté encore par les cuirassiers e la garde, mais installé dans une calèche royale fermée : e qui fut interprété par les bismarckiens enragés comme ne basse intrigue de ses ennemis de la Cour, qui avaient voulu le soustraire aux hommages populaires, alors que la 'our donna pour explication que l'air froid du soir pouvait être dangereux pour la santé du vieux prince.

Le lendemain matin, tout le monde respira. On ne voyait parmi les personnages en fonctions que des visages rayonants qui ne pouvaient dissimuler leur joie que tout se fût i bien passé, et sur les lèvres de tous errait ce mot dont 'apoléon a dit que le monde le prononcerait après sa mort : ‹ Ouf » ! Quant au vieux héros, il était rentré irréconcilié ans sa forêt saxonne, et bientôt on put voir, par certains clairs, dans les journaux à sa disposition, qu'il était resté o même; et le grondement de sa voix se fit entendre encore l'occasion de certaines réceptions à Friedrichsruh.

Jusqu'ici mes souvenirs sur le grand homme d'État ne nt que des souvenirs indirects et il ne m'avait pas été donné encore d'entrer en contact personnel avec lui. J'en arrive maintenant à un événement qui a marqué une étape dans ma vie : à ma visite ou plutôt à mes deux visites à Friedrichsruh où j'ai eu l'occasion, pour la première et pour la dernière fois, de voir Bismarck de très près et de causer avec lui. Je puis dire que cette rencontre m'a laissé l'une des impressions les plus profondes que j'aie jamais reçues. Non point tant parce que c'était Bismarck, le Chancelier de Fer, qui avait été pendant des années l'arbitre incontesté de l'Europe et qui était déjà une figure légendaire de l'histoire d'Allemagne, mais parce que pour la première fois j'ai vu ce que Napoléon, lors de sa rencontre historique avec Gœthe à Weimar, a exprimé par ces mots : « voilà un homme » ou bien « vous êtes un homme » [1].

Ce sentiment d'avoir devant moi une individualité extraordinaire — si j'avais lu déjà Nietzche à ce moment-là, je dirais un « surhomme » — fut si vif en moi dès les premières paroles qui sortirent de la bouche de Bismarck et il s'accrut au cours des quelques heures que je passai auprès de lui à ce point que j'aurais voulu retenir chaque minute de cette trop courte visite. Et je dirai tout de suite que je n'allai point le voir en admirateur enthousiaste, aveuglé par l'auréole qui l'entourait, comme la plupart de ses visiteurs allemands, mais bien en spectateur froid et objectif qui, en dépit de sa jeunesse, était armé contre une admiration fanatique et avait seulement le vif désir d'observer un « grand homme » de près. J'avais appris de bonne heure à considérer d'un œil critique son activité à la tête de la politique allemande et européenne et à garder, même à l'égard du plus grand de mes contemporains allemands, un jugement indépen-

---

1. On n'a jamais pu établir quelles ont été les paroles exactes de Napoléon.

dant. Cela peut paraître présomptueux ; mais c'était comme cela.

En janvier 1895, mon père avait succédé au comte de Caprivi comme chancelier d'empire. Un de ses premiers actes fut de rétablir le fil rompu entre la Wilhelmstrasse et Friedrichsruh. A l'occasion de la mort de la princesse Bismarck, il écrivit au prince une lettre de condoléances et lui demanda en même temps si et à quel moment sa visite à Friedrichsruh lui serait agréable. Il reçut, par retour du courrier, une très aimable réponse où le prince lui indiquait le 13 janvier comme la date qui lui convenait le mieux.

Mon père se rendit donc à Friedrichsruh. Je fus autorisé à l'accompagner. Il y avait avec nous le premier conseiller rapporteur de la chancellerie d'empire, M. von Wilmowski. A la gare de Friedrichsruh, nous fûmes reçus par le comte Herbert Bismarck et par le comte Rantzau, gendre du prince, et nous fûmes conduits à pied au château qui se trouvait en face. De loin, nous vîmes sur le seuil la haute silhouette du prince qui recevait ses hôtes avec la politesse exquise du gentilhomme de race et du diplomate de la vieille école. Après de courtes salutations, on se mit à table : il y avait au déjeuner, si je ne me trompe, en dehors du comte Herbert et du comte Rantzau, la fille du prince, la comtesse Rantzau et un de leurs jeunes fils, ainsi que le docteur Schweninger, médecin particulier du prince, qui, dans son extérieur, avait quelque chose d'un faune, et le secrétaire Dr Chrysander. Le prince était assis, suivant son habitude, au petit bout de la table ; mon père à droite, moi à gauche ; à côté de mon père, le comte Rantzau ; à côté de moi, le comte Herbert. Quel contraste entre les deux chanceliers assis à la même table, devant moi. Dans leur extérieur déjà, une différence frappait les regards : l'un, Bismarck, grand, massif, aux larges épaules, avec une tête extraordinairement petite pour sa taille, mais d'une forme remarquable, de beaux grands yeux saillant sous les sourcils en broussailles, un peu larmoyants, comme il arrive souvent chez ceux qui prennent beaucoup d'alcool, et d'où jaillissait parfois un éclair. Cette haute silhouette était vêtue d'une longue redingote noire à une seule rangée de boutons, de coupe ancienne, qui rappelait plutôt celle d'un ecclésiastique, avec une cravate blanche faisant plusieurs fois le tour du cou comme on en portait vers 1830-1840.

L'autre, mon père, correctement vêtu en Européen du grand monde, petit, presque fluet, et cependant bien proportionné, avec de beaux grands yeux, dont le regard pouvait être pénétrant, habituellement froids et réservés, un peu voilés ; dans toute son attitude, un calme digne, un peu las, qui se montrait dans la position presque toujours inclinée de sa tête aux courbes puissantes, remarquablement grosse par rapport à son petit corps. Tous les deux se témoignaient une politesse exquise, comme il est d'usage chez les vieux diplomates ayant l'expérience du monde. Bismarck non plus n'avait dans ses manières rien de militaire. Il ne portait l'uniforme de cuirassier, avec les hautes bottes, etc..., que dans certaines occasions et pour des raisons particulières. Ce qui m'a le plus frappé, c'est qu'il parlait d'une voix plutôt légère, fine, et que l'on n'apercevait chez lui rien du héros teutonique que représentent certains de ses admirateurs et la légende.

L'individualité la plus forte était incontestablement Bismarck et, cependant, comme mon père était trop intelligent et de caractère trop modeste et trop noble pour ne pas reconnaître les mérites supérieurs de son génial prédécesseur, dont il avait été le collaborateur convaincu dans l'unification

du peuple allemand et la création du nouvel empire, il ne
perdait rien, à côté de lui, de son importance et de sa dignité
propres. Un observateur attentif ne pouvait manquer d'observer la politesse et la déférence que témoignait le junker
poméranien, devenu prince par son propre mérite, à son
deuxième successeur à la chancellerie, qui était en même
temps le chef d'une des plus vieilles familles princières allemandes. Je savais que mon père avait toujours reconnu l'habileté géniale avec laquelle ce maître de la diplomatie avait,
pendant de longues années, dirigé l'Allemagne à travers tous
les écueils dangereux de la politique extérieure et avait su
conserver depuis 1871 l'équilibre européen et la paix. Mais,
d'autre part, je n'ignorais pas non plus qu'il ne s'était jamais
laissé aveugler par ses brillants succès et qu'il avait su voir
les défauts qui éclataient de plus en plus chez Bismarck
dans la dernière période de ses fonctions de chancelier. Mon
père m'en avait souvent parlé et m'avait souvent signalé les
qualités et les défauts de ce grand homme. Je pouvais donc
deviner ce qu'il pensait de lui au moment où celui-ci était
assis devant nous et je ne manquai pas d'observer le sourire
imperceptible avec lequel mon père écoutait, lorsque, au
cours de la conversation, le géant tombé donnait libre cours
à son ressentiment contre l'empereur et à sa haine contre
ceux qu'il considérait comme les instruments de sa chute.
Et je notai avec quel bonheur ces deux hommes, l'un de
nature démoniaque, volcanique et l'autre de nature pondé-
rée, bienveillante, humaine, avaient pu se compléter dans
leurs longues années de travail en commun au service de
l'empire.

La lamentable sottise des hommes, dont tous ceux qui
s'élèvent au-dessus de la foule font nécessairement l'expérience, mon père la connaissait, lui aussi; mais il y avait

cette différence entre eux : l'un ne méprisait pas seulement les hommes, il les haïssait aussi à l'occasion — et sa haine ne connaissait pas de limites ; elle n'était satisfaite qu'après la destruction de l'adversaire. L'autre, mon père, ne se faisait sans doute pas plus d'illusions sur la valeur des hommes en général, mais leur faiblesse et leur bassesse amenaient plutôt sur ses lèvres un sourire de compassion, et la haine lui était étrangère. Je dirai même qu'en dépit de toutes les amères expériences qui ne peuvent manquer à un homme politique et surtout à un homme d'État qui a occupé des emplois élevés, lourds de responsabilités, il était resté jusqu'à un âge avancé si nettement optimiste dans son appréciation des hommes que je me demandai plus d'une fois s'il les connaissait réellement. Il me déclarait à ce sujet qu'il s'était fait une règle de toujours supposer d'abord le bien chez les hommes : car ils ne sont, disait-il, ni complètement mauvais, ni complètement bons, et il est toujours temps de tirer ses conclusions d'une déception quand elle se produit ; on s'en trouve beaucoup mieux. A vrai dire, je ne prétendrai pas que j'aie toujours eu à me féliciter, moi-même, de l'application de ce principe ; mais il répondait à son caractère doux et bienveillant et à sa tendance à voir le bien et le beau plutôt que le laid et le mauvais.

Pendant que Bismarck parlait, la physionomie de mon père avait une expression un peu sérieuse, non point inamicale, mais réservée, et moi, qui connaissais le moindre signe de son jeu de physionomie, je pouvais remarquer avec quel intérêt il l'observait : à peu près comme un médecin qui n'a pas vu son malade depuis longtemps. En même temps, quand parfois il échangeait involontairement un regard avec moi, je pouvais me rendre compte que, tout en écoutant avec beaucoup d'attention les paroles de son célèbre prédécesseur, il était sensible à certains détails comiques de tout ce milieu. Malgré la modestie et la simplicité qui le caractérisaient dans toutes les choses extérieures, il ne pouvait manquer d'être frappé de ces détails de l'intérieur de Bismarck, car il avait été élevé et il avait grandi dans un tout autre milieu et il était habitué à certaines manières de vivre traditionnelles que l'on ne remarque pas quand elles existent, parce qu'elles sont choses toute naturelles, mais dont on regrette l absence quand elles ne sont pas là.

D'autre part, le sens de l'humour très développé dans notre famille et le don de l'observation pénétrante que possédait mon père l'obligeaient à s'apercevoir de tout cela. Il m'en avait déjà parlé plus d'une fois, non point avec malignité, sa nature bienveillante le lui interdisait, mais plaisamment, en homme qu'amuse la description d'un milieu original.

Lorsque nous nous fûmes mis à table, nous vîmes immédiatement que, malgré les douleurs de la face dont il se plaignait, le prince était de bonne humeur. Après avoir vidé, avec un regard moqueur vers son médecin, quelques verres de vin de Moselle et de Champagne, il entama bientôt une vive conversation avec mon père qui roula tout d'abord sur ses nouvelles fonctions et sur les tâches et les difficultés qui l'attendaient. Puis il vint à parler de ses souvenirs de Russie, de ses chasses à l'élan, etc... et je me rappelle encore avec quel pittoresque inoubliable il racontait ses aventures de chasse. D'ailleurs ce qui fascinait surtout chez Bismarck, c'était l'originalité de tout ce qu'il disait. C'est une chose difficile à exprimer, mais j'eus pour la première fois de ma vie le sentiment d'être en face d'un homme fabriqué autrement que tous ceux que j'avais rencontrés jusqu'ici, fondu en quelque sorte dans un autre métal. Je ne peux pas dire qu'il fût sympathique ou antipathique; il était différent. Chaque mot, chaque phrase, toute sa manière de s'exprimer était originale et sans la moindre trivialité ni affectation.

Quand il parlait d'aventures de chasse, de souvenirs de guerre, de politique, d'histoire ou de ce que vous voudrez, son langage était si pittoresque et si vivant qu'on aurait voulu retenir et noter chaque mot. C'étaient des récits comme on en lit chez Tourguenieff ou Tolstoï : ils n'avaient rien d'artificiel ou d'arrangé; ils étaient naturels au suprême degré : leur charme consistait précisément en ce que leur pittoresque était absolument inconscient. Je regrette aujourd'hui encore que les circonstances de cette époque ne m'aient pas mis plus souvent en contact avec cet homme. Pour la première fois, je me rendis compte de la jouissance que cela peut être de se rencontrer avec une personnalité vraiment originale, et de la rareté de pareilles rencontres.

Que devait-on éprouver avec un Frédéric le Grand, un Napoléon ou un Voltaire, un Goethe ou un Schopenhaüer! Mais dans notre siècle de nivellement universel les fortes individualités deviennent de plus en plus rares.

Pendant que Bismarck parlait, j'étais de nouveau frappé par la délicatesse de sa voix et la beauté incomparable de ses yeux. Mais, au cours du déjeuner, j'allais avoir l'occasion de me convaincre que ces yeux pouvaient avoir un regard dépourvu d'amabilité. L'un des dogues gris du prince avait mis sa tête sur la nappe et demandait à mon père un morceau de pain. Celui-ci caressa le chien et dit au prince : « Il me semble que l'animal est déjà un peu infirme et vieux ». Le prince répondit : « Oui, c'est un cadeau de Serenissimus, choisi par Bötticher! ». Je n'oublierai jamais l'éclair que lancèrent à ces mots les yeux du prince; et lorsqu'à notre retour à Berlin, récapitulant mes impressions, je dis à mon père toute la surprise que m'avait causée cette voix si douce du prince, mon père me dit en souriant : « Avec cette voix douce, il a brisé mainte carrière et il a tordu le cou à plus d'un diplomate allemand qui s'était attiré sa haine ».

Quiconque avait l'occasion d'entendre parler le prince Bismarck devait être frappé également de la profonde culture classique dont ses discours et sa conversation étaient imprégnés ; et sa culture n'était pas seulement classique ; elle était extrêmement étendue et solide. A chaque pas, on rencontrait dans ses discours une citation latine, grecque, française ou anglaise. Bon nombre d'Allemands pourraient le prendre pour modèle qui s'imaginent abandonner quelque chose de leur germanisme en employant par hasard un mot étranger. Bismarck n'hésitait pas à le faire quand il croyait donner ainsi à ses idées une expression plus caractéristique. Mais quelle vie, quel effet, quel pittoresque dans ses discours, en comparaison des phrases creuses que l'on entend de nos jours dans les assemblées et les parlements allemands, depuis que la culture classique cède de plus en plus la place à l'enseignement moderne !

Bismarck était également l'un des hommes de son temps qui avaient le plus de lecture. Il a, dans sa jeunesse, non seulement « avalé », mais assimilé des bibliothèques entières. Cela se voyait à chaque instant dans sa conversation. Même plus tard, lorsqu'il fut chancelier de l'empire, il trouvait encore le temps de lire, en dehors de ses dossiers et de ses journaux, quelques romans français. Sans doute, c'était plutôt pour combattre l'insomnie dont il était affligé par moments, quand il se surmenait ou souffrait de ses névralgies de la face. Lorsque mon père était ambassadeur à Paris et qu'il allait le voir à Varzin pour le renseigner sur la situation en France, il lui emportait souvent un roman français. Je me rappelle qu'il lui avait apporté une fois *La conquête de Plassans* de Zola et que Bismarck ne voulut tout d'abord pas entendre parler du livre, parce qu'il croyait que c'était un roman historique, « où, comme il disait, quelque imbécile parcourt le monde, armé de pied en cap ».

A la fin du déjeuner on servit encore une vieille eau-de-vie russe, « staraya wodka ». Le prince m'offrit un énorme cigare, déjà un peu sec, à bout doré, cadeau d'un million-naire hambourgeois. Il alluma sa longue pipe, puis il demanda à son vieux domestique aux longues moustaches si les traîneaux étaient en bon état. Sur une réponse affir-mative, le prince se tourna vers mon père et vers moi et nous demanda si nous voulions faire un tour dans la forêt : la proposition fut naturellement acceptée.

C'était une belle journée d'hiver, mais extrêmement froide. On donna à mon père, pour qu'il fût mieux protégé contre le froid, un manteau et une casquette de fourrure du prince. Cette casquette donna plus tard à certains bismarc-kiens enragés l'occasion de lancer dans la presse cette légende que la casquette descendait jusqu'aux oreilles de mon père, de sorte qu'il y disparaissait ; alors qu'en réalité c'était plutôt le contraire, car mon père avait une tête remarquablement grosse par rapport à son petit corps. Je suivais moi-même avec Herbert dans un deuxième traîneau. Comme j'avais seulement une petite fourrure de ville, au bout de cette tournée de deux heures, d'ailleurs intéressante pour moi, dans le « Sachsenwald », je revins à Friedrichsruh à moitié gelé. Vraiment, j'aurais donné très cher pour pou-voir être à la place de mon père dans le premier traîneau.

Non point que la conversation avec le fils fût ennuyeuse ou
qu'il manquât d'intelligence. Par le simple fait que Herbert
Bismarck était initié aux intentions et aux idées secrètes de
son père et qu'il avait recueilli mainte expérience en tra-
vaillant de longues années sous ce maître de l'art diplomatique, il était intéressant lui aussi. Mais il n'arrivait pas à
la hauteur de son père. Ce qui frappait même celui qui
n'approuvait pas ses conceptions politiques et ce qui le rendait sympathique, malgré ses manières un peu brusques,
c'était la vénération et l'affection avec lesquelles il avait
consacré, toute sa vie, la totalité de sa puissance de travail
au service exclusif de son père et, lors de sa chute, avait
volontairement partagé son sort. A vrai dire, c'eût été pour
lui une situation impossible de rester en fonctions, comme
le voulait l'empereur, sous le successeur de son père. Et
c'eût été encore moins un bonheur pour l'empire d'Allemagne, si, comme son père l'avait peut-être silencieusement
espéré, il était devenu son successeur. L'empereur paraît
avoir cru à des projets ou des espérances de ce genre chez
le vieux prince, car, au cours d'une chasse nocturne au coq
de bruyère dans la forêt de Haguenau, en avril 1890, il dit
à mon père en lui racontant en détail l'histoire de son conflit avec Bismarck : « Il s'agit de la question suivante : dynastie Hohenzollern ou dynastie Bismarck. »

Quand nous fûmes rentrés au château, je remarquai, en
traversant le vestibule, appuyé au mur, un portrait du prince
par Lenbach, qui, évidemment, venait d'être terminé et qui
représentait, à la manière habituelle, le chancelier en redingote noire avec le grand chapeau mou. Le prince, s'aperce-
vant que je regardais le portrait avec attention, se tourna
vers moi et me dit : « Je ne sais pas pourquoi Lenbach tient
toujours à me peindre avec ce chapeau ». Ces paroles con-

firmèrent en moi cette opinion que le costume dans lequel apparaît le prince sur la plupart des portraits de Lenbach, que ce soit avec le grand chapeau mou ou avec la casquette de cuirassier, n'était point une pose du prince, comme on le dit parfois dans le public, mais simplement une idée de l'artiste. Je ne veux pas dire par là que Bismarck n'ait point recouru, à l'occasion, à certains moyens extérieurs pour atteindre un but déterminé. Si, au Reichstag, ou, d'une manière générale, en public, surtout à la Cour, il portait presque toujours l'uniforme de cuirassier de Seydlitz, que lui avait donné le vieil empereur, il y avait très certainement chez lui une intention. Mais, personnellement, il était étranger à toute pose, à toute affectation. Il était, sur ce point, innocent et primitif comme un enfant de la nature. Cela contribuait encore au charme de sa personnalité.

Après notre retour de cette promenade de deux heures en traîneau dans le « Sachsenwald », le prince s'informa très aimablement des désirs de ses hôtes. J'étais gelé et je demandai du thé ou quelque boisson chaude. « Bien, dit-il, du thé, mais avec du rhum. » Et lorsqu'il se fut confortablement allongé sur son divan, qu'il eut allumé sa longue pipe et qu'on eut apporté le thé, il me versa lui-même une grande quantité de rhum dans mon thé, ce dont je lui fus profondément reconnaissant, car je sentais qu'il m'avait ainsi sauvé d'un rhume de cerveau. Et alors commença une conversation, où, à vrai dire, le prince eut à peu près seul la parole et que j'aurais volontiers écoutée pendant des heures. Cette fois le sujet de la conversation n'était pas emprunté à l'actualité : il s'agissait — je ne sais plus trop comment cela était venu — de la guerre de Trente Ans et du rôle que certains membres de la famille Bismarck et d'autres junkers y avaient joué. Mais ses récits avaient une telle vie que je n'ai jamais rien entendu de semblable. On aurait pu croire qu'il y avait été, qu'il avait vécu tout cela la veille et on le voyait très bien dans la tunique de cuir d'un cavalier de Wallenstein. D'ailleurs, à plusieurs reprises, il évoqua dans mon esprit le personnage de Wallenstein.

L'heure vint malheureusement trop vite de reprendre le train qui devait nous ramener de Friedrichsruh à Berlin, et aujourd'hui encore je regrette de n'avoir pu rester plus longtemps, par cette soirée d'hiver, aux côtés du vieil homme d'État et écouter ses discours. Je me rappelle encore la peine que j'éprouvai, au moment de prendre congé, à m'arracher au charme de cette étrange personnalité. Le prince lui-même paraissait avoir eu plaisir à la conversation, car son visage marquait un regret sincère, quand, à sa prière répétée de rester quelques moments encore, mon père dut répondre qu'il avait des obligations urgentes qui le rappelaient à Berlin à l'heure fixée. Il prit congé avec son amabilité coutumière, accompagna mon père quelque temps et lui cria, en se séparant de lui : « Je vous souhaite succès et courage ».

Pendant le retour, dans cette sombre nuit d'hiver, la silhouette de cet homme si original resta longtemps dans mes yeux et mon esprit s'appliqua à saisir les traits caractéristiques de sa personnalité. L'impression que j'emportais de cette journée était ineffaçable. C'est alors seulement que j'ai pu comprendre que cet homme ait trouvé des collaborateurs qui, se dépouillant de toute volonté personnelle, ont servi leur chef jusqu'à leur dernier souffle, jusqu'à complet épuisement. Tels étaient le magnétisme, la force suggestive qui émanaient de cette individualité. Moi-même j'ai pensé alors qu'il ne pouvait y avoir rien de plus beau pour un jeune diplomate que de travailler sous les ordres d'un tel homme, de faire en quelque sorte l'apprentissage de son métier sous un tel maître, et je regrettais qu'il ne m'eût pas été donné d'entrer à l'office des Affaires Etrangères ou à la Chancellerie d'empire, alors qu'il était encore à la tête des affaires. Je me disais qu'un mot, un regard de contentement de cet homme auraient été une récompense plus précieuse que tous les ordres et tous les titres.

Le lecteur allemand trouvera peut-être étrange que j'insiste sur l'impression enthousiaste avec laquelle j'étais rentré de Friedrichsruh, car c'était alors et ce serait encore aujourd'hui chose naturelle pour la plupart des Allemands, mais ce n'était point chose si naturelle de ma part. Pour celui qui est habitué, dès sa jeunesse, à regarder derrière les coulisses de la scène mondiale, les hommes d'Etat et les monarques sont des hommes comme les autres. En outre, je m'étais habitué de très bonne heure à juger personnellement les hommes et les choses. Et ainsi, quand j'arrivai à l'âge de la pensée politique indépendante, je n'approuvai point toutes les mesures du grand chancelier, surtout en politique intérieure, et je n'hésitai point à formuler mes critiques à l'occasion. Enfin, pendant que mon père était statthalter d'Alsace-Lorraine, j'avais eu maintes fois l'occasion d'observer de près les méthodes du grand homme et pas toujours à ma satisfaction.

La deuxième et dernière fois que je me trouvai en contact avec le prince Bismarck, ce fut en 1895, à l'occasion de son quatre-vingtième anniversaire. Cette fois ce n'était pas une journée d'hiver comme pour la première visite : c'est le 2 avril, lendemain de l'anniversaire du « chancelier de fer » que mon père et moi reprîmes le chemin de Fric-

drichsruh. L'empereur y avait été la veille et, en compagnie
du prince héritier, il avait offert au vieux prince des honneurs
militaires spéciaux par la présentation de troupes de cavalerie, d'artillerie et d'infanterie. C'est pourquoi ce jour avait
été fixé pour notre visite. Le grand-duc de Bade s'était joint
à mon père, car il tenait à rentrer en relations avec « le
vieux chancelier », qu'il avait quitté fâché. Le prince, per-
suadé que le grand-duc avait contribué à sa chute, avait
refusé de prendre la main que le grand-duc lui tendait, au
moment de sa visite d'adieux, au palais de la chancellerie.
Le grand-duc avait alors quitté la pièce en criant « Vive
l'empereur et l'empire! » Depuis lors les deux hommes ne
s'étaient pas revus.

Le prince Bismarck s'est souvent montré très injuste dans
sa méfiance, mais c'était un trait de son caractère de ne pas
admettre de nuances sur ce point : « Quiconque n'est pas pour
moi, est contre moi ». Telle était sa formule et comme, dans
les dernières années, le grand-duc n'approuvait pas, souvent avec raison, de nombreuses mesures politiques de Bismarck — je me borne à rappeler le conflit avec la Suisse —
le prince considérait comme acquis que le grand-duc était
du nombre de ses adversaires et par suite avait dû colla-
borer à sa chute. Or, il voyait l'œuvre de toute sa vie com-
promise par cette chute. Il était donc tout naturel que le
grand-duc fût heureux de n'avoir pas à se trouver seul avec
le prince Bismarck pour la première fois après cette scène
pénible, et qu'il saisît avec plaisir l'occasion de faire sa
visite à Friedrichsruh en même temps que mon père.

En raison de la solennité de la circonstance, on revêtit cette
fois le frac ou l'uniforme et la suite fut plus nombreuse. Le
grand-duc était accompagné de son aide de camp, de sa suite
habituelle et du ministre de Bade von Jagemann. Avec mon

père, il y avait, en plus de moi, le chef de la chancellerie d'empire, conseiller secret baron von Wilmowski et l'aide de camp de mon père le comte Clémens Schönborn. Lorsque nous arrivâmes au château de Friedrichsruh, le prince Bismarck, qui portait son uniforme de cuirassier, était sur le point de prendre congé du petit prince Waldemar, fils du prince Henri de Prusse, alors un bambin de six ans, qui était venu apporter ses félicitations au prince. Il était curieux de voir le vieux prince observer soigneusement l'étiquette de cour et s'incliner profondément devant le petit prince royal, qui, tout étonné, levait vers lui ses yeux d'enfant, en lui tendant la main pour prendre congé.

Après les premières salutations et lorsque mon père se fut acquitté de la mission d'exprimer les félicitations de tout le conseil fédéral et du ministère d'Etat prussien, lorsque le prince eut répondu et qu'il eut salué tous ses hôtes, on alla se mettre à table. On voyait à la mine du vieux prince qu'il avait faim et qu'il était un peu fatigué des interminables réceptions qui avaient eu lieu toute la matinée. On passa donc dans la salle à manger, Bismarck avec le grand-duc et mon père ouvrant la marche. Lorsque le prince eut placé le grand-duc à sa droite, il dit à mon père : « Voulez-vous m'aider à faire les honneurs ? » et il le pria de prendre place en face de lui. Puis tous les autres convives s'assirent. Lorqu'ils furent installés, il se trouva qu'aucun n'avait osé prendre la chaise qui se trouvait à gauche du grand homme : c'était pour moi une chance rare. Etant le plus jeune de la société, je m'étais tenu au second plan et je fus alors invité par le prince à m'asseoir à côté de lui. Je ne me le fis pas dire deux fois.

Le déjeuner suivit le cours qui était habituel dans la maison de Bismarck. Tout d'abord apparut un énorme plat

d'huttres, puis un gigantesque poisson, cadeau de Hambourg,
puis un énorme plat de biftecks et d'œufs, etc... Dès le
début, après avoir échangé quelques paroles avec le grand-
duc, le prince se tourna vers moi et me demanda ce que
je voulais boire : de la bière ou du vin. Comme j'optais
pour la bière, il approuva vivement et en fit immédiatement
apporter, mais seulement pour lui et pour moi ; les autres
convives n'en eurent pas ; il est vrai qu'ils eurent une compensation sous forme de diverses sortes de vins de la Moselle,
du Palatinat et de Champagne ; toutes ces bonnes choses,
comme le faisait remarquer le prince, étaient des cadeaux
de ses « admirateurs de tous les coins de l'empire ». Il était
amusant de voir le prince, littéralement affamé, faire disparaître l'une après l'autre les huîtres du plat avant que son
voisin de droite, le grand-duc, pût arriver à se servir : attitude qui eût désespéré un homme de cour, mais qui ne pro-
voqua chez le grand-duc qu'un sourire et un regard pleins
d'indulgence. Mais, comme dans la suite la conversation
entre le grand-duc et le prince n'allait pas toute seule et que
tout au moins du côté de Bismark la glace ne paraissait pas
fondre rapidement, je me permis de m'adresser directement à
lui, ce qu'il prit très bien. Il montra beaucoup d'intérêt à m'entendre lui raconter les événements qui s'étaient passés quelques jours auparavant à la séance du Reichstag, dans laquelle,
on le sait, les félicitations au prince, proposées par les conservateurs, avaient été rejetées à une forte majorité ; ce qui
avait entraîné la démission du président du Reichstag le conservateur von Levetzow et l'élection du centriste baron von
Buol et provoqué un télégramme de l'empereur exprimant, en
termes énergiques, son « indignation » contre le Reichstag.
Le prince demanda encore en souriant s'il n'y avait pas eu
« d'injures verbales » et il raconta, à ce propos, de vieilles

anecdotes de la chambre des députés prussienne où l'on avait une fois échangé des coups. De temps à autre il examina ses hôtes et je n'oublierai jamais le regard qu'à travers ses lorgnons à monture d'or, de mode antique, il jeta vers le bout de la table où était assis le ministre de Bade von Jagemann et le ton dont il me demanda : « Comment s'appelle donc le diplomate badois là-bas ? » C'était comme si un lion avait considéré une mouche.

Pour l'amener aux sujets de grande politique, je profitai d'une nouvelle pause dans sa conversation avec le grand-duc pour lui demander hardiment : « Que pense Votre Excellence du jeune empereur de Russie ? » Il se lança dans cette voie et, au milieu du silence attentif des convives, il nous fit les confidences les plus détaillées et les plus intéressantes sur l'empereur de Russie, sur la politique russe, sur ses souvenirs relatifs à son séjour en Russie, etc... Cependant, on était arrivé à la fin du déjeuner et, bientôt après, nous prîmes congé, car le prince avait encore toute une série de réceptions. De ce qu'il m'a dit, j'ai retenu surtout son récit de ce qui s'était passé la veille pendant la visite impériale, avec ce détail que, pendant que l'empereur, revêtu de sa cuirasse, était à cheval devant lui et lui parlait, il n'avait pu détourner ses regards d'une goutte de pluie qui coulait lentement le long de la cuirasse aux reflets d'argent. Il parla en termes bienveillants et amusés du jeune prince héritier qui, pendant cette revue, était resté en voiture à côté de lui dans le parc de Friedrichsruh.

Ce fut la dernière fois que je vis Bismarck. J'ai souvent regretté, dans la suite, que les circonstances ne m'aient pas permis de le voir plus souvent encore dans les dernières années de sa vie; j'ai regretté aussi de n'avoir point fait le nécessaire à ce sujet, qui m'eût été chose facile. En ma qualité de fils de son successeur et aussi de député au Reichstag je n'aurais pas eu de peine à trouver un prétexte plausible pour aller le voir de temps à autre. J'ai regretté cela, comme je regrette aujourd'hui encore de n'être jamais allé voir Tolstoï à Iasnaïa Poliana, alors qu'il m'eût été parfaitement possible de lui faire une visite, car je connaissais des Russes qui se seraient fait un plaisir de me présenter à lui. Mais la vie est ainsi faite. Ne se compose-t-elle pas d'une chaîne d'occasions manquées, que l'on regrette en vain quand les années sont passées ? Ce qu'il y a de lamentable, c'est que l'on soit obligé de se rencontrer et de perdre son temps avec tant d'êtres stupides, bornés, ou même vils et répugnants, alors que l'on ne rencontre que rarement ou jamais les quelques personnages importants, sages et nobles, de son époque, et même que l'on ne soupçonne rien de leur existence. Quand on est jeune, on croit toujours avoir le temps pour toute chose. Mais les années s'envolent et d'autant plus vite que l'on est plus âgé. Soudain, on s'aperçoit que le voyage est près de sa fin et que ce qui a été négligé l'est à tout jamais et ne peut plus être rattrapé.

Gœthe avait raison de dire qu'il était dommage qu'on ne pût pas vivre deux fois sa vie. Mais ce désir n'était-il pas une illusion ? Et s'il nous était donné de vivre deux fois, ne commettrions-nous pas, avec le même caractère, dans les mêmes circonstances, les mêmes fautes ? Gœthe ne dit-il pas, d'autre part :

« De même qu'au jour qui t'a donné au monde, le soleil était là pour saluer les planètes, de même tu n'as cessé de grandir et de te développer suivant la loi qui a présidé à ta naissance. C'est ainsi que tu dois être, tu ne peux pas te soustraire à toi-même. Les sibylles et les prophètes ne disaient-ils pas déjà : « Il n'est pas de temps ni de puissance qui brise une forme déterminée, se développant dans la vie. »

Avant de clore ce chapitre, je voudrais revenir une fois encore sur les deux hommes auxquels il est consacré et qui sont incontestablement les deux hommes d'État les plus importants de l'histoire de l'Allemagne au xix° siècle.

Cela me mènerait trop loin d'établir un parallèle détaillé entre les deux hommes; je voudrais essayer tout au moins de les comparer brièvement.

Si jamais deux hommes d'État ont été foncièrement différents par leur nature et leur caractère, ce furent Bismarck et mon père. Mais tous les deux ont consacré leur vie tout entière à la politique; tous les deux ont déployé leur activité pendant presque tout le xix° siècle, et la raison d'être de l'un et de l'autre a été l'unité allemande.

Je ne songe pas naturellement à mettre mon père au même rang que Bismarck dans l'histoire de l'Allemagne, quelle que soit l'estime que j'aie pour mon père. Bismarck était un être exceptionnel, dont un pays et un peuple produisent un exemplaire dans un siècle, une nature démoniaque, une figure qui domine ses compatriotes, comme le Wetterhorn domine les Alpes. Mon père n'était point un « surhomme », mais un sage homme d'État et un diplomate intelligent qui, pendant des années, avait activement contribué à poser les fondations et à amener les pierres de l'édifice que Bismarck a construit « par le sang et par le fer ». Il a caractérisé lui-même, avec sa modestie habituelle, le mérite qui lui revient dans la création de l'unité allemande en disant « qu'il ne lui a été donné que de prendre part aux travaux préliminaires, en quelque sorte aux travaux de terrassement sur lesquels, en 1870, la forteresse s'est élevée ». S'est-il douté de la prophétie qu'il y avait dans sa comparaison de l'empire allemand avec une « forteresse »?

Est-ce que, longtemps après, l'Allemagne n'est pas devenue, en effet, une forteresse assiégée de toutes parts ?

Quand j'ai appelé Bismarck une nature démoniaque, je ne l'ai pas entendu dans le sens négatif, ou tout au moins pas en premier lieu, car il y avait chez lui aussi un élément négatif. Gœthe a dit de Napoléon qu'il était « d'une nature absolument démoniaque »; mais Gœthe n'a pas indiqué par là un être diabolique, méphistophélique, car Méphisto contient trop de négation, alors que le démoniaque chez Napoléon se manifeste par une énergie et une inquiétude illimitées et absolument positives. Énergie et inquiétude : telles étaient aussi les caractéristiques de Bismarck, dont le besoin inépuisable d'action lui a valu de se consumer dans l'inquiétude jusqu'à sa fin et de ne jamais pouvoir se résigner à la perte de la puissance, lorsqu'on lui eut enlevé le champ de son activité, la politique.

Mon père était un caractère tout contraire. Peut-être est-ce pour cela qu'ils s'étaient si heureusement complétés dans leur collaboration. Ce n'était pas un homme d'action passionné, énergique; son véritable domaine était celui de la conciliation, de la médiation, du règlement pacifique des conflits, des compromis en politique, des négociations diplomatiques, et il n'avait aucun goût à trancher par la force un nœud gordien. L'inquiétude, il ne la connaissait pas. On s'en aperçut au moment de sa retraite; si la politique, dans laquelle il vivait depuis cinquante ans, lui manqua, à lui aussi, il se soumit à l'inévitable avec une résignation et une dignité toute philosophiques et il n'éprouva ni haine ni amertume.

Aujourd'hui où par la faute des épigones, après une catastrophe sans précédent, le fier édifice que ces hommes avaient construit, a été ébranlé jusque dans ses fondations, où le peuple allemand est menacé d'anéantissement, ou, en tout cas, est ramené de dizaines d'années, peut-être d'un siècle en arrière; aujourd'hui où il n'y a ni un Bismarck en Prusse, ni un Hohenlohe en Bavière pour s'emparer du gouvernail et pour diriger le navire de l'État à travers les écueils dangereux qui le menacent de toutes parts, aujourd'hui, à vrai dire, les choses apparaissent autrement qu'à ce moment-là.

On pourrait être tenté de se demander si mon père n'a pas eu tort d'appuyer la politique de Bismarck dans la création du nouvel empire d'Allemagne et on pourrait de nouveau, comme on le fit jadis, lui reprocher d'être intervenu en faveur du rattachement de la Bavière à la Prusse au lieu de poursuivre en Bavière une politique de la grande Allemagne. Mais pour être juste envers lui et pour comprendre les motifs de sa conduite d'alors, il faut se reporter à l'époque où il a grandi, et se rappeler la situation politique de l'Allemagne au moment où il a fait les premiers pas décisifs dans sa carrière politique. Le désir de l'unité allemande l'avait animé de bonne heure; et même, nous le savons par ses notes, il a souffert de l'impuissance du peuple allemand dans la politique européenne et il a partagé les aspirations de la grande majorité du peuple allemand à l'unité allemande. De plus, son ambition politique espérait trouver dans un grand organisme national un champ d'activité plus vaste que dans un état particulier, fût-ce le plus grand après la Prusse.

L'année 1848 parut apporter la réalisation de ses désirs, mais, à son amère déception, son rêve s'évanouit très vite. On concevra sans peine qu'il soit intervenu avec d'autant plus d'ardeur lorsqu'à la suite des événements de 1866, la

question allemande redevint actuelle. Ce serait une grave
erreur de s'imaginer qu'il se fût alors donné corps et âme
à la politique bismarckienne et ce serait une injustice envers
lui de croire qu'il eût voulu sacrifier l'indépendance de sa
petite patrie, la Bavière, à l'unité sous le commandement de
la Prusse. Son idée était alors tout autre et, envisagée à la
lumière des événements actuels, elle n'apparaît point la
plus mauvaise. Son plan était celui d'une confédération des
moyens et petits États allemands sous la conduite de la
Bavière, qui avec l'Autriche et la Prusse devait constituer la
Confédération allemande [1]. C'était « l'idée triangulaire ». Ce
n'est pas sa faute si elle ne s'est pas réalisée. Elle a échoué
par suite de la résistance de la Prusse, qui voyait là un
obstacle à ses projets d'agrandissement en Allemagne du
Nord et d'hégémonie, et aussi de l'Autriche qui ne voulait
pas toucher au *statu quo*. Lorsque l'idée triangulaire eut
échoué et que même dans la population de la Bavière un
changement d'opinion survint qui s'exprima par une motion
de la Chambre bavaroise tendant à ce que « le Roi fît tous
ses efforts pour s'unir étroitement à la Prusse et entrer ainsi
dans la voie qui seule alors pouvait mener à l'unification de
l'Allemagne », il intervint lui-même en faveur du rattachement à la Prusse et on ne saurait s'en étonner. L'Autriche
avait, à la paix de Nikolsburg du 26 juillet 1866, reconnu
la dissolution de la confédération existante et elle s'était
engagée « à reconnaître la confédération plus étroite que la
Prusse voulait fonder au nord de la ligne du Mein ». La paix
de Prague, du 23 août 1866, avait admis ces dispositions
mais avec cette addition que l'Union des États de l'Allemagne du Sud aurait une existence indépendante. Mon père

---

1. Voir *Mémoires*, tome I, pages 143 et suivantes. Sa curieuse lettre à la
Reine Victoria d'Angleterre.

considérait cela comme impossible, car l'isolement de la
Bavière était dangereux. Il ne restait ainsi qu'une alliance
avec la France ou le rattachement à la Prusse. Comme on
ne pouvait songer à la première solution en raison des sentiments de la majorité du peuple, il fallait opter pour la
seconde.

Mais il ne voulait pas réaliser ce rattachement sans avoir
assuré à la Bavière une situation répondant à son importance,
par une alliance constitutionnelle avec la Prusse. Quand il
vit que la Prusse ne tenait pas à conclure une alliance constitutionnelle, à cause de la France, et en raison des débats
imminents de la Diète constituante de l'Allemagne du Nord
il fut obligé d'y renoncer et dut se borner tout d'abord à
réorganiser l'armée bavaroise, la législation et les moyens
de transport, pour assurer l'exécution de l'alliance offensive
et défensive conclue avec la Prusse par le traité de paix.
Mais, en même temps, il s'efforçait, par des négociations
avec les autres gouvernements de l'Allemagne du sud, de
préparer les voies à une alliance constitutionnelle avec les
autres Etats de l'Allemagne. Il était prévu en même temps
que la Confédération allemande devait immédiatement conclure une alliance avec l'Autriche. Ici encore l'idée de la
grande Allemagne reparaissait, mais l'Autriche refusa. Lorsqu'ensuite, lors de la réorganisation de l'union douanière,
Bismarck finit par obtenir l'organisation fédérale de la législation sur les douanes et les impôts indirects, malgré l'opposition de la Bavière, son idée de la création d'une Confédération générale allemande avait échoué.

Je rappelle ces faits historiques, que l'on oublie souvent
aujourd'hui dans le jugement qu'on porte sur la position
prise alors par mon père, et que ses adversaires ignorent
intentionnellement, parce qu'ils montrent qu'on a tort d'appe-

ler politique prussienne une politique qui était au fond plus allemande que celle de Bismarck.

Je dois mentionner un autre facteur, qui a joué un rôle important dans la détermination de sa politique ; c'est sa position par rapport au parti ultra-montain en Bavière. C'est ce parti qui a opposé la résistance la plus tenace à ses efforts en faveur de l'unification de l'Allemagne. Or, bien qu'il fût, jusqu'à un certain point, un catholique croyant, toutes ses conceptions faisaient de lui un adversaire de ce parti dont les buts étaient absolument opposés aux siens. Par cette lutte avec le parti ultra-montain, qui était en même temps en Bavière le défenseur des intérêts étroitement particularistes, lutte dans laquelle il occupait une position isolée même parmi ceux de sa caste, il avait été de plus en plus, et peut-être plus qu'il ne voulait, poussé du côté de la Prusse.

Aujourd'hui où d'autres soucis accablent les gouvernements et les hommes d'Etat, où, après l'effondrement de toute autorité de l'Etat, l'Eglise catholique apparaît, à ceux-là même qui ne voyaient jadis dans sa puissance qu'une quantité négligeable, comme le seul soutien encore solide contre les éléments révolutionnaires, et où — à tort ou à raison — l'on fait moins de cas qu'autrefois des dangers qu'elle peut faire courir à la liberté intellectuelle de l'humanité, on s'intéresse peu à ces luttes d'alors et on les comprend mal. A cette époque, elles étaient d'une actualité brûlante et on conçoit qu'elles aient exercé une influence considérable sur les opinions politiques de mon père.

On comprend qu'après la guerre de 1870-71 le nouvel empire d'Allemagne lui soit apparu, ainsi qu'à la grande majorité des Allemands, comme la réalisation longtemps attendue du rêve de l'unité allemande et non point comme l'Allemagne prussienne qu'il était en réalité.

Bismarck était pour eux tous l'homme d'Etat allemand et ce n'est que sous le règne de Guillaume II, lorsque l'hégémonie de la Prusse et l'impuissance des princes confédérés allemands, dont ils étaient eux-mêmes en grande partie responsables, s'affirmèrent de plus en plus, qu'il se demanda parfois lui aussi, à la fin de sa vie, si l'œuvre qu'il avait aidé à mettre debout était réellement celle qu'il avait espérée. Lorsqu'à la fin de sa carrière politique, il arriva, comme chancelier, à la tête du gouvernement d'empire, il considéra comme sa principale tâche de renforcer les droits fédéraux des Etats particuliers en face de l'hégémonie de la Prusse. Je me rappelle encore sa mauvaise humeur lorsqu'un jour un ministre de Prusse à Munich, emporté par son zèle prussien, était allé jusqu'à proposer, dans un rapport au chancelier, l'entrée des troupes prussiennes en Bavière comme un moyen éventuel pour imposer je ne sais plus quelle mesure désirée par Berlin.

Lorsqu'il eut été précipité de la cime du pouvoir par le jeune empereur, Bismarck lui aussi, sans doute, a défendu le point de vue fédéral et est intervenu à plusieurs reprises par des discours et des articles de journaux en faveur des droits des Etats et princes confédérés non prussiens. Mais tant qu'il gouverna l'empire, on ne s'en aperçut guère; il était et restait avant tout Prussien. Bien qu'il dominât de très haut ceux de sa caste, les junkers, et que même il entrât souvent en conflit avec eux [1], il resta cependant jusqu'à la fin un membre authentique de cette caste, qui, depuis Frédéric le Grand, était maîtresse du pouvoir en Prusse, et toutes ses conceptions étaient celles des réactionnaires. A

---

1. Je me rappelle encore qu'il dit à mon père un jour à Friedrichsruh : « La tâche vous a été plus facile. Vous êtes prince d'empire et vous n'avez pas eu à souffrir comme moi de l'envie de ceux de votre caste ».

la différence de mon père, chez qui l'idée de l'unité fut vivante
dès le début de sa carrière politique et même de sa jeunesse,
le but de Bismarck était primitivement, non pas un empire
d'Allemage unifié, mais la puissance et la grandeur de la
Prusse. La Confédération de l'Allemagne du nord, qu'il créa,
n'était rien autre qu'une plus grande Prusse et lorsqu'après
1866 et après l'exclusion de l'Autriche de la Confédération
l'empire en sortit, tous ses efforts tendirent à donner à celui-
ci une constitution qui assurât l'hégémonie de la Prusse et
de la dynastie prussienne. Quand il s'est vanté plus tard
d'avoir ménagé avec soin dans la constitution d'empire les
droits des princes confédérés, il y avait des réserves à faire.

Il est exact qu'en certaines occasions et particulièrement
vis-à-vis du roi Louis II de Bavière, il a montré certains
égards et on sait qu'il s'est opposé, à Versailles déjà, aux
visées centralisatrices du prince héritier, le futur empereur
Frédéric. Mais c'était simplement de la prudence; il voyait
plus loin que celui-ci et il savait que sans cette prudence il
n'aurait fait que rendre plus difficile l'accomplissement de
son œuvre. Et si, à la fin de sa vie, lorsque le pouvoir lui
eut été enlevé, il est intervenu en faveur du renforcement
du principe fédéral et s'il a déclaré les princes confédérés
les meilleurs soutiens de l'empire, c'était là plutôt l'expression de son opposition et de son ressentiment contre le souverain qui lui avait arraché des mains les rênes du pouvoir. Mais il oubliait qu'il y avait eu un temps où il avait
pensé tout autrement et où il n'avait pas hésité à employer
la force même contre des princes confédérés allemands.
N'avait-il pas, en 1866, dépossédé plusieurs d'entre eux,
comme le roi de Hanovre, l'électeur de Hesse, le duc de Nas-
sau, et annexé à la Prusse leurs pays qui avaient cependant
le même droit à rester membres autonomes de l'empire que

la Bavière, la Saxe, le duché de Bade, la Hesse, etc... Et la Saxe aurait probablement subi le sort du Hanovre, si la menace d'une attaque de Napoléon III, avant la fin de la campagne d'Autriche, ne l'avait arrêté. S'il a respecté l'autonomie des Etats de l'Allemagne du Sud, c'est seulement parce qu'il se rendait compte qu'il ne pouvait assurer l'hégémonie de la Prusse qu'en procédant ainsi. Mais ils durent la payer cher et céder à la Prusse une prérogative essentielle, savoir, la direction de la politique extérieure de l'empire et des affaires militaires, et certains autres privilèges.

On peut objecter ici que c'était là une nécessité et que l'on ne pouvait réaliser autrement une direction unique, que c'était là une condition nécessaire de l'exercice de la puissance de l'empire d'Allemagne, car c'eût été affaiblir cette puissance que de la confier à une nombreuse assemblée de princes confédérés. C'est possible. Mais on reconnaît en même temps par là que le gouvernement d'empire n'était au fond rien autre que le gouvernement prussien et que l'empire d'Allemagne bismarckien n'était rien autre que la grande Prusse. Le récent effondrement du régime et la chute de la dynastie des Hohenzollern viennent de le prouver; et, en ce sens, on peut dire que l'édifice bismarckien s'est révélé plus solide que certains ne l'avaient cru. Car, si nous y regardons de plus près, quel a été le résultat de la catastrophe de novembre 1918 ? L'empire a perdu sans doute des territoires considérables, mais la centralisation et, par suite, l'influence prussienne a été renforcée dans la nouvelle république allemande, qui a conservé le nom de Reich, à un point que Bismarck lui-même n'aurait osé espérer. A vrai dire, est-ce là un bonheur pour le peuple allemand ? Cette centralisation, cette hégémonie prussienne renforcée ne comportent-elles pas de grands dangers pour l'Allemagne ? L'avenir le dira. A mon avis, il y a là un danger et, malgré l'indifférence des masses à ce sujet, il a été aperçu déjà par bon nombre d'Allemands. Il y a même, dans les divers Etats confédérés, un fort mouvement qui tend à fortifier et à rendre autonomes les différentes races allemandes dans le cadre du Reich et à amoindrir la puissance prussienne, sans qu'il soit question d'une dislocation du Reich. Un Reich fédéral, dans lequel les races allemandes auront les mêmes droits et l'hégémonie de la Prusse sera écartée, constituera une garantie de la paix européenne.

Le peuple allemand ne pourra sortir des profondeurs de l'abîme que s'il se détourne définitivement de ceux qui l'ont précipité dans le malheur et s'il renonce à l'esprit bismarckien. Sans doute cela seul ne suffit pas encore. Si le peuple allemand ne se propose, à l'avenir, comme idéal que la récupération de la richesse matérielle et de la puissance qu'elle comporte, si, comme il paraît être en excellente voie de le faire, il continue à avoir pour toute religion la danse autour du Veau d'or et l'adoration du dieu Mammon, alors il se peut qu'il connaisse un nouvel « essor »; mais celui-ci sera de courte durée et la chute qui surviendra alors le jettera dans un abîme encore plus profond, où il sombrera tout entier. Un peuple qui a perdu son fondement moral doit périr. L'histoire en donne plus d'un exemple.

Mais les pays étrangers aussi, et particulièrement la France, ne doivent pas oublier les leçons de l'histoire. De même que Napoléon Iᵉʳ et Napoléon III ont été les fondateurs inconscients de l'unité allemande — le premier parce que sa domination a eu pour conséquence le soulèvement national de 1813, le second parce qu'il a eu l'imprudence de mettre les questions nationales au premier plan — de même une pression continue et la tentative de détacher certaines parties de l'Allemagne ne feront que favoriser une union plus étroite des Allemands et la centralisation, et pousser une fois de plus le peuple allemand dans les bras de la caste militaire prussienne, s'il croit trouver en elle les chefs qui pourront lui donner les moyens de secouer le joug de la domination étrangère. Car lorsqu'un joug devient intolérable pour un peuple, celui-ci ne réfléchit pas longtemps et n'écoute pas la voix de la raison ; il se précipite aveuglément dans la lutte, même au risque de sombrer.

Quand je dis que l'œuvre de Bismarck a été ébranlée par la faute des épigones, cela n'est peut-être pas complètement juste. Les choses n'en seraient pas venues là si la structure de l'édifice elle-même n'avait pas été défectueuse. Car le régime personnel, qui était devenu peu à peu le régime de Guillaume II, n'aurait pas été possible en Allemagne si la constitution bismarckienne ne s'y était pas prêtée.

On n'a cessé de signaler, après sa chute, que la constitution de l'empire, qui concentrait toute la responsabilité dans la personne du chancelier, était taillée à la mesure d'un Bismarck et par suite ne devait pas nécessairement convenir au successeur d'un pareil géant. Les partisans de Bismarck se sont souvent servis du casque et des bottes de cuirassier qui, disaient-ils, étaient trop grands pour ses successeurs, pour ridiculiser ceux-ci aux yeux du peuple. Ils oubliaient là qu'ils ne rendaient pas précisément service à leur idole, car un homme d'État qui veut le bien d'un pays doit justement veiller à ce que la constitution qu'il lui donne puisse encore servir quand il ne sera plus à la tête du gouvernement. Il serait cependant injuste de ne prêter, sur ce point, à Bismarck, que des motifs personnels et de croire, par exemple, qu'il comptait jouir de l'embarras de ses successeurs, qui n'étaient pas à sa taille. Bismarck avait encore un autre motif : il s'agissait pour lui non pas tant de sa situation personnelle que de l'établissement définitif de l'hégémonie prussienne en Allemagne. Car, on ne doit pas se lasser de le répéter, il était Prussien avant tout et s'il ne mérite pas qu'on lui applique le mot que mon père avait écrit un jour à propos des junkers, en souvenir d'une conversation avec quelques-uns d'entre eux — « Ils se moquent de l'empire » — il n'en est pas moins vrai que ce qui comptait pour lui tout d'abord, c'était le roi de Prusse et l'hégémonie prussienne ; l'empire ne venait qu'en second lieu.

Je ne veux certes pas diminuer la grandeur de Bismarck. Il reste l'homme qui a fait du rêve séculaire des Allemands, de leurs aspirations à l'unité, une réalité ; mais il faudrait être aveugle pour ne pas voir les vices fondamentaux de la constitution allemande. Il ne faut pas les perdre de vue si l'on veut comprendre les causes qui ont déterminé le cours des événements et amené l'effondrement, auquel nous avons assisté, frémissants, dans ces dernières années. La grande majorité des Allemands, qui ont grandi et ont été élevés dans la croyance en l'infaillibilité de leur héros, ne s'en rendent pas compte encore aujourd'hui. Peut-être est-ce là un trait émouvant de la part du peuple allemand de ne pas permettre que l'on ternisse l'image de l'homme qui lui a donné l'unité. Mais l'historien n'a pas le droit de se laisser induire en erreur par un sentiment ; il n'a pas le droit de taire la vérité.

C'est Bismarck qui a produit la tendance d'esprit des Allemands de 1914 ; c'est lui qui, pendant les années où ils l'ont eu comme chef, les a marqués du sceau de son esprit. Pendant des années, depuis les succès militaires de 1866 et 1870, ils s'étaient habitués à croire au pouvoir de la force et pour eux c'était devenu peu à peu un axiome que la politique et la morale étaient deux domaines différents et qu'il s'agissait seulement d'être le plus fort pour avoir raison. Ils n'avaient pas pensé au danger qui peut surgir de cet axiome. Bismarck le connaissait bien et ce n'est pas sans raison que le « cauchemar des coalitions » lui a valu, de son propre aveu, plus d'une nuit d'insomnie. Mais les moyens par lesquels il a cherché à parer à ce danger n'étaient pas empruntés à la morale mais bien au vieil arsenal de la diplomatie, et ses armes étaient les armes rouillées de la vieille époque de la politique de cabinet, les coups d'échec sur l'échiquier diplomatique, où il était passé maître, un système artificiel de traités d'alliance et de contre-assurance, pour lesquels les peuples n'étaient guère consultés.

Une politique de ce genre devait, avec le temps, se heurter à des difficultés de plus en plus grandes. Déjà, vers la fin de sa carrière, on put s'en apercevoir. Le moment vint où « rien ne voulait plus réussir » à l'homme d'État vieillissant et, avant sa retraite déjà, l'autorité incontestée qu'il avait exercée en Europe était fortement ébranlée. Mais il laissa à ses successeurs un héritage dangereux, doublement dangereux parce que, parallèlement à ses échecs à l'extérieur, sa politique avait jeté à l'intérieur une semence qui devait donner de mauvaises moissons. Dans les longues années où il avait été l'arbitre de l'Europe, il avait blessé et mécontenté tant de gens que l'Allemagne finit par ne plus avoir un ami sincère et qu'il suffisait d'une occasion pour unir dans une coalition les hostilités qui n'osaient encore se déclarer. D'autre part, à l'intérieur, il avait créé par sa politique des foyers de mécontentement et d'amertume qui, tôt ou tard, devaient être dangereux pour son œuvre. Je me rappelle l'inquiétude que le grand-duc de Bade, par exemple, exprimait à ce sujet, peu de temps avant sa mort. Et c'étaient toujours les mêmes causes qui devaient produire les mêmes effets. Pour Bismarck, la force était le seul moyen efficace. Ce qui a fait l'Angleterre si grande et lui a valu sa prépondérance dans le monde, ce qu'elle a compris et ce qui inspirait sa conduite même quand elle faisait des conquêtes et étendait partout sa domination sur des peuples étrangers, il ne l'a pas compris ; il n'a pas compris que la force seule ne saurait fonder une domination durable sur les peuples, si on ne sait pas leur donner en même temps la conviction qu'elle est aussi une garantie de la liberté.

Pourquoi n'a-t-il pas réussi en Alsace-Lorraine ce que les hommes d'Etat anglais ont pu faire en si peu de temps dans l'Afrique du sud ? Parce qu'il a été prisonnier de cette erreur que l'éducation militaire d'un peuple et l'essor matériel devaient suffire pour l'assimiler et parce qu'il croyait qu'après deux cents ans de vie française les Alsaciens-Lorrains pouvaient, à coups de mesures de violence, redevenir des Allemands convaincus, parce qu'il n'avait qu'un rire dédaigneux pour les « conquêtes morales ». Telle a été aussi sa politique avec les Polonais. Je n'ai pas besoin d'en exposer les conséquences qui, aujourd'hui, sont évidentes aux yeux de tous ; et il en a été de même dans le Schleswig. On m'objectera la politique de l'Angleterre en Irlande, en Egypte et dans l'Inde ; mais on en voit précisément aujourd'hui les résultats et ce n'est qu'une preuve de plus que la politique de la force a toujours les mêmes effets. Entre-temps, les hommes d'Etat anglais ont réussi à trouver une solution pacifique à la question irlandaise comme à la question égyptienne. En ce qui concerne l'Inde, il s'agit d'un territoire gigantesque et d'un agrégat complexe de populations, de race et de religion très différentes, pour lesquelles ce serait une bénédiction qu'une poigne solide les maintienne unies. Et là encore nous voyons le gouvernement anglais essayer de donner à ces peuples, à mesure qu'ils arrivent à la maturité, une plus large part dans l'administration de leurs territoires et de confier le règlement de leurs affaires à des éléments indigènes.

C'est à Bismarck le premier, qu'il faut attribuer la tendance d'esprit qui a fini par précipiter le peuple allemand dans le malheur, et il n'est pas exact que ce soit la faute exclusive de ses successeurs, qui n'auraient point été capables de poursuivre sa politique. Il était encore en fonctions lorsque le fil a été rompu avec la Russie ou tout au moins la confiance de la Russie a été fortement ébranlée, et la faute n'en est point due uniquement, comme il l'a prétendu, à la maladresse du général Caprivi qui n'a pas renouvelé le traité de contre-assurance du 18 juin 1887, expirant en juin 1890. Je me rappelle très bien les sentiments qui régnaient à Pétersbourg à l'égard des Allemands, vers 1890. Peu de temps avant sa retraite, il nourrissait encore des illusions à ce sujet et croyait qu'il possédait encore la confiance du tsar Alexandre III, alors qu'il n'en était rien depuis longtemps.

Assurément, il est possible et même probable que Bismarck n'aurait pas commis maintes fautes qui ont été commises par Berlin, surtout dans les quinze dernières années avant la guerre mondiale, et qui ont amené l'encerclement de l'Allemagne et son isolement. Il n'y a pas de doute non plus que, s'il y avait eu sur le trône impérial allemand un autre monarque que Guillaume II, qui par ses continuelles provocations oratoires avait, inconsciemment sans doute, fait peu à peu du monde entier l'ennemi de l'Allemagne, plus d'un malheur aurait été évité. Je ne puis m'empêcher de croire que, si une destinée tragique n'avait abrégé le règne de l'empereur Frédéric et s'il avait été donné à ce prince de régner une dizaine d'années peut-être, maintes choses se seraient passées autrement, et la catastrophe qui s'est abattue sur nous en 1914 aurait été épargnée au monde.

Le grand homme d'Etat s'était survécu à la fin de sa carrière. Ce fut le côté tragique de sa destinée. L'admiration et la vénération dont il fut l'objet après sa chute, de la part d'un grand nombre d'Allemands, ne pouvaient apporter à ce grand contempteur des hommes aucune consolation pour la perte de la puissance. C'est là l'origine de cette amertume qui s'est manifestée dans les dernières années de sa vie.

Pour conclure, il peut être intéressant de comparer la façon dont se sont exprimés sur leur vie ces deux hommes, Bismarck et mon père, qui ont vécu jusqu'à un âge très avancé: le premier, né le 1er avril 1815 et mort le 30 juillet 1898 ; le deuxième né le 31 mars 1819 et mort le 16 juillet 1901. Bismarck disait à Lenbach : « Il n'y aura pas pour moi maintenant de jour plus heureux que celui où je ne me réveillerai plus ». Mon père écrivait, au contraire, à sa sœur, un an avant sa mort : « C'est avec reconnaissance que je contemple ma vie : peu de mortels en ont eu une semblable ».

L'ÉMINENCE GRISE DE L'OFFICE DES AFFAIRES ÉTRANGÈRES A BERLIN

Pendant le temps où mon père a porté sur ses épaules, courbées par l'âge et par cinquante années d'activité politique, le lourd fardeau de la chancellerie d'Empire, j'ai pu jeter un regard dans les coulisses de ce qu'on appelle « la grande politique » et vérifier la justesse du mot célèbre du vieil Oxenstiern, quand il parlait du peu de sagesse avec lequel le monde est gouverné, et aussi de la méchanceté et de la basse perfidie que l'on rencontre dans les milieux que l'on a coutume d'appeler « politiques » ou « dirigeants ».

Mon père avait déjà une longue existence politique derrière lui, mais en dépit de toutes les expériences et jusqu'à la vieillesse il est resté optimiste dans son jugement sur les hommes. Il ne voulait pas croire à la méchanceté des hommes, tant qu'il n'en avait pas de preuves indéniables, et même alors, il aurait préféré l'ignorer. J'avais souvent beaucoup de peine à le mettre en garde, en temps voulu, contre les dangers auxquels il était exposé de la part de certaines personnes et contre des gens qui voulaient l'exploiter pour leurs buts égoïstes, personnels ou politiques. Comme il arrive fréquemment chez les vieillards, il s'entêtait parfois dans son jugement sur un personnage et il lui était désagréable de se laisser convaincre du contraire. Je n'ai pas l'intention de rappeler ici en détail les intrigues et les machinations de ces milieux, qui ont perdu beaucoup d'intérêt pour le lecteur d'aujourd'hui. Mais je voudrais essayer de peindre avec quelque précision un homme curieux de l'entourage du chancelier, parce qu'il était devenu un personnage étrange, presque mystérieux et légendaire, et que je suis un des rares qui aient eu l'occasion de le connaître de près : il s'agit de l'« Eminence grise » de l'Office des Affaires Etrangères, du conseiller secret de légation, baron Holstein.

Si, vers 1890, à certaines heures du jour, par exemple dans l'après-midi entre 1 h. 1/2 et 2 h. 1/2 ou à la fin de la soirée, après la fermeture des bureaux, on descendait la Wilhelmstrasse à Berlin, de la Leipzigerstrasse aux Linden, du côté où se trouve le vieux bâtiment à un étage qui contient les bureaux de l'Office des Affaires Etrangères de l'empire d'Allemagne, on pouvait rencontrer, presque régulièrement, un homme d'assez haute taille, à la démarche vigoureuse, dont la physionomie se serait certainement gravée dans l'esprit si on l'avait considérée attentivement : de grands yeux gris, un peu voilés, au regard pénétrant et énergique cependant, un nez aquilin et une moustache et une barbe grises qui accusaient des visites trop rares chez le coiffeur. Si on s'était demandé qui pouvait bien être cet homme au regard méfiant, qui se promenait ainsi les mains dans les poches, le chapeau noir enfoncé jusqu'aux oreilles et le col de pardessus relevé, on aurait eu de la peine à deviner la profession de ce mystérieux passant. Peut-être l'aurait-on pris pour un garde-général des forêts ou un inspecteur de l'agriculture, qui, de sa province, était venu pour quelques jours dans la capitale, ou bien pour un savant. En réalité, ce promeneur solitaire, qui, un revolver chargé dans sa poche, remontait à cette heure tardive la rue silencieuse et se rendait à sa modeste demeure dans un faubourg éloigné, était l'un des personnages les plus puissants et les plus influents de l'empire d'Allemagne, un homme devant qui tremblaient plus d'un ambassadeur et plus d'un ministre blanchis sous le harnais et dont le caprice faisait le bonheur et le malheur de nombreux fonctionnaires, non seulement de la carrière diplomatique mais encore de l'administration intérieure prussienne et impériale ; je dirai même, dont la volonté détermina souvent, dans des circonstances importantes, la direction de toute la politique étrangère de l'empire d'Allemagne.

Le baron Holstein appartenait, si je ne me trompe, à une vieille famille de barons du Holstein. Quand est-il entré dans la carrière diplomatique ? Je l'ignore. Je sais seulement qu'en 1870-1871 il faisait partie du petit état-major de fonctionnaires qui accompagna en France le chancelier de la confédération et que, nommé, peu de temps après, secrétaire à l'ambassade d'Allemagne à Paris, il se distingua très vite par son dévouement fanatique à son chef suprême le prince Bismarck, ainsi qu'on put le voir au procès Arnim, où il comparut comme témoin à charge de son supérieur direct, l'ambassadeur comte Arnim. Pour ceux de mes lecteurs qui n'ont plus qu'un vague souvenir de ce procès déjà lointain, je vais en rappeler brièvement l'origine. Le comte Arnim, diplomate fort capable mais extrêmement ambitieux, avait été nommé de Paris à l'ambassade de Constantinople, parce que Bismarck avait remarqué qu'il n'avait pas en lui le représentant de sa politique dont il avait besoin au poste d'ambassadeur à Paris. (Qu'on se rappelle le mot bien connu de Bismarck : « Mes ambassadeurs doivent faire demi-tour comme les sous-officiers »). En parfait accord avec l'empereur Guillaume, Bismarck lui avait donné comme successeur mon père, qui était alors premier vice-président du premier Reichstag allemand et avec qui, à l'époque déjà où mon père était président du conseil et ministre des Affaires

Etrangères de Bavière, Bismarck avait entretenu les relations les meilleures et les plus confiantes. Peu de temps après que mon père eut pris possession de son poste en automne 1874, il reçut une instruction de Bismarck qui se référait à deux ou trois instructions antérieures du chancelier adressées à l'ambassadeur à Paris. Mon père fit rechercher longuement les pièces indiquées, mais on ne trouva aucune des instructions dans les armoires de l'ambassade. Il fit donc connaître au chancelier, comme il en avait le devoir, que les numéros demandés ne se trouvaient pas à Paris et qu'il devait y avoir erreur. Ces instructions concernaient la politique religieuse du prince Bismarck c'était, je le rappelle, l'époque du « kulturkampf ». Alors, grande émotion chez le chancelier, qui donna officiellement au comte Arnim l'ordre de dire s'il avait, par mégarde, emporté les instructions et où elles se trouvaient. Le comte Arnim lui fit cette curieuse réponse qu'il avait emporté les instructions parce qu'elles se rapportaient à des affaires religieuses qui touchaient, entre autres, la personne du cardinal Hohenlohe, frère de mon père, et qu'il voulait éviter que mon père en prît connaissance. Bismarck lui donna l'ordre d'envoyer immédiatement les instructions. Le comte Arnim refusa de les rendre en alléguant qu'il les considérait comme sa propriété personnelle. Alors, la colère du prince Bismarck ne connut plus de bornes et il n'eut plus aucun ménagement. On sait qu'il fit intenter un procès au comte Arnim devant tous les tribunaux compétents, si bien que finalement l'ambassadeur fut condamné à la réclusion, peine à laquelle il ne put se soustraire qu'en s'enfuyant en Suisse où, épave lamentable, il vécut quelques années encore et où il mourut, exilé.

L'affaire Arnim est un de ces cas typiques qui révèlent l'un des traits de caractère les plus odieux du génial homme d'Etat : la soif de vengeance personnelle et la haine. Pour satisfaire celle-ci, tous les moyens lui étaient bons et il n'avait aucune pitié pour l'adversaire qui se mettait sur son chemin, surtout quand il croyait voir en lui un concurrent capable de le supplanter ; il faisait tout ce qu'il pouvait pour le mettre hors d'état de nuire et même pour l'anéantir. Il est incontestable que le comte Arnim était du nombre de ces adversaires et qu'il avait l'ambition de remplacer le comte Bismarck. Mais cela ne rend pas plus sympathique la conduite de Bismarck à son égard. J'ai insisté un peu sur cette affaire parce que le rôle que le baron Holstein y a joué vis-à-vis de son ancien supérieur direct a eu une certaine importance dans sa vie. Ce rôle est resté sur sa réputation comme une tache qu'il n'a jamais pu effacer ; et il n'est pas impossible que cela ait contribué pour une large part à aigrir son caractère.

Le conflit Arnim-Bismarck évoque également en moi le souvenir suivant : à l'ambassade il y avait, quand je suis entré pour la première fois dans la pièce du rez-de-chaussée affectée aux secrétaires de l'ambassade, un sofa circulaire en cuir rouge à dossier très élevé. C'est dans ce meuble, dit-on, qu'il écoutait les conversations de son chef pour les rapporter au chancelier. Qu'y a-t-il de vrai dans cette légende ? Je n'ai jamais pu l'établir. Je ne sais pas si ce meuble historique existe encore, car l'aménagement des locaux de l'ambassade a subi de sérieuses modifications sous les ambassadeurs Münster et Radolin.

Ce rôle convenait aux goûts policiers du baron Holstein : on a pu le voir dans la suite à différentes occasions. Ainsi, je me rappelle très bien que ma mère se plaignait souvent d'être suivie à distance et observée par Holstein quand elle sortait à pied, dans Paris, avec ma sœur. Je sais aussi qu'elle et ma sœur furent mises en garde par des amis du monde officiel français contre Holstein et son espionnage. Le procès Arnim avait déjà révélé qu'il correspondait directement avec le chancelier par-dessus la tête de son chef. Il continua et, lorsqu'il fut devenu lui-même conseiller à l'Office des Affaires Étrangères et exerça une influence croissante sur la direction de la politique, il alla jusqu'à entretenir une correspondance particulière avec les différents ambassadeurs et ministres, il se fit envoyer des rapports par eux et leur donna des instructions non seulement sur la manière dont ils devaient représenter la politique de l'empire en face du gouvernement auprès duquel ils étaient accrédités, mais sur la teneur et le sens même des rapports qu'ils devaient adresser. Il usa de plus en plus de ce système dans les dernières années de ses fonctions. Je me rappelle que le prince Radolin, ambassadeur à Paris, me montrait parfois avec désespoir les instructions contenues dans les lettres privées de Holstein, qui l'invitaient à faire un rapport dans le sens désiré par lui, bien que la situation véritable fût toute différente. Malheureusement, Radolin n'était pas assez indépendant pour résister à ces inspirations du chef tout-puissant et redouté de la Section politique et il se soumettait, comme beaucoup de ses collègues, par crainte de perdre son poste.

Ce système devait être particulièrement dangereux quand il s'appliquait à des caractères ou à des personnages faibles, qui étaient diminués dans leur indépendance soit par leur situation de fortune soit par d'autres considérations, et qui, par suite, de gré ou de force, devenaient un instrument dans ses mains ; et il montrait une habileté vraiment diabolique à découvrir ces faiblesses et à les exploiter dès qu'il les avait découvertes. Il mettait même à dessein ces hommes-là dans les postes importants quand il le pouvait, parce qu'il était alors d'autant plus sûr de les avoir à sa discrétion. Pour découvrir les secrets de leur vie privée, il ne reculait devant aucun moyen et, quand il les connaissait, il s'en servait sans scrupule et sans ménagement. Il avait été à bonne école avec le grand chancelier, qui lui aussi, sut employer la police politique.

Holstein a continué cette tradition à l'Office des Affaires Étrangères, après le départ et la mort du prince Bismarck. Le côté tragique ou si l'on veut tragi-comique de l'affaire est que dans la suite à l'occasion du procès Tausch (ainsi appelé du nom de l'agent de police Tausch qui a joué le principal rôle) il eut la désagréable surprise de constater qu'il avait été lui-même victime de la police politique ou tout au moins avait eu à en souffrir sérieusement. Je n'insiste pas sur ce procès au cours duquel la déposition mensongère de l'un des agents secrets inculpés m'obligea à intervenir comme témoin à côté du secrétaire d'Etat von Marschall, de l'ambassadeur comte Philipp Eulenburg et du baron Holstein lui-même [1].

Alors que mon père était chancelier, je me suis aperçu que la police secrète jouait, à l'occasion, un rôle double et se chargeait d'espionner le chancelier lui-même pour le compte de la Cour. Ainsi mon père constata, un jour, qu'une conversation qu'il avait eue avec moi seul entre quatre murs et qui portait sur certains événements intérieurs de la Cour, avait été connue le lendemain du chef du cabinet civil secret, von Lucanus, et, quand je sortais, je remarquais souvent que j'étais suivi par un des agents de la police secrète, facilement reconnaissables à leur extérieur.

1. Le lecteur que ce procès intéresserait peut trouver quelques renseignements à ce sujet dans le livre du conseiller secret de légation Hammann *Der neue Kurs*.

Ce M. von Lucanus était alors un personnage important et redouté. En sa qualité de chef du cabinet civil secret, il avait à faire des rapports à l'empereur pour tous les changements de personnel et pour les nouvelles nominations de ministres et de fonctionnaires de toute la bureaucratie prussienne et impériale, d'une manière générale pour tous les faits de la politique intérieure. Il était par suite la terreur de tous les ministres, car c'était lui qui apportait la « corde de soie »; c'était lui la Parque qui était chargée de couper le fil de la vie à tous ceux qui avaient cessé de plaire, et quand il apparaissait chez un ministre avec « la fameuse lettre bleue », on eût dit qu'un spectre avait frappé à la porte : chacun savait que son heure avait sonné. L'une des missions les plus pénibles et les plus désagréables que M. von Lucanus ait eu à exécuter dans toute sa carrière officielle fut de se présenter dans l'après-midi du 17 mars 1890 chez Bismarck, et de s'informer, suivant l'ordre de l'empereur, « pourquoi la lettre de démission demandée le matin (par le général Von Hahnke) n'était pas encore arrivée ». Bismarck note railleusement dans ses *Mémoires* que von Lucanus s'est montré bien hésitant dans l'accomplissement de sa mission et on n'a aucune peine à le croire ! Son prédécesseur auprès du vieil empereur, le baron von Wilmowski avait occupé pendant de longues années ce poste de confiance et jouissait d'une grande considération en raison de sa compétence, de sa puissance de travail et de sa noblesse de caractère. Son emploi n'avait pas encore acquis cette réputation fâcheuse, car sous le vieil empereur les changements de personnel et surtout de ministres étaient beaucoup moins fréquents et moins soudains.

D'ailleurs, M. von Lucanus était lui-même un homme comme il faut, plein de tact et intelligent, qui remplissait bien ces fonctions difficiles. Dans les milieux conser-

vateurs, on ne l'appelait jamais autrement que le « pharma-
cien » parce que, paraît-il, son père était bourgeois et phar-
macien. L'empereur faisait grand cas de lui et beaucoup de
gens croyaient qu'il lui était « indispensable ». Cependant je
me rappelle que mon père me raconta combien il avait été
frappé de la froide indifférence de l'empereur lorsque von
Lucanus eut le malheur de se casser une jambe en sa présence et dut être transporté à son domicile. C'est une observation que j'ai pu faire fréquemment. Pour un souverain,
personne n'est indispensable. Même à la mort d'un vieux et
fidèle serviteur ou fonctionnaire, il n'éprouvera pas de douleur profonde, car l'empereur lui-même a dit un jour : « J'ai
déjà un successeur tout prêt pour chacun de mes fonctionnaires », et même si tel n'est pas le cas, il le croit tout au moins.
La disparition de l'un rend la place vacante pour un autre
et donne au souverain la possibilité de contenter un des nombreux candidats qui attendent depuis longtemps la succession
et, en même temps, de se procurer un nouvel instrument.
Je n'oublierai jamais l'indifférence ennuyée que montra l'empereur François-Joseph aux funérailles solennelles de l'un de
ses plus vieux et fidèles dignitaires de son entourage immédiat. On ne devrait jamais oublier ce qu'une vieille dame de
la cour russe, qui avait vu beaucoup de choses, disait un
jour : « Il y a des hommes bons et des hommes mauvais et
il y a les souverains,........ »

Mais les conséquences du système de Holstein, à savoir
des rapports commandés, devint particulièrement dangereux
dans les dernières années, lorsque ses lubies furent plus
nombreuses, que sa méfiance, je dirai même sa folie de la
persécution s'accrut de jour en jour. Les profanes peuvent
difficilement se faire une idée de son indépendance dans

l'exercice de ses fonctions. Je n'en citerai qu'un exemple. Il avait l'habitude de prendre au cours de l'été un congé de quatre semaines, qu'avec son caractère sauvage il allait passer en pleine forêt, dans quelque coin ignoré, ou sur les sommets de l'Engadine, la plupart du temps sans laisser d'adresse. Pendant ce congé, s'il arrivait que le secrétaire d'État[1] eût besoin d'une pièce importante et qu'il la demandât, on lui répondait : « M. le baron l'a enfermée, on ne peut pas l'avoir! » Je n'ai pas besoin d'ajouter que le secrétaire d'État n'insistait pas et qu'il n'aurait pas osé faire la moindre observation à son subordonné Holstein, lorsque celui-ci rentrait de congé, Il aurait pu s'en mordre les doigts !

Holstein montrait aussi peu de ménagements dans son attitude à l'égard des chefs de mission, ambassadeurs et ministres allemands, qui venaient de temps en temps à Berlin pour avoir une audience. Il laissait les uns faire antichambre des jours entiers avant de les recevoir ; les autres, il ne les recevait pas. Je connais des ambassadeurs et des ministres allemands que, pendant des années, il a persisté à ne pas recevoir, uniquement parce qu'il nourrissait à leur endroit quelques soupçons personnels. Et notez bien qu'il était le chef de la Section politique de l'Office des Affaires étrangères et qu'un entretien avec celui qui a effectivement dirigé sous plusieurs chanceliers la politique étrangère de l'empire aurait été pour eux de la plus grande importance et du plus haut intérêt. Je me rappelle encore un incident caractéristique dont j'ai été moi-même témoin à l'Office des Affaires étrangères. Je venais de me faire annoncer auprès de Holstein lorsque, dans le couloir où j'attendais, apparut un de nos ambassadeurs qui se trouvait en congé à Berlin

---

1. Le baron von Richthofen.

et qui avait également le désir de parler au chef tout-puissant de la Section politique, « l'Eminence grise » de l'Office des Affaires étrangères. A ce moment-là, l'huissier sortit du cabinet de Holstein. Je lui dis d'annoncer tout d'abord l'ambassadeur, en ajoutant que je pouvais attendre, ce que fit l'huissier ; mais celui-ci revint bientôt avec cette réponse pour l'ambassadeur : « M. le baron n'a pas le temps, M. le baron est en train de dicter » ; puis, se tournant vers moi, si bien que l'ambassadeur put l'entendre : « M. le baron vous prie d'entrer ». On s'imagine facilement combien ce procédé à l'égard du vieil ambassadeur me fut pénible, à moi jeune député au Reichstag. Du reste, lorsque mon père était chancelier et qu'en qualité de secrétaire privé j'avais certaines instructions à porter à l'Office des Affaires étrangères et à Holstein, il m'est arrivé à moi-même de voir celui-ci me fermer soudain sa porte sans en donner aucune raison, et cela pendant plusieurs jours. Mon père, à qui cette situation était très désagréable, s'informa auprès de Holstein de la raison de sa mauvaise humeur à mon endroit. Et qu'est-ce que nous apprîmes ? Il ne voulait plus me voir parce que j'avais employé, quelques jours auparavant, dans une conversation avec lui, sans aucune intention de marquer une supériorité, l'expression : « Je vous conseillerais ». Cette formule irrespectueuse selon lui d'un jeune homme à l'égard du vieux fonctionnaire qu'il était, l'avait blessé ; il y voyait de l'arrogance de ma part et ne voulait plus avoir affaire à moi. Telle était la susceptibilité de son caractère. Il fallut que mon père insistât pour le persuader de me recevoir de nouveau, et lorsque je lui eus moi-même affirmé qu'il n'y avait pas dans mes paroles la moindre intention maligne, nos vieilles relations de confiance furent rétablies. Malgré toutes ses lubies, les heures que j'ai passées auprès de ce vieillard intelligent, original, de fine culture, qui tenait entre ses mains les fils de la politique étrangère allemande, ont été pour moi du plus grand intérêt; et réellement on pouvait apprendre beaucoup à son contact. Il était avant tout un maître de style, qualité que le grand chancelier appréciait particulièrement chez lui. Et je n'étais pas peu fier quand je l'entendais louer une note dont j'étais l'auteur. D'une manière générale, son commerce m'intéressait beaucoup. Je me rappelle encore qu'il reçut un jour le comte Paul Hatzfeldt, alors ambassadeur à Londres. Je voulais m'éloigner lorsqu'il fut annoncé, mais Holstein me fit signe de rester et me dit : « Ecoutez, vous pourrez vous instruire ». Effectivement, la conversation entre ces deux hommes intelligents — Hatzfeldt est l'un des ambassadeurs les plus capables que nous ayons jamais eus à Londres — fut extrêmement instructive pour moi, car ils passèrent en revue toute la grande politique étrangère. Je les vois encore tous les deux : Holstein semblable à un vieux singe et en face de lui Hatzfeldt, un homme de haute taille, aux cheveux plats, grisonnants et un peu longs, aux pommettes saillantes et aux yeux bridés et malins qui rappelaient un vieux Mongol. Souvent, quand j'allais le voir et qu'il était appelé auprès du secrétaire d'Etat dont le cabinet n'était séparé du sien que par une porte, il me disait : « Asseyez-vous à mon bureau et lisez ce que vous voudrez ». Et je lisais alors les rapports des ambassadeurs et des ministres qui étaient sur sa table ou bien quelque circulaire rédigée par lui, etc... C'était généralement entre midi et une heure que je le voyais, surtout à l'époque où j'avais affaire à lui et où j'étais chargé de porter certaines instructions de mon père, chancelier d'empire, à l'Office des Affaires étrangères : on m'avait donné alors, pour régulariser les choses, le titre de conseiller de légation à ce Département. A ce moment-là, un petit conseil se réunissait souvent chez lui. On y voyait généralement le conseiller de justice Dr Fischer et M. von Huhn, de la « Kölnische Zeitung »; le premier, un jovial rhénan, le second un véritable Hun de stature, avec une forte barbe rouge flamme; souvent aussi August Stein de la « Frankfurter Zeitung », un homme imposant, dont l'extérieur rappelle celui d'Alexandre Dumas père, journaliste intelligent, toujours bien informé et parmi les fonctionnaires de l'Office des Affaires étrangères M. von Kiderlen, le Dr Hammann et tel ou tel autre des conseillers de la Section politique comme le comte Pourtalès [1], M. von Lindemann et quelques autres. On discutait alors avec animation toutes les questions importantes du jour, et non seulement de la politique extérieure mais aussi de la politique intérieure prussienne et impériale, et Holstein profitait de l'occasion pour se documenter exactement auprès des journalistes présents sur tout ce qui se passait, principalement sur certains détails de la vie privée des fonctionnaires, et aussi pour leur exposer ses conceptions. Il suivait très attentivement la presse allemande et étrangère aussi bien pour la politique extérieure que pour la politique intérieure et il aimait à l'influencer. Parfois aussi, il prenait lui-même la plume. Sa grande force dans ce domaine se manifestait au moment d'une crise ministérielle ou de chancellerie. Alors il observait les événements avec des yeux de lynx et il savait intervenir au bon moment. Mais il était profondément sensible à toutes les attaques dirigées contre sa personne par la presse. C'était pour lui une chose affreuse que le public parlât de lui; il en avait littéralement peur et quand cela se produisait, bien rarement d'ailleurs, il

---

1. Le futur ambassadeur à Pétersbourg qui, en août 1914, a eu la pénible mission historique de remettre la déclaration de guerre.

entrait dans une terrible agitation. Une campagne du « Kladderadatsch », journal satirique berlinois, contre lui, amena Holstein à provoquer en duel, d'ailleurs sans résultat, le comte Guido Henckel que Holstein supposait être l'inspirateur des attaques dirigées contre lui. Son témoin, qui remit la provocation, était le futur gouverneur général de la Belgique, général von Bissing; celui du comte Henckel était le comte Waldersee, le feld-maréchal prussien devenu célèbre comme commandant de la fameuse expédition internationale de Chine, mais surtout par les « lauriers anticipés » récoltés à cette occasion, l'un des généraux [1] politiciens les plus ambitieux et les plus dangereux qui aient fait partie de l'armée allemande dans les trente dernières années.

Cette peur véritablement maladive du public empêcha toujours Holstein d'accepter les fonctions de secrétaire d'Etat aux Affaires étrangères qui lui revenaient logiquement, puisqu'il avait, en fait, la direction entre les mains. Ces fonctions lui furent offertes par mon père et, plus tard aussi, je crois, à plusieurs reprises. Mais il les déclina toujours, et même il fallut lui imposer, pour ainsi dire, le titre d'Excellence, qu'il méritait depuis longtemps par le nombre de ses années de service, son âge et la situation qu'il occupait à l'Office; il ne l'accepta, si je me souviens bien, que dans les toutes dernières années de l'administration de mon père. Il offrait l'exemple curieux et rare d'un homme qui ne tient qu'à la puissance et non à ses signes extérieurs. Moins il avait besoin de mettre sa personne au premier plan, plus il lui importait d'exercer sa puissance dans la coulisse. Il me faisait toujours l'effet d'une araignée

1. Il n'a pas craint de faire lancer dans le *New-York Herald*, par l'intermédiaire d'un agent secret du nom de Normann-Schumann, des articles très désagréables contre l'empereur.

qui, postée dans quelque coin obscur, observe tout et ne perd pas de vue ses victimes; car il avait appris de son grand maître à haïr implacablement; il cherchait à nuire à celui qu'il haïssait et sa main a brisé prématurément la carrière de plus d'un diplomate allemand. Il n'est pas douteux pour moi, non plus, qu'il a contribué à susciter le fâcheux procès Eulenburg, si préjudiciable au bon renom de l'Allemagne à l'étranger, et sur lequel je ne veux pas revenir ici.

Bien que le prince Philipp Eulenburg ait été décrié, envié et haï comme favori et courtisan et qu'il ait possédé maint défaut qui l'exposait facilement à des attaques, il était loin de compter parmi nos plus mauvais diplomates. Il est sagement intervenu en différentes occasions, sans que le public en sût rien, et, dans la politique marocaine notamment, il a adopté un point de vue très plausible et a bien conseillé ou tout au moins cherché à bien conseiller l'empereur dans cette affaire. Personnellement, « Phili », comme on l'appelait, ne m'était pas précisément sympathique; son visage désagréable, au regard finaud, ses grandes mains molles, sa politesse un peu doucereuse et tout son genre ne m'inspiraient aucune confiance, et pourtant je ne puis pas dire que j'aie eu à m'en plaindre à l'époque où mon père et moi avions affaire à lui : il était alors ambassadeur à Vienne, mais il venait de temps en temps à Berlin et je le rencontrais aussi dans de nombreux endroits où se trouvait l'empereur. Ce que beaucoup de gens lui ont reproché, la haute faveur dont il jouissait auprès de l'empereur et son intimité avec le monarque, fut souvent profitable à l'Office des Affaires étrangères et au chancelier. Et cette heureuse influence n'était pas limitée au domaine de la politique étrangère; elle s'étendait à la politique intérieure allemande et prussienne, aux questions de personnes et à beaucoup d'autres choses; et justement parce qu'il avait plus que personne l'oreille de l'empereur, qu'il avait souvent l'occasion de lui parler longuement et sans être dérangé, il lui était plus facile qu'à personne d'éclairer l'empereur et d'agir utilement. Je me bornerai à citer la question de la réforme du code de procédure pénale militaire dans laquelle il intervint fort heureusement, bien qu'elle ne fût pas du tout de son ressort.

Il est exact qu'Eulenburg était un courtisan dans toute l'acception du mot. Il allait si loin dans cette voie qu'il ne parlait jamais de l'empereur autrement que sur le ton d'une affection et d'une admiration idolâtres, bien qu'il fût trop intelligent pour ne pas voir clair dans la personnalité et le caractère du monarque. Mais cela faisait partie du système et cela fait nécessairement partie, je crois, du système du véritable courtisan. Le courtisan qui veut conserver la faveur du souverain doit toujours veiller à ce que ses propos, quand ils concernent le monarque, puissent être rapportés à celui-ci, même par les envieux qui voudraient lui enlever cette faveur. Comme il savait, d'autre part, que le souverain écoutait volontiers les flatteries les plus grossières — à la différence de son grand-père, qui ne les aurait jamais supportées et à qui elles n'inspiraient que du dégoût — il pouvait y avoir intérêt pour lui parfois à ce qu'intentionnellement ou non on rapportât ses propos à l'empereur. Lorsque finalement il s'écroula sous les attaques de la « Zukunft » de Harden et fut obligé de se retirer, il dut faire de singulières réflexions sur l'ingratitude et la lâcheté des hommes et de son souverain, qui l'avait laissé tomber d'une manière jugée révoltante même par ceux qui n'étaient pas de ses amis et n'avaient pour lui aucune sympathie. Qu'y a-t-il eu derrière la campagne de Harden ? On ne le sait pas encore exactement; les Mémoires du baron Holstein pourraient peut-être donner des renseignements intéressants à ce sujet. Car il n'est pas douteux, pour moi, que Holstein a mis la main dans cette affaire; cela répondait à sa manière d'intriguer mystérieusement dans la coulisse. En tout cas, Harden et tous ceux qui y ont pris part n'ont pas précisément rendu service à l'empire, car la grande publicité donnée à tous ces faits a beaucoup nui au prestige de l'Allemagne et a été largement exploitée par ses ennemis de l'intérieur et de l'extérieur.

Dans d'autres occasions encore, Holstein a été, je crois, le *spiritus rector*, comme par exemple dans la grande campagne de presse dirigée contre l'empereur lui-même, après la fameuse affaire du « Daily Telegraph » (Le « Daily Telegraph » avait publié une conversation de l'empereur d'Allemagne avec un Anglais qui avait été soumise, avant l'impression, au chancelier prince de Bulow et dont l'impression avait été autorisée par celui-ci, soit qu'il n'en eût pas pris connaissance, soit qu'il ne l'eût pas examinée assez attentivement, mais qui, ensuite, avait déchaîné une véritable tempête dans toute la presse européenne).

Holstein a exercé une grande influence sur trois chanceliers, le comte Caprivi, mon père et le prince de Bülow, soit en raison de son expérience politique réellement considérable, soit par suite de la force suggestive de sa personnalité. J'ai rarement observé chez un homme un regard aussi étrangement fascinateur, et j'avoue sincèrement que j'ai dû souvent résister pour ne pas succomber à cette puissance magnétique qui émanait de lui. J'ai eu l'occasion de remarquer que mon père s'y abandonnait quelquefois et non pas à son avantage, comme il me l'a lui-même avoué plus tard, car ce qui manquait à Holstein, précisément à cause de son caractère méfiant, c'était l'objectivité du jugement. Il regardait tout, même la politique, d'un point de vue purement personnel et, dans tous les événements politiques, il cherchait toujours les motifs égoïstes et personnels des personnages en question. Cela aussi, il le tenait, dans une certaine mesure, de son maître.

Il est évidemment nécessaire pour l'homme politique et le diplomate de chercher à reconnaître dans une action politique les qualités, les habitudes et les intentions des personnages qui y jouent un rôle et de les faire entrer dans ses calculs; mais nous ne devons pas perdre de vue l'ensemble, ni les conséquences qu'une action politique déterminée peut avoir objectivement sur les relations entre les États, indépendamment des influences sur les personnes. En attribuant parfois aux personnes une importance exagérée — et il y a des situations où les circonstances sont plus fortes que les hommes — Holstein oubliait souvent l'enchaînement général des faits. On pourrait en donner maint exemple si un grand nombre des principaux acteurs de cette époque n'étaient encore en vie. Un cas tout à fait typique où un conseil de Holstein eut de vastes et fâcheuses conséquences pour l'empire d'Allemagne, ce fut le fameux voyage de l'empereur à Tanger, suivi du débarquement dans ce port, qui, conseillé par le prince de Bülow sur la suggestion de Holstein, ne fut entrepris par l'empereur qu'avec répugnance. Mais cela me mènerait trop loin d'examiner ici en détail la malheureuse politique marocaine. On pourrait écrire tout un livre à ce sujet. En tout cas, ce qui ne fait aucun doute pour les initiés c'est qu'elle constitue un des chapitres les plus désastreux de la politique étrangère allemande depuis une trentaine d'années et que Holstein en porte une très grande part de responsabilité, sinon la plus grande.

On voit maintenant avec une effrayante netteté les conséquences qu'elle a entraînées et on peut affirmer sans crainte que parmi les principaux responsables du déchaînement de la guerre mondiale Holstein n'est pas le dernier. Toute sa politique, en ce qui concerne la France, reposait sur des fondements absolument faux. Il croyait toujours avoir en face de lui la France d'après 1870, qu'il avait connue à Paris. Il était impossible de le convaincre de la fausseté de cette manière de voir sur laquelle il basait sa politique. Il ne savait pas qu'entre temps une France nouvelle, toute différente, s'était développée; il n'avait aucune idée de la vitalité et de l'énergie cachées qui subsistaient chez le peuple français et, comme la plupart des Allemands, il sous-estimait les effets que le service militaire obligatoire devait avoir sur ce peuple en cas de guerre; il ne se rendait pas compte qu'un peuple en armes qui lutte pour son existence est tout autre chose qu'une armée de mercenaires, comme celle du Second Empire. Claquemuré depuis des années dans son cabinet — j'allais dire dans sa cellule — de la Wilhelmstrasse, bornant de plus en plus ses relations à quelques personnes, ombrageux et sauvage, il avait perdu peu à peu tout contact avec la réalité extérieure et s'était forgé dans son cerveau une image bizarre du monde et un plan de politique étrangère qui ne cadrait plus avec la réalité et qui était véritablement dangereux. Il entrait dans ce plan la croyance qu'une entente était impossible avec la France, alors qu'elle était parfaitement possible; Delcassé, le même Delcassé dont la chute fut trompetée dans la suite comme un triomphe de la politique allemande, n'avait-il pas fait des démarches très significatives en vue d'un rapprochement très étendu et fort avantageux pour nous, mais ses avances avaient été repoussées par Berlin sur le conseil de Holstein! De même, on n'a pas voulu croire à la possibilité d'une entente pacifique avec l'Angleterre. On peut donc affirmer que cette malheureuse politique, inspirée par Holstein, a contribué essentiellement à créer la situation européenne qui a abouti à l'encerclement de l'empire d'Allemagne et finalement à la guerre mondiale.

Holstein menait cette politique d'un coin de son bureau, presque complètement caché au public. Ce n'est pas seulement dans le peuple qu'il n'était connu de nom que de quelques-uns: même parmi les diplomates étrangers accrédités à Berlin, il y en avait bien peu qui avaient eu l'occasion de le voir; pour la plupart d'entre eux, c'était une figure mystérieuse; et il y avait sans doute un grand nombre de fonctionnaires de son propre département, à plus forte raison des autres ministères berlinois ou des membres du Parlement qui ne l'avaient jamais vu. Chose invraisemblable, l'empereur lui-même est resté des années sans connaître Holstein et il a fallu un désir impérial formellement exprimé pour que, à l'occasion d'un petit dîner chez le chancelier, auquel Holstein avait été invité à cet effet, il fût présenté à l'empereur : rencontre où l'empereur réussit d'ailleurs à gagner complètement, tout au moins pour le moment, ce vieillard ombrageux et original. L'a-t-il gagné aussi au point de vue politique? J'en doute, car, tel que je l'ai connu, Holstein n'était pas homme à craindre de tenter, même vis-à-vis de son empereur, la méthode de l'intimidation, quand il la jugeait utile à la poursuite de la politique qu'il considérait comme juste. Je me rappelle qu'il a plusieurs fois essayé de persuader mon père d'employer ce système, dont l'exemple le plus frappant est l'affaire du « Daily Tele-graph », sous Bulow [1], que j'ai déjà mentionnée. Mon père a toujours refusé et si, en général, il écoutait volontiers, trop souvent à mon avis, les conseils de Holstein, il ne se laissa pas influencer par lui sur ce point. Il lui répondit alors qu'il était un monarchiste trop convaincu pour pouvoir jamais oublier qu'il avait affaire à son empereur, même quand il n'ap-prouvait pas certains de ses actes ou certaines de ses paroles, et pour se résoudre à employer de tels moyens contre son monarque, en vue de le conquérir à sa politique. Si l'on vou-lait indiquer la nuance politique de Holstein, il faudrait dire qu'il n'était ni démocrate, ni réactionnaire, ni ultra-conser-vateur. Il était monarchiste, mais il mettait la patrie au-dessus du monarque. Pendant de longues années où j'ai eu l'occasion de l'observer, j'ai acquis la ferme conviction que ses actes étaient réellement inspirés par le patriotisme alle-mand le plus pur. Qu'il se soit souvent trompé dans sa politique et que celle-ci ait été plutôt préjudiciable à l'em-pire d'Allemagne, c'est une autre question. Le mieux serait de dire, pour résumer ses conceptions politiques, qu'il était conservateur indépendant ; peut-être même pourrait-on lui donner l'étiquette de libéral, au sens du libéralisme de l'ancienne école, qui n'existe plus guère de nos jours. Il devait peut-être à un séjour aux Etats-Unis d'avoir secoué certains préjugés de sa caste et d'avoir acquis une vision plus libre des hommes et des choses. A quel moment de sa vie se place cette phase américaine et combien de temps a-t-elle duré ? Je n'en sais rien. Il en parlait rarement. Je me rap-pelle seulement qu'un jour, à l'occasion d'une visite faite à

<hr>

1. Le prince de Bülow a payé cher son attitude, car l'empereur ne la lui a jamais pardonnée et, quelques mois plus tard, il n'était plus chancelier.

mes parents pendant leur séjour d'été à Aussee, il raconta un soir, après une chasse au chamois, ses aventures américaines parmi les Indiens. J'étais alors à l'âge où l'on dévore les récits les plus invraisemblables et où l'on se met dans la peau des personnages de Cooper au point de croire en être un, et l'on peut s'imaginer l'impression que me firent ces récits et le respect avec lequel je considérais un homme qui s'était assis auprès du feu à côté d'un chef de Sioux, qui avait fumé avec lui le calumet de la paix ! Mais ce ne fut pas ma première rencontre avec Holstein. Je l'avais vu pour la première fois lorsque, à l'âge de 12 ans, en 1874, j'étais venu à Paris où mon père avait été nommé ambassadeur. Je me rappelle encore très nettement la méfiance et l'antipathie profonde que ma mère éprouvait contre Holstein, méfiance qu'elle lui a gardée jusqu'à la fin, et plutôt par un sentiment instinctif que par suite de faits bien déterminés. Nous avons vu, avec le temps, que ce sentiment était assez justifié. Quand je reviens, en effet, sur les années où Holstein possédait toute la confiance de mon père, je dois dire que l'influence qu'il exerça sur lui, de loin et de près, car il entretenait cette influence par correspondance, n'a pas toujours été pour le plus grand bien de mon père. Ce que ma mère ne lui a jamais pardonné, ce sont les dérangements qu'à chaque congé les télégrammes alarmants ou les lettres de Holstein causaient à mon père : une complication politique quelconque le mettait en émoi et il invitait mon père à mettre immédiatement fin à son congé et à regagner son poste. Mais ce qu'elle lui pardonnait moins encore, c'est qu'elle soupçonnait Holstein d'avoir conseillé au prince de Bismarck, en 1880, de rappeler mon père de Paris et de lui confier le secrétariat d'État des Affaires étrangères, fonctions qui, on s'en rend compte, comportaient sous Bismarck un travail gigantesque et qui, selon toute vraisemblance, devaient coûter à mon père sa santé. Nos prévisions se réalisèrent bientôt, car au bout de quelques mois, par suite du surmenage et aussi de l'insalubrité de son habitation, il tomba gravement malade du typhus et ne put retourner à Paris que longtemps après.

Enfin, il y eut la coopération de Holstein à la nomination de mon père comme chancelier d'empire. Ma mère estimait fort justement qu'à l'âge de 75 ans, avec une santé déjà affaiblie, mon père ne serait pas en état de porter le fardeau de ces nouvelles fonctions et elle fit tout pour l'empêcher d'accepter. Mais Holstein, voyant que les jours du comte Caprivi étaient comptés, avait lui-même contribué, au dernier moment, à sa chute et il faisait tout son possible maintenant pour avoir un chancelier dont il serait sûr qu'il le laisserait continuer son rôle d' « Eminence grise ». Il croyait, malheureusement non sans raison, avoir trouvé ce chancelier dans la personne de mon père et il travailla par tous les moyens, dans la coulisse, à faire aboutir sa candidature au poste de chancelier. Holstein, comme tous ceux à qui mon père accordait sa confiance, voyait venir avec un certain soulagement les fréquentes absences de ma mère. Même pendant que mon père était chancelier, elle n'avait rien changé à sa manière de vivre habituelle, qui comportait un séjour de la plus grande partie de l'été à Alt-Aussee. Holstein accueillit avec une véritable joie la nouvelle de sa mort, survenue en 1897, après une courte maladie. Je me rappelle, avec une netteté toute particulière, l'expression de Holstein lorsque, peu de temps après sa mort, il vint présenter ses condoléances à mon père. J'avais l'impression que, pour un peu, il l'aurait félicité au lieu de le plaindre; tant il était visible qu'il considérait sa disparition comme un bonheur.

Comme à cette époque, la position du comte de Bülow à la Cour n'était pas encore très solide et qu'il n'était pas absolument sûr qu'en cas d'une vacance de la chancellerie le choix de l'empereur se portât sur lui, Holstein, qui tenait à l'avoir — sans doute parce qu'il s'était déjà assuré que sous Bülow sa domination continuerait dans la coulisse — n'avait aucun intérêt à ce que mon père quittât le poste à ce moment-là. Pour Holstein, il y avait le danger qu'un caprice de l'empereur ou le succès de quelque intrigue de cour, tramée en secret et connue trop tard de Bulow et de Holstein, fît entrer soudain au Palais Radziwill, un Waldersee ou un autre général politicien ou un junker, ce qui eût mis fin au règne absolu de Holstein à l'Office des Affaires étrangères. Holstein ne se doutait pas alors que, quelques années plus tard, ce même Bülow, non seulement ne le protégerait point contre la corde de soie, mais contribuerait à le faire écarter. A vrai dire, Bülow sut si habilement se tenir à l'arrière-plan que Holstein, qui était pourtant méfiant comme personne, paraît être resté jusqu'à sa mort dans l'ignorance des vraies circonstances de sa chute ou tout au moins dans le doute sur le rôle que Bülow y a joué. Il n'est cependant pas impossible que ce fût là une illusion voulue, pour garder ainsi la possibilité d'entretenir des relations avec le chancelier même comme conseiller en retraite, et pour pouvoir continuer à jouer son rôle en secret. Il est probable que Bülow facilita lui-même cette illusion d'autant plus volontiers qu'il conservait ainsi les conseils de ce diplomate expérimenté, qui n'étaient point à dédaigner à l'occasion, et qu'il tenait à éviter l'hostilité de cet homme dont il savait que la vengeance serait terrible s'il apprenait que c'était à Bülow qu'il devait la perte de ses fonctions. Cependant, il est sans doute difficile d'admettre que le vieux

renard se soit fait des illusions sur la sincérité des protestations d'amitié de son chancelier ou qu'il se soit laissé
charmer par le sourire de la princesse Bülow au point de
ne pas écouter sa méfiance, pour la première fois dans sa
longue carrière.

Si je devais résumer en quelques traits la personnalité de
Holstein, je dirais que, surtout à l'époque ou j'étais en contact journalier avec lui, il m'a fait l'impression d'un homme
qu'il était difficile de connaître à fond, même quand on le
voyait de très près. Il m'a semblé souvent que sous cette écorce
dure qu'il montrait seule à la plupart de ses visiteurs, il
pouvait y avoir, soigneusement cachés, une nature délicate
et un bon cœur. Sa peur des hommes et du public et sa susceptibilité excessive me paraissaient venir de là. Peut-être
avait-il subi des déceptions qui l'empêchaient à tout jamais
de se confier aux autres. Je me rappelle qu'une fois quelqu'un, qui connaissait son passé, avait fait des allusions à
un roman d'amour qui aurait eu une fin malheureuse pour
lui et qui en aurait fait pour toujours un vieux garçon aigri
et un misogyne. Malgré cela, il ne détestait pas absolument
la conversation des dames et il y en avait à Berlin quelques-
unes, qui n'étaient pas à vrai dire de jeunes femmes, qu'il
allait voir régulièrement et à l'amitié desquelles il attachait
le plus grand prix. Mais s'il pouvait se montrer parfois tendre et délicat dans l'intimité, il était dur, cruel, implacable
dans les luttes politiques. Là, il ne connaissait aucun ménagement et on avait le sentiment que si, par exemple, nous
avions été à l'époque de la Renaissance italienne, il n'aurait reculé devant aucun moyen violent pour atteindre
son but. Le trait principal de son caractère était le désir de
la puissance et de la puissance en soi, car il renonçait volon-

tiers aux apparences. Mais cette puissance il la cherchait, j'en reste convaincu, pour la jouissance que donne le sentiment de la posséder et, d'autre part pour s'en servir non pas à des fins égoïstes, comme par exemple de s'enrichir ou d'accumuler les titres et les honneurs, car il ne voulait rien pour lui, mais dans l'intérêt de sa patrie allemande.

Si, malgré ses intentions idéales, le résultat a été tout autre et si l'époque de sa domination à l'Office des Affaires étrangères et de son influence presque illimitée sur la direction de la politique extérieure allemande est une des phases les plus désastreuses de l'histoire de cet Office, cela vient de sa personnalité dont les défauts l'emportèrent peu à peu sur les qualités et s'accrurent avec l'âge, au point que l'on finit par se demander si on avait à faire à un homme absolument normal. Quand parfois je voyais ses méthodes et que je cherchais à comprendre comment cet homme qui, de par sa naissance et son éducation, devait avoir reçu d'autres principes, pouvait, dans l'exercice de sa puissance, commettre d'aussi graves errements moraux, je me demandais souvent : est-ce que cela fait partie du métier ? Est-il impossible en politique, et notamment en politique étrangère, de travailler avec des moyens convenables ? La politique et la morale sont-elles réellement incompatibles ? Et malgré son exemple je n'ai jamais pu me résoudre à répondre à ces questions par l'affirmative. Je continue à croire qu'en politique aussi, c'est avec des principes et des moyens moraux et honnêtes que l'on réussit le mieux.

Quoi qu'il en soit, Holstein vivra dans l'histoire de l'Office des Affaires étrangères comme l'une des personnalités les plus étranges et les plus mystérieuses qui aient officiellement fait partie de cet Office. Je ne sais pas si ce que j'ai entendu dire à Berlin est exact, à savoir que les documents laissés par le baron Holstein, comprenant plusieurs caisses de pièces, notes et correspondance, etc.., qu'il avait légués tout d'abord à une vieille amie, Mme von Lebbion, ont été détruits pendant la révolution, sous l'inspiration de la peur ou d'un patriotisme mal compris, par la personne qui en avait pris possession après la mort de Mme von Lebbien. Si ce bruit était exact, il faudrait le regretter vivement au point de vue historique, car on aurait détruit ainsi une des sources les plus précieuses et même irremplaçables que l'historien aurait pu avoir sur les quarante dernières années de la politique extérieure et intérieure de l'Allemagne et de la Prusse et, en particulier, sur le règne des trois premiers empereurs du nouvel empire bismarckien. Holstein entretenait une correspondance étendue avec presque tous les autres diplomates allemands, avec de nombreux fonctionnaires de l'administration intérieure et de la justice prussiennes, avec lesquels il s'exprimait souvent dans un langage très net et très vigoureux. Si, comme on l'a dit, ces papiers ont été réellement détruits, il n'est pas invraisemblable que certains personnages de l'ancien régime, que ces documents gênaient, aient exercé leur influence pour les faire disparaître. Car je n'ai aucune peine à croire qu'on pouvait y trouver maintes choses qui ne seraient pas particulièrement agréables aujourd'hui aux auteurs des lettres en question, mais malgré cela, ou plutôt à cause de cela, je regrette beaucoup cette perte, car lorsque la vérité sort du puits toute nue, elle ne paraît laide qu'à ceux qui ne l'aiment pas. En ce qui concerne le patriotisme sur ce point, j'estime que précisément quand on aime vraiment son pays et ses compatriotes et qu'on a le désir de les voir prospérer et progresser, on doit désirer que les fautes, et même les crimes qui ont pu être commis dans son administration ou dans sa politique étrangères soient connus de tous : cette publicité est nécessaire pour qu'un peuple devienne majeur et capable de choisir les chefs les meilleurs et les plus dignes, et pour qu'une république démocratique puisse prospérer, car sans bons chefs elle est encore plus mauvaise que la pire monarchie : Il faut que les peuples, comme les enfants, commencent par apprendre à marcher.

RÉFLEXIONS SUR LA DIPLOMATIE.

Déjà dans les dernières années qui ont précédé la guerre, plus encore au cours de la guerre mondiale et surtout après l'effondrement de l'ancien régime, le public n'a cessé de rendre notre diplomatie responsable de tous nos malheurs. On est même allé jusqu'à dire que la guerre avait été perdue par la diplomatie allemande. Il serait évidemment injuste de vouloir absoudre complètement les diplomates ; ils ont certainement une bonne part de responsabilité dans le fait que les « jours de splendeur » vers lesquels Guillaume II promettait un jour de nous mener, ont été tout autre chose; mais leur responsabilité dans le malheur de l'Allemagne n'est pas aussi exclusive qu'on le prétend parfois. Tout d'abord, nous ne sommes pas seuls à cet égard; d'autres pays ont eu leurs mauvais diplomates. Je ne veux pas parler de nos adversaires dans la guerre, dont le corps diplomatique ne se composait pas uniquement de Talleyrands et de Bismarcks. Il n'en reste pas moins que la diplomatie allemande a été particulièrement insuffisante. Le profane ne peut se faire une idée du dilettantisme, de l'incapacité, de la légèreté véritablement criminelle encore que partiellement inconsciente, avec lesquels nos diplomates ont engagé la destinée de millions d'êtres humains ; mais celui à qui il a été donné de jeter un regard dans la coulisse n'a pas été le moins du monde surpris par ce qui est arrivé, car il savait que cela devait arriver, aussi sûrement et fatalement qu'un grand transatlantique moderne, avec ses machines compliquées, son nombreux personnel et sa formidable vitesse, sombrerait au premier voyage s'il était sous le commandement d'un jeune homme inexpérimenté, dépourvu de toute connaissance de la navigation, ou monté par un personnel d'ingénieurs et d'officiers incapables. Quand je me rappelle maintenant non seulement quels étaient les gens qui menaient les affaires diplomatiques, mais encore comment ils menaient ces affaires et combien peu d'entre eux avaient reçu l'éducation et la culture nécessaires pour les comprendre, je ne m'étonne plus que d'une chose, c'est que tout ce système n'ait pas abouti beaucoup plus tôt à une catastrophe.

On a fait à l'ancien système en Allemagne, dans la presse comme au Reichstag, cette critique que le gouvernement et le monarque prenaient leurs diplomates exclusivement dans l'aristocratie et on a ajouté que c'était là la raison de leurs insuccès. Mais il y a lieu de faire des réserves sur ce point. Avant la guerre déjà, la carrière extérieure n'était nullement réservée à la noblesse. Alors déjà, des bourgeois étaient entrés à l'Office des Affaires Étrangères et dans la diplomatie, principalement les fils des grands industriels et des riches commerçants. Sans doute, beaucoup de ces bourgeois portaient le « von » ou un titre de baron devant leur nom, car, chez ces « arrivés » la fierté du bourgeois devant les trônes avait depuis longtemps disparu et au lieu de s'enorgueillir de leur nom, auquel plus d'un avait acquis honneur et considération par des années de dur et honnête travail, beaucoup d'entre eux ne connaissaient pas d'ambition plus haute que de procurer à leurs fils un titre de noblesse, qui, on le sait, pouvait s'acheter sous l'ancien régime, et de les faire admettre comme membres d'un corps « féodal », dans l'espoir qu'ils feraient leur carrière plus tard grâce aux relations qu'ils s'y seraient acquises. En réalité, peu à peu le corps des Borusses à Bonn, peut-être encore les Saxo-Borusses de Heidelberg qui leur étaient affiliés et, à un moindre degré, les Saxons de Götingue en vinrent à être considérés comme une pépinière de futurs ambassadeurs et ministres. Quand, en plus, on arrivait à faire son année de service militaire dans un régiment de cavalerie de la garde et à y être admis comme officier de réserve, on pouvait considérer sa carrière comme assurée. La question de savoir si l'on avait appris quelque chose à l'université ne venait qu'en second lieu. Quand un jeune homme était passé par ces deux stades, le corps et la garde, il pouvait alors compter sur quelque protection, qu'il trouvait facilement chez ses anciens camarades de corps déjà installés dans quelque coin confortable de la diplomatie ou de l'administration. (L'administration passait également pour « chic »; par contre, la justice était abandonnée aux bourgeois). Il n'y avait qu'une condition, il fallait ne pas être Juif, même si on était le rejeton d'une vieille dynastie comme celle des Rothschild. Cependant, ce n'était pas là un obstacle insurmontable, car si le père ou le grand-père s'était fait baptiser — ce qui eût été bien invraisemblable chez un Rothschild — et si le fils avait, avec l'argent paternel, ravivé l'éclat pâlissant de quelque famille noble en épousant l'une des filles, alors on oubliait la race, à moins qu'elle ne fût trop accusée par la forme du visage.

Dans l'ensemble, cette noblesse diplomatique de fraîche date avait l'esprit plus « junker » que la vieille noblesse, c'est-à-dire qu'elle était atteinte des défauts des junkers sans posséder leurs qualités. En tout cas, ce genre de rajeunissement fut plutôt préjudiciable à la diplomatie. Je préfère dix fois un véritable junker ou bien un jeune homme d'une maison médiatisée, qui a appris quelque chose, à un parvenu de ce genre. C'est une faute de ne pas tenir compte de l'origine et de la tradition, et Schopenhauer a raison de dire que c'est être « borné et ridicule que de ne pas vouloir regarder de qui on est le fils ». Celui dont les ancêtres ont eu de hauts emplois dans l'Etat et se sont occupés des affaires politiques depuis des siècles, qui est le fils d'un diplomate ou d'un homme d'État, sera naturellement, selon toute vraisemblance, plus apte à la diplomatie que celui qui sort d'une famille de marchands, d'artisans, d'ouvriers ou de paysans. J'ai toujours constaté que les jeunes gens de vieille famille noble savaient en général mieux entrer en contact avec la classe ouvrière et mieux comprendre ses besoins et ses détresses, en un mot, savaient être plus justes qu'un parvenu de la bourgeoisie; et de même ces jeunes gens étaient plus faciles à employer à l'étranger et plus utiles dans la carrière diplomatique que les éléments bourgeois des milieux d'industriels ou de commerçants enrichis. On comprend facilement que celui qui est habitué, dès sa jeunesse, à considérer « le grand monde » des capitales étrangères comme sa sphère naturelle, y évoluera plus librement et ne se laissera pas aveugler par maintes choses qui en imposent à un parvenu. Naturellement, il y a ici encore des exceptions et j'ai connu dans notre service diplomatique des comtes et des princes incapables et des bourgeois très capables. Cela dépend toujours des qualités de l'individu.

Dès que ce jeune diplomate était envoyé à l'étranger, il faisait tout de suite tout son possible pour être reçu dans les milieux aristocratiques ou ploutocratiques et il consacrait à cela plus de temps qu'aux choses utiles. Evidemment, il aurait été mieux en mesure de connaître l'âme du peuple au milieu duquel il vivait s'il avait essayé d'entrer en contact avec toutes les classes de la population, au lieu de s'abandonner exclusivement au snobisme de la « haute société » internationale. Quand ce jeune homme arrivait comme attaché d'ambassade, c'était un heureux hasard s'il parlait ou écrivait avec une certaine correction au moins une langue étrangère, le français ou l'anglais, car alors son chef l'employait volontiers à dresser les listes d'invitations ou à lire les journaux quotidiens, à en faire des extraits ou à lui en donner un résumé verbal. Quant à l'envoyer dans un parlement pour qu'il fît un rapport sur une séance, c'était là une tâche qui dépassait ses forces quand il connaissait la langue étrangère aussi peu que la plupart des jeunes gens de chez nous ; et ce qui accroissait encore la difficulté, c'est que le jeune homme n'avait pas, la plupart du temps, la moindre idée de la situation des partis politiques du pays, attendu qu'il ne restait que très peu de temps à son poste et avait à peine l'occasion de se documenter.

Si les résultats obtenus par la diplomatie allemande n'ont pas été brillants, cela ne vient pas de ce qu'elle aurait été trop aristocratique. Et ce n'est pas parmi les aristocrates de la précédente génération qu'elle a eu ses plus mauvais ambassadeurs ; je me bornerai à rappeler des hommes comme le comte Paul Hatzfeldt, le prince Münster, comme mon père, qui est allé à Paris trois ans après la fin de la guerre franco-allemande et a su, en peu de temps, rétablir les meilleures relations entre les deux gouvernements. Est-ce que par hasard le premier secrétaire de nom bourgeois que nous ayons eu à l'Office des Affaires Étrangères et qui a été accueilli avec une telle joie par le Reichstag, M. Zimmermann, a obtenu beaucoup de succès? Je me borne à rappeler son malheureux télégramme à Bernstorff dans l'affaire mexicaine, qui n'a pas peu contribué à nous amener la déclaration de guerre des Etats-Unis. Est-ce que ce secrétaire d'Etat bourgeois a montré plus de force de résistance devant l'empereur et les généraux?

En ce qui concerne les représentants actuels du Reich à l'étranger, je me permets de dire que messieurs les ambassadeurs se prennent un peu trop au sérieux, quand ils se croient encore de véritables ambassadeurs comme au temps où Metternich et Talleyrand ourdissaient leurs intrigues, où l'on voyageait en chaise de poste, où il n'y avait ni journaux, ni télégraphe, ni téléphone, ni radios, ni avions. A ce moment-là, un ambassadeur et un ministre étaient encore quelque chose; ce qu'ils communiquaient au gouvernement étranger avait réellement de la valeur et présentait un intérêt pour ce gouvernement. Celui-ci apprenait ainsi réellement quelque chose de nouveau. Lorsqu'il n'y avait pour ainsi dire point de journaux, quiconque venait de loin était déjà de ce fait un homme intéressant. Il pouvait raconter des choses que les gens ne savaient pas encore; il pouvait, pour la même raison, en faire accroire aux gens; et il avait alors quelqu'un derrière lui, car il était la plupart du temps le mandataire d'un monarque qui dirigeait lui-même sa politique étrangère. Mais qu'est-ce que l'ambassadeur d'Allemagne a aujourd'hui derrière lui? un gouvernement qui s'estime heureux qu'on lui laisse la vie, qui dépend lui-même de personnages beaucoup plus puissants que lui, les grands financiers, les grands éditeurs de journaux, les grands industriels, dont les ministres sont les pantins, qui créent par leur presse l'opinion publique et qui, en un mot, détiennent la puissance réelle.

En ce qui concerne leur représentation, il y avait autrefois intérêt à ce qu'un ambassadeur possédât un bon cuisinier, de bons chevaux et autres choses de ce genre. La politique se faisait alors dans les salons et chacun devait se sentir chez lui sur le parquet de la Cour. Aujourd'hui, tout cela a disparu à peu près complètement et on ne comprend pas qu'un ambassadeur d'aujourd'hui se croie le même ambassadeur qu'autrefois parce qu'il a le même titre, qu'il habite dans la même maison et que le même cérémonial est observé à son arrivée et à son départ. Les ambassadeurs d'aujourd'hui ne sont, en général, que les porte-parole de leur premier ministre; ce qui n'empêche pas d'ailleurs que la personnalité des représentants diplomatiques ait joué un rôle sur les principaux théâtres de la grande politique. La réforme de l'Office des Affaires étrangères, principalement en ce qui concerne nos représentants à l'étranger, devra être profonde. Lorsqu'on s'attaquera à cette réforme, qui a été annoncée à plusieurs reprises dans les dernières années, en particulier à celle du service consulaire, il faudra consulter, comme experts, les Allemands qui sont installés depuis longtemps dans les pays étrangers, qui en connaissent exactement la situation économique et politique et, par suite, sont le mieux à même d'apprécier quel doit être l'homme qui y représentera les intérêts allemands au nom de son gouvernement. Ce n'est qu'alors que l'on pourra compter avoir une représentation diplomatique qui nous a manqué malheureusement jusqu'ici dans beaucoup de pays d'outre-mer. Il faudra tenir compte aussi de l'éducation et de la tradition. Ce qui demeure l'essentiel, c'est que le personnage qui sera à la tête de l'Office des Affaires étrangères soit vraiment un homme, qui sache ce qu'il veut et se rende clairement compte de la politique que demande aujourd'hui la situation du peuple allemand. Mais cet homme même n'obtiendra aucun succès, si non seulement le gouvernement qui est derrière lui mais encore le peuple tout entier ne rompt pas avec le passé et ne s'engage pas dans les voies nouvelles. Car la tâche qui consiste à rendre au nom allemand dans le monde civilisé l'estime et la confiance perdues est plus grande et plus difficile que ne le soupçonnent la plupart des Allemands. La reconstruction à cet égard ne peut réussir que si nous envoyons à l'étranger des hommes absolument nouveaux, qui se mettent à l'œuvre avec un esprit nouveau. Il ne s'agit pas d'envisager les titres qu'ils apportent, mais leurs capacités et surtout leur caractère. Dans l'ensemble, jusqu'à ces temps derniers, on n'a rien fait de sérieux pour montrer ce « nouvel esprit » ; aussi n'est-il pas surprenant qu'à l'étranger l'on doute encore beaucoup de la réalité du changement qui serait survenu en Allemagne et de la sincérité de la politique allemande. Comment en serait-il autrement, quand il règne dans le peuple allemand une ignorance aussi incroyable sur tout ce qui se rapporte à la politique étrangère, tant pour le passé que pour l'avenir. Comment les Allemands comprendraient-ils soudain quelque chose à la politique étrangère quand on continue le même commerce de cachotteries et quand on leur dissimule soigneusement la vérité, comme auparavant ?

L'EMPEREUR GUILLAUME II

« Ne vous reposez pas sur les princes, ce
sont des hommes qui ne peuvent rien ».

(Psaume 146).

Pour un Allemand qui veut dire la vérité et ne pas avoir
l'air de jeter des pierres à une grandeur déchue, qu'il
n'avait peut-être pas eu le courage de critiquer, lorsqu'elle
était au faîte de la puissance, ce n'est pas chose facile que
d'écrire sur Guillaume II. Car, si incroyable que cela paraisse,
beaucoup d'Allemands continuent à ignorer à peu près tout
de sa personnalité. Soit par un sentiment monarchique inné
et développé par les siècles, soit par l'effet de la propagande
active et méthodique des monarchistes et des réactionnaires,
ils croient que la catastrophe et la misère de la situation
actuelle en Allemagne ne sont que la conséquence de la révolution et que la seule possibilité d'une amélioration réside
dans le retour à la monarchie et à l'ancien système.

Et cependant il y a des limites à la réserve, et il serait
fâcheux que, par des égards mal compris pour la destinée
personnelle de l'empereur, celui qui veut écrire l'histoire de
son temps se crût obligé de taire ce qu'il pense de lui. Le
peuple allemand tirera-t-il jamais la leçon des expériences
tragiques des dix dernières années si on lui met systématiquement un voile devant les yeux et si on lui dissimule les
fautes de ceux qui, sciemment ou non, l'ont conduit à

l'abîme. Comment sortira-t-il de cet abîme, si ceux qui connaissent ou croient connaître une partie de la vérité sur l'histoire de ce dernier quart de siècle n'ont pas le courage de la mettre au jour ou s'il n'a pas lui-même la volonté d'apprendre la vérité et de la regarder en face. « Un grand peuple doit être assez fort pour supporter la vérité »; écrivais-je, en 1907, dans la préface de la traduction française des *Mémoires* de mon père, et mon opinion n'a pas varié. La falsification systématique de l'histoire, qui ne date pas d'aujourd'hui en Allemagne, ne peut qu'accroître le malheur et le faire durer ; car un peuple que l'on berce d'illusions ne peut pas guérir : il va nécessairement au-devant de nouvelles déceptions, plus profondes et plus dures encore. On devrait surtout éclairer la jeunesse allemande, qui est le peuple allemand de demain, sur les faits et sur les personnes qui ont poussé le peuple allemand dans la voie désastreuse qu'il a suivie dans les vingt dernières années, alors qu'après 1870 il paraissait devoir se développer si brillamment et marcher vers un si grand avenir. Si l'on maintient la jeunesse allemande dans cette voie, si les hommes que le peuple allemand, aveuglé par l'essor matériel de l'Allemagne à cette époque de son histoire, a suivis avec une confiance absolue pendant ces longues années, continuent à être représentés comme les auteurs de cette prospérité et si l'on oublie de signaler aussi leur part de responsabilité dans l'épouvantable catastrophe finale, alors l'Allemagne doit s'attendre à un malheur pire encore, peut-être à sa perte définitive.

On a beaucoup écrit ces dernières années sur Guillaume II mais surtout on a publié les souvenirs de personnages disparus ou encore vivants qui l'ont approché jadis, et ceux-ci l'ont jugé avec une franchise qui a surpris et même douloureusement ému certains milieux et qui a valu aux auteurs encore vivants certains désagréments de la part des membres de leur caste.

Quand on jette un regard rétrospectif sur les vingt-cinq années de règne de Guillaume II, depuis le moment où il s'est débarrassé de la tutelle de Bismarck et est devenu son « propre chancelier », on constate sans doute en Allemagne un accroissement prodigieux du bien-être et une situation de brillante apparence; mais quand on y regarde de plus près, on peut noter en même temps une décadence morale et intellectuelle qui portait déjà les germes de l'empoisonnement qui a gagné aujourd'hui une grande partie du peuple allemand. Les observateurs clairvoyants pouvaient remarquer déjà des symptômes qui devaient leur faire redouter certains dangers. L'incohérence de plus en plus évidente de de la politique extérieure allemande, la malheureuse habitude de l'empereur de se mettre au premier plan, ses discours perpétuels, souvent maladroits ou agressifs, qui choquaient les Allemands comme les étrangers, que l'on excusait en Allemagne, avec un hochement de tête, comme des « déraillements oratoires » de sa nature impulsive, mais que l'on prenait au sérieux à l'étranger ou que certains hommes d'État savaient exploiter pour créer une atmosphère hostile à l'Allemagne, l'impression grandissante que dans le choix des fonctionnaires responsables ainsi que dans la nomination aux postes diplomatiques et militaires les plus importants les considérations de personne avaient plus de poids que l'intérêt du pays, tout cela et beaucoup d'autres choses qui se passaient dans la coulisse et n'étaient connues que des initiés commençaient à éveiller chez les bons patriotes et même chez certains partisans convaincus de l'idée monarchique une inquiétude croissante et de graves préoccupations pour l'avenir.

Quelques années avant la guerre, j'ai rencontré un jour à l'étranger un vieux diplomate allemand expérimenté, que j'avais connu comme secrétaire de légation à Paris, et qui, peu de temps après le départ de Bismarck, avait pris sa retraite comme ambassadeur. Je me rappelle, comme si c'était d'hier, que ce diplomate, qui venait de Berlin et avait eu un entretien avec l'empereur, me fit cette confidence, qui laissa en moi une profonde impression : « Croyez-moi, prince, nous pourrons nous estimer heureux si nous voyons la fin du règne de cet empereur, sans que survienne une catastrophe. Les choses ne peuvent plus continuer longtemps ainsi à Berlin ». Je n'ai pu m'empêcher de penser souvent à ces paroles ainsi qu'à celles d'un autre bon monarchiste prussien, M. von Köller, qui unissait en lui toutes les qualités d'un conservateur prussien de race à celles d'un homme d'État intelligent, de sentiments réellement nobles. Il était alors président de la Chambre des députés prussienne. Dans une conversation qu'il eut en ma présence avec mon père, à l'époque où celui-ci était chancelier, il fut question de la possibilité menaçante d'une guerre contre la France et la Russie. M. von Köller dit alors : « Dieu nous préserve d'une guerre tant que Guillaume II sera sur le trône, car il perdra la tête, il est lâche ». Je me rappelle nettement encore combien nous fûmes frappés, mon père et moi, de ce propos sortant de la bouche de cet homme. L'opinion que Bismarck exprime au troisième livre de ses *Pensées et Souvenirs* sur le caractère de ce monarque, comparé à celui de son grand-père, le confirme pleinement.

Je n'ai pas l'intention d'examiner longuement ici la question de la responsabilité de l'empereur dans la guerre. On a écrit tant de choses dans les deux sens qu'on pourrait remplir de ces discussions toute une bibliothèque. La solution de la question a été, selon moi, trop simplifiée. Les masses ont l'habitude de réduire l'histoire à quelques noms, alors que les événements historiques sont très complexes. Les uns, comme nos adversaires, dans l'intérêt de leur cause, ont vu ou prétendu voir en Guillaume II le seul responsable de tous les malheurs qui se sont abattus sur le monde; les autres, au contraire, l'ont représenté comme un monarque pacifique, poussé à la guerre, contre sa volonté, par la pression de l'opinion publique allemande et d'une clique guerrière dans son entourage et dans l'armée. Ces deux manières de voir sont fausses. Sa culpabilité est grande; je vais même jusqu'à dire qu'avec un autre monarque sur le trône, la guerre n'aurait peut-être pas éclaté en 1914. Mais c'est une erreur de dire, comme on l'a publié à l'étranger, comme on l'a cru et le croit encore, que l'empereur ait sciemment préparé la guerre depuis [illegible] et qu'il ait été la force décisive, au dernier mo[ment] [illegible] ration de guerre. Il n'a pas été dava[ntage] [illegible] naire que peignent encore beaucoup [illegible] livres et que se représentent beaucoup d'es[illegible] Je reste convaincu que les sentiments pacifiques qui s'exprimaient à l'occasion dans certains de ses discours antérieurs étaient réellement sincères et qu'il aurait autant ou mieux aimé être célébré comme « l'empereur de la paix » et garder cette appellation dans l'histoire que de porter le nom de « Seigneur de la guerre ». Toute sa nature, dont le courage personnel n'était pas la qualité dominante, en quoi il différait de beaucoup de ses ancêtres, le portait plutôt à se contenter de la petite guerre et des victoires sur le terrain de manœuvres où l'on tire à blanc. On peut donc en croire les initiés quand ils affirment qu'en été 1914 les généraux ont été obligés de lui arracher par de longues discussions son consentement à la déclaration de guerre à la Russie, qui signifiait la guerre mondiale.

Mais une chose demeure impossible, à mon avis : c'est de l'absoudre complètement. Cela ne serait pas conforme à la vérité. N'était-il pas, en effet le « seigneur suprême de la guerre », à qui la constitution allemande avait donné le pouvoir de décider de la paix et de la guerre, avec la responsabilité morale qui en dérive. S'il était réellement l'autocrate qu'il se plaisait à paraître en toute occasion, pourquoi n'a-t-il pas alors exercé sa puissance et, d'un mot, remis à leur place les généraux avides de guerre ? Pourquoi n'a-t-il pas au bon moment agi sur le gouvernement autrichien, auprès de qui un mot de lui aurait suffi pour empêcher la folle de l'ultimatum à la Serbie avec toutes ses conséquences ? Comment peut-on comprendre qu'après avoir lu le texte de la ré[ponse du gouverne]ment serbe à l'ultimatum autrichien [le 25 juillet à] 6 heures du soir, texte remis [au gouverne]ment allemand par le ministre de Ser[bie à Berlin, ait é]crit, le 28 juillet 1914 à 10 heures du [matin, au bas] de cette réponse la réflexion suivante : « Ainsi tombe toute raison de guerre, et Giesl [1] aurait pu tranquillement rester à Belgrade. Dans ces conditions, je n'aurais jamais ordonné la mobilisation [2] ». Comment peut-on comprendre qu'il ait rédigé de longues instructions pour le secrétaire d'État von Jagow dans lesquelles il développait une proposition positive tenant compte de la nouvelle situation créée par la soumission inattendue des Serbes ? Dans ces instructions, il répétait que dorénavant « les désirs de la monarchie danubienne étaient réalisés » et que « toute

---

1. Le ministre d'Autriche en Serbie.
2. Documents allemands n° 271.

cause de guerre disparaissait » (souligné dans l'original). Il avait écrit dans le même sens au chef du grand état-major, comte Moltke [1]. Et malgré tout cela, deux jours plus tard, il se laissait arracher l'ordre de mobilisation (qui, suivant la théorie des généraux, on le sait, signifiait la guerre). A vrai dire (d'après les Notes du général von Moltke qui viennent d'être partiellement publiées) il paraît avoir chancelé encore dans sa résolution et avoir donné quelques instants après un contre-ordre que Moltke refusa d'exécuter. Puis il aurait fait téléphoner aux quartiers généraux de s'arrêter une heure devant la frontière française et belge, ordre que Moltke refusa également d'exécuter. Ce n'est qu'à 10 heures du soir, après l'arrivée d'un nouveau télégramme d'Angleterre qui avait modifié ses sentiments, qu'il laissa les mains libres à l'état-major.

Pourquoi n'a-t-il pas accepté la proposition contenue dans le télégramme de l'empereur Nicolas, en date du 29 juillet 1914 (que le gouvernement allemand a, soit dit en passant, soigneusement caché au public et qui n'a été connu que beaucoup plus tard), proposition tendant à soumettre au tribunal d'arbitrage de La Haye la solution du conflit entre l'Autriche et la Serbie ? Bref, s'il était aussi pacifique que le représentent maintenant ses quelques partisans en Allemagne et, chose curieuse, aussi certains socialistes majoritaires, pourquoi n'a-t-il pas, au moment décisif, prononcé le « non » qui eût sauvé la vie de millions d'hommes, de millions de jeunes gens dans le monde entier, qui eût épargné aux peuples le cataclysme qui s'est abattu sur eux et qui a fait reculer la civilisation de plusieurs siècles peut-être, qui, en tout cas, l'a arrêtée ? Or il n'a pas prononcé ce « non », et c'est

____

1. Documents allemands n° 293.

là sa faute, si l'on admet que l'homme est libre de ses actes, qu'il a la possibilité de choisir ses décisions et qu'il n'est pas lié d'avance par l'enchaînement de circonstances déterminées, par le caractère reçu de ses ancêtres, etc... On doit laisser à chacun le soin de trancher cette question d'après sa propre philosophie. En tout cas, un fait demeure : c'est que, de bon gré ou à contre-cœur, conscient ou non de toute la portée de sa décision, il s'est décidé pour la guerre et que par suite, il en a assumé la responsabilité. Il est très probable, étant donné son caractère, qu'il ne s'est pas senti à l'aise à ce moment-là. Mais, quand le drame eut commencé, l'acteur se réveilla en lui, et il étourdit son angoisse par des discours. Il a dû penser à 1870 et à son grand-père et il s'est complu dans le sentiment de vivre l'histoire et dans le rôle d'acteur principal de la tragédie.

Lorsqu'au début la guerre parut marcher à merveille pour les armes allemandes, il put se voir entrant en vainqueur dans Paris et passant sous l'Arc de Triomphe. Et puis le confort du quartier général accrut en lui le sentiment de la sécurité et son entourage éloigna de lui toutes les choses désagréables, ne lui communiquant que les nouvelles qu'il supposait devoir lui faire plaisir. Cette habitude avait gagné en temps de paix déjà, non seulement les courtisans, mais la plupart des personnages qui étaient en contact avec lui; elle fut systématiquement continuée pendant la guerre par son entourage militaire. Lorsque survenaient des revers et des événements que l'on ne pouvait plus lui dissimuler, il y avait en lui des moments de profonde dépression et d'amer découragement. Il se réfugiait alors auprès de ceux de son entourage qui savaient se mettre en faveur par l'étalage de leur piété. Mais, dès que sur un front quelconque on enregistrait un succès des troupes allemandes, l'arrogance et la folie des grandeurs reparaissaient et se traduisaient bientôt par une effusion oratoire. Malgré cela, d'après ce que j'ai entendu dire à des témoins dignes de foi, il était encore convaincu de la victoire des armées allemandes et de la possibilité de continuer la guerre, alors que, depuis longtemps, même les chefs de l'armée avaient abandonné tout espoir en une issue favorable de la guerre.

A-t-il une part dans la catastrophe de la Marne, comme certains le prétendent, la question se pose encore, tout au moins pour le public, car ceux qui savent ont jusqu'ici gardé le silence à ce sujet.

Il y a une chose qui n'a pas été conforme à l'attente et aux craintes de tous : il est à peine intervenu sérieusement dans la direction des opérations. Cette attitude est-elle due à la conscience de son insuffisance militaire ou au fait qu'un homme comme Ludendorff ne tolérait aucune ingérence, il est difficile de le dire. L'avenir seul l'apprendra. Mais voici ce que l'on peut prédire dès aujourd'hui : dans l'histoire, Guillaume II sera considéré comme un monarque qui a, en très peu de temps, gaspillé un héritage comme peu de souverains en ont reçu de leurs ancêtres, et sous le règne duquel la nation allemande a été précipitée d'une hauteur à peine atteinte par quelques peuples, dans un abîme d'où l'on pourrait désespérer de la voir sortir si l'on ne se rappelait qu'elle possède encore les qualités d'intelligence, de travail, d'honnêteté, d'application, qui, dans le passé, lui ont permis de faire de si grandes choses, et si l'on n'avait la conviction qu'il s'agit d'un peuple jeune et vigoureux qui, en tirant la leçon de son malheur, et en écartant dorénavant les mauvais bergers, restera capable de contribuer, pour sa part, au progrès de la civilisation humaine. L'histoire sera peut-être moins sévère pour Guillaume II que ses contemporains, en tenant compte du fait que ce monarque a incontestablement voulu le bien de son peuple mais que son caractère et son intelligence ne lui permettaient pas de jouer le rôle auquel il se croyait appelé. Elle ne lui accordera pas le nom de « martyr » que, dans leur excès de zèle, certains de ses rares fidèles veulent lui donner. Peut-être la postérité le jugera-t-elle avec plus d'indulgence en considérant que les défauts qui ont conduit à cette phase si désastreuse de l'histoire d'Allemagne, résidaient peut-être autant dans les institutions que dans sa personne. Au fond, cet Alsacien, qui fut député socialiste au Reichstag, avait raison, quand il disait de lui, un jour, en ma présence, dans une réunion électorale : « Il est un produit de son milieu ».

Mais ce que beaucoup d'Allemands ne lui pardonneront jamais, c'est sa conduite à la fin de la guerre : c'est qu'il ait consenti à abandonner son armée et son peuple au moment le plus décisif et le plus tragique de l'histoire de l'Allemagne moderne.

Les circonstances de sa fuite en Hollande sont encore environnées d'une brume mystérieuse et ses quelques partisans donnent à ce sujet les versions les plus différentes. L'une des plus curieuses est racontée par un des personnages qui se trouvaient au quartier général à ce moment historique. L'empereur lui avait déclaré le jour même qu'il était décidé à rester avec l'armée. Lorsqu'il avait communiqué cette décision aux officiers qui se trouvaient dans le jardin, ils avaient tous poussé un « hurrah ». Puis il était revenu auprès de l'empereur. A ce moment-là un officier était entré et avait dit quelques mots à Guillaume II. Celui-ci était devenu livide et lorsqu'après le départ de l'officier, il lui avait demandé ce qui s'était passé, l'empereur avait répondu : « Hindenbourg me fait dire que je dois immédiatement, sans perdre un instant, franchir la frontière hollandaise ». Quelques minutes plus tard, l'empereur se dirigeait en automobile vers la frontière hollandaise. Alors lui, le narrateur de cette version, voyant que tout était fini, s'était rendu auprès de Hindenbourg pour prendre congé de lui. Comme il avait dit en entrant : « Je viens pour prendre congé de vous » le feld-maréchal lui avait répondu : « Pourquoi voulez-vous partir ? » Il avait déclaré : « Maintenant que l'empereur a quitté le quartier-général, je n'ai plus rien à faire ici ». Et le feld-maréchal se serait écrié, épouvanté; «Quoi ! l'empereur est parti ! » Il avait ajouté : « Oui, Votre Excellence ne vient-elle pas elle-même d'envoyer un officier à l'empereur et de lui faire dire qu'il devait immédiatement, sans perdre un instant, franchir la frontière hollandaise». Et Hindenbourg aurait crié : « C'est inouï, je n'ai donné à personne un ordre de ce genre ! »

Il ne m'a malheureusement pas été possible de contrôler la vérité de cette étrange histoire, mais, quoi qu'il en soit, elle ne constitue pas une excuse pour l'empereur, car la décision dépendait de lui et il aurait pu tout au moins faire venir le feld-maréchal Hindenbourg, qui habitait à quelques pas de lui, et lui demander une explication sur les raisons de son étrange conseil. Ensuite, il lui aurait été encore loisible de prendre une décision. Il n'était pas le subordonné de Hindenbourg, mais le seigneur suprême de la guerre.

Tout cela d'ailleurs n'épuise pas la question de sa part de responsabilité dans la guerre, car celle-ci remonte beaucoup plus loin que juillet 1914. On peut dire qu'elle commence avec son avènement. Il n'est pas venu seulement trop tôt sur le trône : les craintes de l'empereur Frédéric (alors prince héritier) exprimées dans une lettre à Bismarck datée de Portofino [1] le 28 septembre 1886, et publiées au troisième volume des *Pensées et Souvenirs* de Bismarck, n'étaient que trop justifiées. Mais, étant donné ce qu'il était, ce fut un malheur pour lui, pour nous Allemands et pour le monde qu'il montât sur le trône. On peut bien dire aujourd'hui qu'il est devenu la destinée tragique du peuple allemand. Sans doute, il est difficile de déterminer dans quelle mesure l'empereur a agi sur son peuple et son peuple sur lui. Au fond, il était, si l'on veut, un représentant caricatural de son peuple, tel que celui-ci était devenu après de longues années de régime bismarckien. J'ai déjà signalé, dans le chapitre que j'ai consacré à Bismarck, l'influence que son régime avait exercée sur les Allemands, l'habitude qu'ils avaient prise peu à peu de le laisser penser pour eux et j'ai montré comment ils étaient devenus ainsi un peuple qui ne savait plus, si tant est qu'il l'eût jamais appris, avoir une pensée politique indépendante.

Mais ils avaient reçu de lui aussi la foi dans le pouvoir exclusif de la force et le mépris des valeurs morales. L'idée que la politique et la morale étaient, pour ainsi dire, des domaines séparés par une cloison étanche, était devenue un axiome pour tous les Allemands. Il est nécessaire de rappe-

1 « ...... Car étant donnée l'importance de la tâche qui peut être dévolue au prince, je considère comme nécessaire qu'il étudie avant tout la situation intérieure de son pays et la connaisse à fond, avant de s'occuper en quoi que ce soit de politique avec sa tendance à juger rapidement et même avec précipitation.

Il y a encore des lacunes dans ses connaissances. Il manque, pour le moment, d'une base solide et il est absolument nécessaire que ses connaissances soient développées et complétées. Ce but serait atteint si on lui donnait un « instructeur civil » et si, en même temps, ou plus tard, on l'occupait dans un des ministères administratifs.

Mais étant données la maturité insuffisante et l'inexpérience de mon fils aîné, unies à sa tendance à la présomption et à une trop grande estime de soi, je considère véritablement comme dangereux de le mettre, dès à présent, en contact avec les questions extérieures. »

ler cela pour comprendre comment les Allemands, qui passaient autrefois pour des cerveaux critiques et que l'on appelait un « peuple de penseurs », s'étaient mués peu à peu en un peuple de sujets obéissants et disciplinés et finalement même en un peuple de byzantins, et comment ce peuple, richement doué, capable et travailleur, a pu supporter patiemment pendant des années un pareil gouvernement.

Sans doute tous les Allemands n'étaient pas frappés de cécité en présence de ses défauts et de ses lacunes, et, je le répète, il y avait des hommes qui n'étaient pas sans inquiétude devant les dangers que comportait sa personnalité. Mais presque tous manquaient du courage nécessaire pour le dire franchement, ou bien ils se taisaient par respect pour la tradition monarchique, par fidélité innée pour la dynastie ou — et de ce nombre était mon père, avec qui j'ai discuté la question plus d'une fois — par conviction qu'il était de l'intérêt de l'empire de ne pas amoindrir, vis-à-vis de l'étranger, l'autorité du trône impérial allemand, par des critiques trop franches à l'adresse du monarque. Mais il en résulta que le sentiment de sa ressemblance avec Dieu se développa en lui et que, en voyant tous les bas flatteurs qui l'entouraient et dont le nombre croissait de jour en jour, il conçut un mépris des hommes et en même temps une conscience de sa valeur illimitée. (L'usage s'était établi en dernier lieu dans l'armée que même les généraux et les officiers âgés vinssent lui baiser la main !)

Les Allemands eux-mêmes, après avoir péché par excès de modestie, acquirent peu à peu une conscience exagérée de leur valeur, qu'ils manifestèrent souvent à l'étranger et dans la presse d'une manière qui avait quelque chose du parvenu. Mais ces défauts étaient particulièrement saillants chez Guillaume II et ils exerçaient leur contagion sur une grande partie de la bourgeoisie allemande. En même temps, on vit se développer une soif de l'or et une appréciation excessive de la richesse, inconnues auparavant, surtout en Prusse. On avait l'impression que la richesse lui en imposait et qu'il suffisait de disposer d'un nombre considérable de millions pour être digne de l'approcher. Si le yacht de quelque richissime américain apparaissait dans le port de Kiel ou dans un fiord de Norvège pendant que l'empereur s'y trouvait sur son « Hohenzollern », immédiatement un aide de camp se présentait chez l'Américain pour l'inviter à la table impériale, alors même que l'empereur ne l'avait jamais vu et qu'il s'agissait peut-être d'un parvenu, inconnu dans la bonne société américaine.

La simplicité antérieure de la cour prussienne fit place à un luxe et à une pompe souvent théâtrale, qui étaient inconnus sous Guillaume 1er, même quand il portait le titre d'empereur. C'est un fait historique qu'il avait été élevé et avait grandi sous un régime spartiate. Je me rappelle une anecdote, qui m'a été rapportée par une dame qui l'avait entendue de la bouche du vieil empereur lui-même, dans la « Bonbonnière ». (C'est ainsi qu'on appelait les petites soirées qui avaient lieu dans les appartements de l'impératrice Augusta, auxquelles seuls quelques élus étaient invités et où le vieil empereur avait coutume de se montrer quelques instants). Il raconta un jour qu'après la bataille de Leipzig, tout jeune prince encore, il avait pris part à un grand dîner où il y avait, en dehors de son père, l'empereur de Russie et les autres souverains alliés. Pendant le repas, on servit un homard. Le jeune prince n'en prit pas. L'empereur Alexandre le remarqua et lui demanda pourquoi il n'en mangeait pas. Alors le prince avoua qu'il ne savait pas ce que c'était. En évoquant ce souvenir, le vieux souverain ajoutait qu'il n'avait

jamais vu de homard dans la maison de ses parents, car ils
étaient trop pauvres pour s'offrir une pareille friandise. La
simplicité ou tout au moins l'absence de luxe dura à la cour
jusqu'à la mort du vieil empereur. On peut voir, par un autre
exemple, combien il était peu habitué au confort personnel
que tout bourgeois aisé se permettrait aujourd'hui. Pendant longtemps, jusque dans les dernières années de sa vie,
il n'y eut pas de salle de bains dans le palais historique situé
sous les Tilleuls, en face du monument de Frédéric le Grand,
et quand le vieil empereur voulait prendre un bain, il était
obligé de se le faire apporter de l'Hôtel de Rome qui se trouvait en face. Dans ses voyages en chemin de fer, qu'il faisait
dans un vieux petit wagon très simple, on faisait halte à
midi dans une station quelconque où l'on déjeunait au buf-
fet de la gare, le prix en ayant été fixé d'avance par le maréchal de la cour et ne dépassant jamais une somme très
modique par tête. Son petit-fils voyageait dans un « train
spécial », aménagé avec beaucoup de luxe et pourvu de toutes les commodités : cuisine, salle de bains, etc... Je n'entends
pas lui en faire un reproche, car depuis l'époque de Guillaume Ier on vivait beaucoup mieux dans toute l'Allemagne
et le besoin de confort s'était accru, mais on constatait en
même temps que Guillaume II montrait de moins en moins
de plaisir au travail et s'intéressait de moins en moins au
règlement des affaires gouvernementales, qui passaient après
la chasse et les sports sur mer et sur terre. Enfin, on perdait beaucoup de temps dans les voyages en Allemagne. Il
est évidemment utile qu'un chef d'Etat connaisse aussi bien
que possible le pays et le peuple qu'il gouverne, et qu'il
entre en contact étroit avec les populations. Mais on n'attei-
gnait guère ce but ; car dans ses voyages, qui étaient presque
toujours motivés par une revue, par des manœuvres ou par

une fête, il ne voyait presque jamais le peuple dans ses vêtements de tous les jours, mais seulement dans son costume de fête, de sorte qu'il ne pouvait guère se faire une idée de son existence réelle.

J'en ai vu plus d'un exemple en Alsace. Comme l'empereur venait presque régulièrement chaque printemps, il s'était constitué une véritable tradition pour les réceptions impériales, et l'on ne pouvait s'empêcher de penser aux « Villages de Potemkine ». Il y avait, à Strasbourg, tout un matériel de décoration pour les circonstances de ce genre. Dans les rues que l'empereur devait suivre, on avait pratiqué une fois pour toutes, au bord du trottoir, des trous dans lesquels on pouvait enfoncer les mâts à oriflammes dès qu'une visite impériale était annoncée. En outre, les drapeaux qui tombaient très bas et les guirlandes de feuillage avaient pour but de cacher à l'œil impérial les maisons qui, malgré l'invitation adressée par le maire aux habitants de manifester, en pavoisant, leur joie de l'arrivée du souverain [1], étaient restées sans décoration et sans drapeaux, parce qu'un francophile entêté y habitait ou en était le propriétaire. Ainsi, il était difficile de remarquer ces lacunes désagréables qui, d'ailleurs, n'étaient pas très nombreuses. On recouvrait soigneusement les rues d'une couche de sable jaune pour empêcher les chevaux de l'escorte impériale de glisser et on faisait tout pour donner à la ville un aspect de fête. Tout cela choquait moins les Alsaciens qu'on aurait pu le croire, car ils y étaient habitués.

Les nombreux voyages de l'empereur entraînaient d'ailleurs de très fréquents retards dans le règlement des affai-

---

1. A Pétersbourg, sous le règne du tsar, la police faisait connaître aux propriétaires d'immeubles qu'il leur était « permis » de pavoiser leurs maisons, signe que tout le monde savait comprendre.

res gouvernementales les plus importantes. Les rapports indispensables sur ces affaires, la présentation et la signature des pièces et documents se faisaient souvent à la hâte en wagon ou sur un bateau, entre deux revues ou telles autres fêtes officielles. J'ai eu souvent l'occasion d'observer, pendant que mon père était en fonctions, toute la perte de temps qui en résultait pour le chancelier et j'ai plus d'une fois admiré la patience et la résignation avec lesquelles il acceptait l'inévitable.

Quand on n'a pas vu tout cela de près, on ne peut se faire une idée de la quantité de temps précieux perdu à changer de costume, à stationner et à attendre partout, à se déplacer constamment, et le grand public ne se doute pas que l'étude des affaires les plus importantes était souvent bien superficielle et que les décisions du monarque étaient maintes fois arbitraires et précipitées, pour la simple raison que le temps matériel manquait parce qu'on le gaspillait à mille choses insignifiantes. Ainsi s'explique mainte décision qui devait paraître incompréhensible aux gens du dehors. Ce qu'il y avait de dangereux dans la façon dont l'empereur traitait les affaires gouvernementales, c'est que, sans avoir l'amour du travail exact et consciencieux que possédait à un si haut degré son grand-père, il avait cependant la prétention de prendre, en toutes choses, la décision suprême. D'ailleurs l'habitude s'était malheureusement établie de lui soumettre les affaires, alors qu'il n'en était nul besoin et qu'il ne l'avait pas demandé. Cette habitude fut surtout dangereuse dans la politique étrangère, qu'il se croyait, bien à tort, particulièrement apte à diriger. Je ne veux pas revenir ici sur des faits qui ont été copieusement discutés. Je me bornerai à signaler la difficulté qu'il y avait pour les directeurs responsables de la politique étrangère et surtout pour le chancelier, qui était le seul ministre responsable de l'empire (le secrétaire d'Etat n'était que son représentant), à suivre une ligne bien déterminée, car ils ne savaient jamais si, du jour au lendemain, la politique qu'ils avaient soigneusement étudiée ne serait pas renversée par le monarque et si même il n'avait pas écrit exactement le contraire dans une lettre privée à l'un de ses collègues royaux, derrière le dos de ses conseillers responsables. Mais ce qu'il y avait de pire, c'était la soudaineté de ses décisions, qui ne venaient pas toujours de sa propre inspiration mais qui n'en étaient souvent que plus obstinées, quand elles étaient dues à quelque habile suggestion.

Quand il s'agissait de quelque chose de tout à fait impossible, mon père avait coutume de ne pas dire « non » tout de suite; il demandait la permission de réfléchir à l'affaire vingt-quatre heures ou tout au moins une nuit et de donner ensuite son opinion par écrit. Il employait ce procédé pour ne pas être obligé d'offrir sa démission tous les huit jours, ce qui eût été la seule conséquence logique s'il avait immédiatement résisté au projet impérial et si l'empereur avait persisté dans son idée. A l'expiration du délai, il envoyait son rapport dans lequel il motivait son opinion défavorable. Et presque toujours l'expérience psychologique de mon père et sa connaissance du caractère capricieux et changeant du souverain avaient raison, car, entre temps, son enthousiasme pour tel ou tel projet, ou sa colère, son dépit de quelque incident s'étaient dissipés ou avaient fait place à une nouvelle inspiration. Mais ce travail était pénible et les choses n'allaient pas toujours toutes seules. Je me rappelle qu'il y eut un jour une divergence d'opinion entre le chancelier et l'empereur et que, furieux de la résistance du chancelier, qui était allé jusqu'à lui demander de le renvoyer, l'empereur s'écria : « Je ne peux pourtant pas prendre un nouveau chancelier tous les huit jours ; je préfère alors jeter ma couronne par la fenêtre ». Le chancelier n'en persista pas moins dans son offre de démission et il rentra à la maison sans que l'empereur eût pris une décision à ce sujet. (Le rapport avait eu lieu dans la matinée au Nouveau Palais à Potsdam.) Quand il fut rentré, mon père me raconta l'incident. La cause du conflit était la suivante :

L'empereur, alors très courroucé par l'attitude du centre et soupçonnant les secrétaires d'État von Marschall et Bötticher, dont la position était minée à la cour par les influences des militaires et des conservateurs, de faire cause commune avec ce parti, avait demandé à mon père de les prier immédiatement de se retirer. Mon père s'y était refusé parce qu'il ne voulait pas renoncer à leur collaboration éprouvée. Or, par hasard, on avait annoncé pour le même soir une grande fête à la cour en l'honneur de quelque potentat, à laquelle, suivant l'usage, le chancelier devait assister. Je fis remarquer à mon père qu'à mon avis, en pareille circonstance, l'empereur n'ayant pris encore aucune décision au sujet de son offre verbale de démission, il lui était impossible de se montrer à la cour ce soir-là ; que l'empereur causât avec lui comme si rien ne s'était passé ou qu'il l'ignorât, dans les deux cas le chancelier devait être dans une fausse situation. Je lui conseillai donc de faire tout simplement téléphoner à l'aide de camp qu'il était empêché par les affaires de son service. Mais mon père ne voulut rien entendre : avec l'entêtement que montrent parfois les vieillards, il persista dans son intention et, comme j'essayais une fois de plus de le persuader de s'abstenir, il me repoussa avec une impatience tout à fait contraire à ses habitudes, en me disant qu'il savait ce qu'il avait à faire et n'avait pas besoin

de mon conseil. Sur ce, je le quittai et rentrai chez moi [1].
Mais je dois avouer que je me sentais douloureusement ému.
Car je n'avais envisagé que son bien et j'avais voulu lui épar-
gner un désagrément éventuel. J'étais si fâché que je décidai de ne plus aller le voir de la journée. Vers le soir, on me
téléphona du palais de la chancellerie que le chancelier était
allé au château.

Lorsque le lendemain matin je demandai à l'aide de camp,
comte Schönborn, comment les choses s'étaient passées la
veille au soir, j'appris, à mon épouvante, que mes craintes
s'étaient complètement réalisées. L'empereur n'avait pas
échangé un mot avec le chancelier. Je sentais combien cette
attitude de l'empereur avait dû blesser mon père et quelle
impression cela ferait à la cour, mais, malgré tout mon dépit
à ce sujet, je ne pus me résoudre à aller voir mon père,
comme j'en avais l'habitude chaque matin. Bientôt après,
on m'apporta une lettre de mon père qui me priait de venir
le voir. Dès que j'entrai, il m'accueillit par ces mots : « Tu
avais raison, j'aurais mieux fait de ne pas y aller ». Et aussitôt je parlai d'autre chose pour lui éviter la discussion de ce
pénible incident. Dans l'après-midi, un gendarme vint apporter une lettre autographe de l'empereur, qui cédait maintenant et renonçait pour le moment au renvoi des deux secrétaires d'Etat. Ce renvoi eut lieu quelques mois plus tard.
Bötticher reçut comme consolation le poste de président supérieur de la province de Saxe, mais Marschall dut attendre plusieurs mois. Sur l'intervention du prince Philipp Eulenburg,
on lui donna le poste d'ambassadeur à Constantinople,
pour le récompenser d'avoir suivi le conseil du même

1. Je n'habitais plus alors au palais de la chancellerie, car depuis mon
mariage avec la princesse Vve von Solms-Braunfels, j'avais loué une maison
peu de temps auparavant.

Eulenburg, dans le procès Tausch, et de s'être abstenu au dernier moment de déclarer la guerre à la police secrète impériale et à la camarilla qui l'avait obligé à « se réfugier auprès du grand public ».

Si, pour conclure, je devais parler de l'impression que l'empereur a faite sur moi quand je me suis rencontré avec lui, je dirai qu'il a été longtemps pour moi une énigme. Pour l'observateur attentif, qui avait la possibilité de voir l'empereur de très près ou de lui parler, son image était capricieuse et changeante. Pour pouvoir sonder l'abîme qui s'ouvre dans cet homme, il faudrait posséder la plume d'un Marcel Proust; il faudrait descendre dans les profondeurs et les souterrains de certaines natures anormales et pouvoir les peindre comme l'a fait cet auteur dans son œuvre *A la recherche du temps perdu*, lorsqu'avec une maîtrise incomparable et avec l'exactitude et la compétence d'un Darwin, d'un Fabre ou d'un Forel, il a décrit les différents genres d'inversion et les multiples variétés d'invertis des deux sexes. Il faudrait, en outre, ne pas être gêné par certains ménagements que l'on doit à un souverain encore vivant, bien que dépouillé de son trône par sa faute, je dirai même que l'on doit à tout homme, quand il s'agit de sa vie morale et physique la plus intime. Ce n'est qu'alors que l'on pourrait montrer à nu le caractère et la nature d'un Guillaume II. A vrai dire, pour un homme qui, comme lui, est devenu la destinée de tout son peuple et qui appartient à l'histoire, les égards en question ne sauraient nous interdire de toucher à certains côtés de son caractère et de toute sa nature; d'autant qu'ils expliquent peut-être certaines particularités mystérieuses de sa conduite à certaines périodes de son règne. Parfois, quand on le voyait entrer avec une expression grave et calme sur le visage et des mouvements pleins de grandeur et de noblesse, il apparaissait comme le souverain tel qu'on se le représente et tel qu'il doit être. Souvent aussi, dans la conversation, il pouvait faire l'impression d'un esprit curieux, riche de connaissances, doué d'une compréhension rapide et d'un jugement juste.

Et même, quand il s'en donnait la peine et qu'il y tenait, il était capable d'exercer un véritable charme, notamment sur les étrangers, qui en étaient à leur premier contact avec lui. J'ai vu des Français, des Américains [1] et d'autres encore, qui revenaient, enchantés, des régates de Kiel où ils avaient eu l'occasion de lui parler. Ils ne se lassaient pas d'admirer ses connaissances fabuleuses, souvent dans les questions techniques les plus difficiles. Ils ne savaient pas évidemment combien il est facile à un monarque de jeter de la poudre

1. A vrai dire, j'ai connu un Américain qui est resté insensible au charme que la personnalité de Guillaume II exerçait sur beaucoup de ses riches compatriotes; qui, au contraire, avait éprouvé à son endroit une vive antipathie. Cet Américain était M. Gordon Bennett, propriétaire du *New York Herald*, qui est mort au cours des dernières années de la guerre. Je ne sais pas s'il y avait une raison spéciale à cela, si l'empereur l'avait blessé par un propos, une plaisanterie ou une maladresse quelconque pendant qu'il était son hôte. Si je ne me trompe, il avait assisté une fois, avec son yacht particulier, aux régates de Kiel et, à cette occasion, avait parlé à l'empereur. Ce qui est certain, c'est qu'il éprouvait pour lui, comme j'ai eu l'occasion de le constater une fois, une forte antipathie et même de la haine et qu'il ne s'en cachait point. Bennett était mon voisin à Beaulieu, entre Nice et Monte-Carlo, où il possédait comme moi une maison et passait une partie de l'hiver. Un soir, à Monte-Carlo, après un dîner au restaurant, où, selon son habitude, il avait bu pas mal de champagne et était devenu très loquace, il me parla longuement de l'empereur d'Allemagne et m'exposa qu'il le considérait comme un mal et même comme un danger pour toute l'Europe et qu'il avait l'intention de ne pas s'accorder de répit, tant que cet homme n'aurait pas disparu de son trône et de faire, à cet effet, tout ce qui était en son pouvoir pour amener une guerre entre les Etats-Unis et l'Allemagne. Bien que je fusse frappé par son langage, je ne pris pas alors au sérieux la menace de guerre en question; mais j'y repensai dans la suite et lorsque plus tard la guerre mondiale éclata, entraînant la participation de l'Amérique et par suite notre défaite, je me suis souvenu de Gordon Bennett et de cette soirée de Monte-Carlo. Sa menace s'était réalisée; et j'avais déjà remarqué que, plusieurs années avant la guerre déjà, son journal comptait parmi les plus belliqueux.

aux yeux à ses visiteurs. Ce qui apparaissait à ceux-ci comme une haute intelligence et une étonnante compétence, n'était souvent dû qu'à une excellente mémoire; c'étaient des connaissances qu'il venait d'acquérir *ad hoc*. Mais quand, à une occasion quelconque, apparaissaient les idées qui avaient poussé sur son propre terrain, on était frappé de leur manque d'originalité, de profondeur et de leur insuffisante maturité. Il voulait avec des « armes de bric à brac faire quelque chose de moderne », suivant le mot très juste de Théodore Fontane à son sujet. C'est là ce qu'il y avait d'étrange dans sa personne : d'un côté, il était absolument moderne; rien n'allait assez vite pour lui et, de l'autre, il avait une prédilection pour tout ce qui était antique, moyenâgeux, par exemple pour les ordres de chevalerie; c'est ainsi qu'il prenait très au sérieux sa dignité de protecteur de l'ordre de Malte. Il montrait le plus vif intérêt pour tous les progrès de la technique, du commerce et de l'industrie; quand il allait à l'étranger, il se complaisait dans le rôle d'un voyageur de commerce pour l'empire d'Allemagne; il ne craignait pas d'admettre dans son intimité des représentants de l'industrie et du commerce, même quand ils étaient juifs, et il discutait avec eux sur la politique. A l'occasion, il se répandait en injures contre les junkers et les conservateurs quand ils s'opposaient à sa volonté et contrecarraient ses plans. Je me rappelle encore parfaitement qu'une fois, sous Caprivi, j'avais quitté Strasbourg pour aller passer quelques jours à Berlin; je m'étais, suivant l'usage, fait annoncer au château et j'avais été invité au petit déjeuner. L'empereur m'emmena alors dans un coin de fenêtre; et pendant une demi-heure, il donna libre cours à sa colère et à son ressentiment contre les junkers conservateurs et il me raconta longuement comment les Quitzows, une vieille famille de la Marche, avaient donné fort à faire à ses ancêtres, tout comme les Bismarck, et leur avaient fait opposition ; il ajouta qu'il en était de même des junkers actuels qui lui suscitaient des difficultés dans la poursuite d'une politique commerciale. A cette époque, le parti conservateur faisait au Reichstag une très forte opposition au traité de commerce que l'on voulait conclure avec la Roumanie d'abord et ensuite avec la Russie. Et c'était la raison pour laquelle j'avais quitté le parti conservateur du Reichstag pour aller siéger avec les conservateurs indépendants, qui ne s'étaient pas associés à cette opposition et qui, d'une manière générale, étaient plus raisonnables.

Mais malgré ses accès de colère contre eux, il gouvernait en Prusse et par suite dans l'empire avec les junkers, car ils étaient tout-puissants en Prusse et surtout ils formaient l'ossature du corps d'officiers prussien et par suite de l'armée. C'étaient eux qui exerçaient l'influence prépondérante sur la politique prussienne et par suite sur la politique allemande, car l'Allemagne était gouvernée de Berlin et presque tous les premiers conseillers responsables de l'empereur étaient Prussiens. Mon père est le premier et le seul Allemand du sud qui, sous l'Allemagne monarchique, ait occupé les fonctions de chancelier de l'empire.

A certains moments, l'empereur était furieux contre le centre ; il s'indignait contre les jésuites et leur influence et se posait en protecteur et en pape de l'Eglise évangélique en Prusse ; puis, soudain, il désirait avoir un nonce pontifical à Berlin ; il envoyait un cadeau précieux au pape par un haut militaire catholique, comme le général von Loë, ou bien il faisait lui-même, en grande pompe, visite à Léon XIII. Il portait, comme un ordre, la médaille que les Bénédictins lui avaient donnée ; il comblait d'attentions leur abbé et il aurait aimé, pour changer, se montrer une fois en costume de moine. Il avait l'esprit vif, la compréhension rapide, s'intéressait à beaucoup de choses et montrait un grand désir de s'instruire; mais il n'en restait pas moins très superficiel et n'avait que peu de plaisir à un travail approfondi et à l'étude sérieuse d'un problème. Précisément parce qu'il saisissait vite, il croyait qu'il suffisait d'avoir compris à moitié pour se former, sur une question, une opinion précise et la seule juste. C'est ainsi qu'il croyait pouvoir résoudre en se jouant les questions les plus difficiles, même dans les domaines qui lui étaient complètement étrangers, et qu'il était d'autant moins disposé à tenir compte des objections justifiées qu'il n'en voyait pas le fondement. Il était et est toujours resté partout un dilettante. D'ailleurs ceux qui le voyaient souvent n'avaient pas la même impression favorable qu'un visiteur étranger occasionnel; ils avaient devant eux un homme nerveux, inquiet, qui ne pouvait pas supporter qu'on le regardât fixement; ils entendaient une voix nasillarde, désagréable et un rire dont le son avait quelque chose d'antipathique. Cette impression était fortifiée par des propos, et parfois des plaisanteries grossières, qui n'accusaient pas toujours de la sensibilité et du tact. Le vrai tact est d'ailleurs inconcevable sans la sensibilité.

Chaque fois que je le voyais, j'étais pris d'un sentiment étrange, fait de pitié et d'inquiétude, semblable à celui que l'on éprouve quand, dans un asile, on rencontre un pensionnaire à propos duquel le médecin-chef vous conseille la prudence. On sait, et tous les aliénistes expérimentés le confirmeront, que ces malades sont souvent doués d'une amabilité charmante et de la plus brillante intelligence et qu'il y a cependant des moments soudains où l'on croit avoir devant soi un autre homme. Les aliénistes appellent ces malades des « périodiques ». Souvent, quand j'observais l'empereur en spectateur désintéressé, il m'apparaissait comme un malade digne de pitié ; mais quand je pensais au mal qu'il pouvait faire et avait déjà fait, bien que sans le vouloir et sans s'en rendre compte, alors le sentiment de la pitié pour lui faisait place à celui de la pitié pour son peuple. En le voyant, on éprouvait une sensation pénible à l'idée de la disproportion qui existait entre la puissance dont il disposait et ses capacités et qualités de caractère. Et ce qui choquait tout particulièrement, c'était le cabotinage et, chose curieuse mais réelle, le genre « parvenu » et le manque de goût que l'on constatait chez lui. Mais ce qu'il y avait de pire, c'était son manque de critique, surtout de critique s'exerçant sur sa personne, et de tact, et cette lacune a eu de désastreuses conséquences pour le peuple allemand. On ne dira jamais assez combien l'antipathie personnelle d'Edouard VII contre son neveu, qui l'avait blessé plus d'une fois, a contribué au rapprochement de l'Angleterre et de la France, combien il agaçait l'empereur Alexandre III qui tenait à ses aises et aimait sa tranquillité et que les visites de l'empereur importunaient souvent, combien dépourvue de tact était son attitude à l'égard de l'empereur Nicolas à qui il donnait à chaque instant, dans ses lettres, des conseils qu'on ne lui demandait pas pour sa politique intérieure et extérieure, combien malheureuse a été son attitude à l'égard du Japon et de la Chine.

Il manquait absolument d'intuition et de compréhension pour la psychologie des autres peuples, mais sur ce point encore, il n'était malheureusement pas une exception parmi ses compatriotes. N'avons-nous pas vu, dans ces dernières années, plus d'un exemple de ce manque de psychologie, en Allemagne, tant chez les hommes d'Etat dirigeants que chez les chefs d'armée? Mais je veux m'arrêter ici. Il faudrait que j'écrive l'histoire du peuple allemand dans les trente dernières années si je voulais faire le portrait complet du personnage de Guillaume II, tant son peuple a agi sur lui, et tant il a réagi sur son peuple; tant sa personnalité s'est fait désastreusement sentir partout, aussi bien dans la politique intérieure que dans la politique extérieure.

les chefs d'armée? Mais je veux m'arrêter ici. Il faudrait que j'écrive l'histoire du peuple allemand dans les trente dernières années si je voulais faire le portrait complet du personnage de Guillaume II, tant son peuple a agi sur lui, et tant il a réagi sur son peuple; tant sa personnalité s'est fait désastreusement sentir partout, aussi bien dans la politique intérieure que dans la politique extérieure.

L'ATMOSPHÈRE DE LA COUR ET L'ESPRIT DU TEMPS

Guillaume II n'a pas seulement conduit à l'abîme sa dynastie et son peuple. Par une ironie tragique de sa destinée, cet homme, qui se considérait en quelque sorte comme le concept, comme le prototype du monarque de droit divin, a plus nui à la monarchie, aux principes monarchiques, que n'eût pu le faire le plus révolutionnaire des communistes. C'est à lui, en premier lieu, que tous ses collègues allemands doivent d'avoir été balayés en quelques heures par la révolution, bien que beaucoup d'entre eux aient été les artisans de leur propre malheur pour s'être montrés trop dociles, n'avoir pas eu le courage de s'opposer à temps à ses velléités autocratiques et, d'autre part, pour n'avoir pas mieux compris que lui les signes des temps. A vrai dire, les princes allemands n'étaient pas les seuls qui parussent frappés de cécité. Sans parler de la Russie[1], quelle était la situation en Autriche-Hongrie ? La guerre aurait-elle pu éclater, la conflagration mondiale aurait-elle pu être allumée avec une pareille légèreté, si les monarques comme les diplomates n'avaient pas vécu dans une ignorance vraiment incroyable ou dans le mépris des forces qui meuvent aujourd'hui le monde. Les monarques, les ministres et les généraux vivaient encore comme si nous avions été non pas en 1914 mais en 1814, je dirai même non pas au XXᵉ mais au XVIIIᵉ siècle.

---

1. Le tsar aurait, paraît-il, prévu le malheur qui s'approchait, mais il était trop indolent et trop faible pour tenter de l'arrêter.

Lorsqu'ensuite la « guerre mondiale » fut nécessairement et automatiquement devenue une catastrophe et une révolution mondiales, ces messieurs ressemblèrent soudain, avec leurs costumes d'un autre âge, aux acteurs d'un théâtre où le feu a éclaté pendant la représentation. Comment a-t-il pu se faire que tous, et en particulier les souverains, aient été aussi surpris que des enfants qui en jouant avec une boîte d'allumettes ont incendié toute une ville?

Pour se l'expliquer, il faut avoir vu de près la vie de cour, il faut avoir eu l'occasion de jeter un regard sur la vie des monarques. C'est pourquoi le grand public, principalement dans les pays à constitution démocratique, comme par exemple les Etats-Unis d'Amérique, n'y a pas compris et n'y comprend pas encore grand'chose.

Une cour était un monde à part. Quand on n'a jamais vu et observé de près la vie de ce monde-là, certaines actions et certains traits de caractère des monarques paraissent inexplicables. Souvent l'observateur du dehors s'est demandé : Comment tel ou tel souverain, comment l'empereur d'Allemagne a-t-il pu avoir si peu de jugement, si peu d'intelligence psychologique, si peu de connaissance des hommes et de la situation réelle de son peuple et des autres peuples pour accomplir tel ou tel acte et prononcer telle ou telle parole? On aurait pu croire cependant qu'un souverain, qui avait la possibilité de consulter les personnages les plus compétents, les plus éminents, les plus sages, non seulement de son pays mais même de l'étranger, devait acquérir peu à peu une telle somme de connaissances et d'expérience dans les domaines les plus différents qu'il ne pouvait manquer d'être un souverain sage et expérimenté. Mais, que de fois, n'est-ce pas le contraire que nous voyons ?

Toutes les fautes de Guillaume II sont dues non seulement

à des dispositions naturelles, mais à toute son éducation. Depuis toujours, chez les Hohenzollern, l'éducation avait été presque exclusivement militaire. Sans doute, dans sa jeunesse l'empereur avait fréquenté quelque temps le gymnase de Cassel et ses parents lui avaient donné comme précepteur le docteur Hinzpeter, qu'ils avaient choisi sur le conseil de sir Robert Morier, alors ministre d'Angleterre à la cour de Darmstadt, que l'on avait consulté à ce sujet. Celui-ci avait des relations très étroites avec le prince héritier (le futur empereur Frédéric) et la princesse héritière, depuis qu'il avait été envoyé à Berlin comme attaché d'ambassade, peu de temps après leur mariage en 1858, sur le désir du prince Albert, époux de la reine Victoria. Le prince-consort voulait avoir là-bas un homme qui eût toute sa confiance et qui, en même temps, connût très bien l'Allemagne. Le jeune Morier remplissait ces deux conditions car il avait fait plusieurs séjours dans notre pays. Il y avait beaucoup d'amis, et à la cour du duc Ernest de Saxe-Cobourg, frère du prince Albert, il s'était lié avec le baron Stockmar [1], conseiller intime du prince-consort. En même temps, le fils du baron Stockmar, Ernest von Stockmar, était devenu secrétaire particulier de la princesse héritière.

Lorsqu'il s'agit donc de choisir un maître et précepteur pour leur fils aîné, le prince et la princesse s'adressèrent à Morier dont l'opinion avait pour eux le plus grand prix. Celui-ci leur recommanda le docteur Hinzpeter qu'il avait connu comme précepteur dans la famille du comte Görtz qui habitait tout près de Darmstadt. Tout d'abord, sa proposition n'eut pas d'écho et le baron Stockmar lui-même, consulté

---

1. Baron Christian Friedrich Stockmar, né en 1787, mort en 1863 à Cobourg. Depuis 1816, médecin particulier et confident du prince Léopold, futur roi des Belges.

à ce sujet, écrivit qu'il avait causé longuement avec Hinzpeter, mais que, tout en ayant gardé de lui l'impression d'un
homme intelligent, il doutait qu'il fût le meilleur pour cette
tâche. Il lui apparaissait comme dépourvu de « sensibilité »
et comme « un idéaliste spartiate », dont les rêves lui sem-
blaient peu réalisables. D'après lui un roi était condamné à
une vie solitaire, exclusivement consacrée au devoir, et, par
suite ne devait pas être élevé avec d'autres enfants; il ne
devait apprendre non plus ni le dessin ni la musique, car
« un roi n'avait pas le temps d'être un dilettante ». Et dans
une deuxième lettre [1] Stockmar répétait ses craintes et
représentait Hinzpeter comme un « drôle de bonhomme »
avec des idées un peu paradoxales. Malgré cela l'opinion de
Morier finit par l'emporter et le docteur Hinzpeter devint
précepteur du futur empereur.

Morier a-t-il été bien inspiré dans son choix? Il est difficile de le dire. Bismarck affirmait que non. Chose curieuse,
malgré les théories de son percepteur, le jeune prince fut
envoyé au gymnase de Cassel. A vrai dire, il y resta peu de
temps. En vertu d'une vieille tradition, après de brèves études à l'université de Bonn, il commença sa carrière militaire au 1er régiment de la Garde de Potsdam, dont faisait
partie tout prince royal pour ainsi dire dès le berceau. Et
il ne sortit plus jamais de ce milieu qui lui donna son
empreinte, comme à tous les princes de Hohenzollern, à
quelques exceptions près. Je suis évidemment très loin de
prétendre qu'il n'y ait pas eu parmi les officiers des régi-
ments de la garde en garnison à Potsdam et à Berlin beaucoup de jeunes gens très bien élevés, cultivés et sympathi-
ques; j'en ai connu même plus d'un et je me suis lié d'amitié

---

1. Les deux lettres sont reproduites dans les *Memoirs and Letters of the
Rt Hon. Sir Robert Morier — G. C. B.* (E. Arnold, Londres, 1911).

avec eux, mais dans l'ensemble il régnait là un étroit esprit de caste qui devait avoir l'influence la plus fâcheuse sur celui qui y était exposé dans sa jeunesse, c'est-à-dire à l'époque où les impressions sont le plus profondes. Et cette influence s'aggravait du fait que les jeunes princes Hohenzollern ne connaissaient que ce milieu et n'avait aucune possibilité de voir la vie réelle, soit par des relations avec d'autres hommes, soit par les voyages. En outre, et Bismarck a signalé cet inconvénient au troisième volume de ses *Pensées et Souvenirs*, la tentation était grande pour les jeunes camarades du prince, de s'assurer, par la flatterie, des avantages pour leur future carrière. Il en fut de même pendant son séjour à l'Université de Bonn, où il consacra la plus grande partie de son temps non point aux études mais à la vie de « corps » et où ses relations se bornaient également à un petit cercle de personnes toujours les mêmes. On peut en dire autant de ses fils qui tous, suivant la tradition, furent, à l'université, membres du même « Corps ». Ajoutez à cela qu'ils recevaient tous leur première instruction à l'école des Cadets, où n'enseignaient que des maîtres militaires.

Il est évident que dans ces conditions l'horizon de ces jeunes gens devait rester très borné, à moins qu'ils ne fussent exceptionnellement doués. Les quelques voyages, d'un caractère officiel, que l'on permettait ensuite à un prince, étaient insuffisants pour remédier au mal. Un entourage exclusivement composé de militaires ne lui permettait guère d'entrer en contact avec la vie et les hommes, ce qui eût été cependant la meilleure préparation pour un souverain. On a critiqué maintes fois, en Allemagne, la vie du prince de Galles, le futur roi Édouard VII ; on la trouvait un peu relâchée et joyeuse. Mais, lorsqu'il fut monté sur le trône, on s'aperçut vite que cette préparation à son futur métier n'était pas la plus mauvaise, car il se révéla un monarque intelligent, habile, plein de tact et de prudence, qui, avec son expérience de la vie, sa connaissance des hommes et des pays, fut capable d'aider son gouvernement de ses conseils et de ses actes, dans les limites de ses pouvoirs constitutionnels, et de rendre silencieusement à son pays de plus grands services que ne l'a fait Guillaume II, malgré sa bonne volonté, avec ses discours innombrables et retentissants et ses interventions personnelles à toute occasion.

Un propos que le précepteur de l'empereur, docteur Hinzpeter, a tenu dans une lettre curieuse, où il parle de ses souvenirs de cette époque, jette une lumière toute particulière sur les aperçus qu'il a pu avoir du caractère de son élève. Il écrivait à Sir Robert Morier, avec qui il fut longtemps en correspondance, la phrase suivante : « Vous n'avez pas idée de l'abîme qui s'est ouvert à mes yeux [1] ».

En ce qui concerne l'entourage de l'empereur Guillaume II, ce serait une erreur de croire, comme on le prétend parfois aujourd'hui, qu'il se composait d'êtres inférieurs, plats et incapables. Il y avait naturellement, comme partout dans la vie, des hommes de qualité douteuse, mais on y comptait aussi des hommes intelligents et dignes de la plus haute estime, qu'il serait profondément injuste d'apprécier ainsi. Pour ne donner que deux noms, je citerai le comte August Eulenburg qui, pendant des années, a dirigé la maison de l'empereur comme premier maréchal de la cour et qui est mort récemment, chargé d'années, alors qu'il était encore ministre de la Maison royale, et son successeur le baron Hugo von Reischach, tous les deux gentlemen de la tête au pieds. Si des hommes de ce genre et certains autres,

<hr>

1. D'après l'original, mis à ma disposition par l'amabilité de Lady Victoria Wester-Wemyss, fille de feu Sir R. Morier.

comme le comte Zedlitz Trützschler, qui a été pendant quelques années maréchal de la cour et qui m'a lui-même raconté ses souvenirs de cette époque, n'ont pas toujours été écoutés comme ils le méritaient, malgré leurs excellentes qualités, la faute en est moins à eux-mêmes qu'à celui qui aurait dû les entendre et à ceux qui savaient exploiter les faiblesses du monarque pour se faire écouter eux-mêmes et se pousser au premier plan; mais surtout la faute en est à la situation qui s'était peu à peu créée à la cour de l'empereur et aux maux qu'engendre nécessairement l'atmosphère de la cour.

Tout monarque a, en définitive, l'entourage qu'il mérite et qu'il se crée. Si l'entourage immédiat et toute la cour du vieil empereur étaient marqués d'une autre empreinte et d'un autre caractère, cela tient à ce qu'il était lui-même tout différent de son petits-fils. On avait alors chaque jour devant les yeux un souverain conscient de son devoir, laborieux, noble de cœur, et qui ne se faisait point une idée excessive de sa valeur. Ennemi de la flatterie sous toutes ses formes, absolument inaccessible aux influences souterraines et à la délation, le vieil empereur acceptait une parole de franchise dite sur le ton de respect qui convenait, et il montrait la même franchise et le même amour de la vérité à l'égard des hommes qui l'entouraient, à qui il rendait confiance pour confiance, loyauté pour loyauté. Et ceux-ci avaient le sentiment qu'il savait apprécier la sincérité et la droiture et qu'ils pouvaient compter sur sa parole et sur sa reconnaissance. Quand un souverain, tout en restant aimable et bon, ne perd jamais le sentiment de sa dignité avec les personnes de son entourage immédiat pas plus qu'avec les autres, que, d'autre part, il ne blesse jamais leur dignité et leur amour-propre personnel, en un mot quand le monarque donne lui-même à ses serviteurs l'exemple de la fidélité au devoir et de la noblesse de sentiments, il n'a pas besoin d'être un génie comme Napoléon ou Frédéric le Grand, il trouvera toujours, comme Guillaume Ier, des serviteurs et des conseillers fidèles, sûrs et absolument dévoués.

J'ai remarqué dans différentes cours que c'étaient précisément les meilleurs qui se tenaient à l'écart, et qu'ils se retiraient bientôt, s'ils y avaient fait une apparition. J'ai toujours été frappé de la facilité avec laquelle souvent les sujets les plus ordinaires, les moins cultivés, les plus douteux, réussissaient à s'approcher de certains monarques et de leur famille et même à pénétrer dans leur intimité. Je ne pouvais me l'expliquer que de la façon suivante : la plupart des souverains, et c'est là une conséquence de leur situation, ne rencontrent presque jamais d'hommes qui causent et agissent avec eux en toute franchise, comme avec leurs égaux. On ne leur dit que ce qu'on croit devoir leur être agréable et ainsi ils n'entendent presque jamais la vérité; en outre, les hommes ne leur montrent jamais leur visage naturel. Cela doit être à la longue mortellement ennuyeux. Or, avec l'instruction que recevaient la plupart des princes, leur culture restait très faible, et à moins qu'ils eussent des dons naturels tout particuliers et l'esprit curieux et actif, la solitude leur faisait horreur, ainsi qu'il arrive à tous les hommes qui n'ont pas de vie intérieure. Mais, comme leur entourage habituel finissait par les ennuyer, comme les meilleurs de leurs sujets restaient à l'écart pour des raisons compréhensibles, ils étaient heureux de voir venir quelque aventurier, étranger ou provincial, qui avait une si mauvaise réputation dans la société de sa « résidence » que presque personne ne voulait avoir de rapports avec lui. Les individus de ce genre possèdent, la plupart du temps, l'impudence et l'audace nécessaires, mais en même temps ils se laissent traiter comme aucun homme qui tient à sa dignité personnelle ne le supporterait même de son souverain, et ils se trouvent bientôt dans la plus grande intimité avec le monarque et sa famille. Naturellement, il y avait aussi quelques heureuses exceptions parmi les cours allemandes. Je rappelle, par exemple, la cour de Carlsruhe où feu le grand-duc Frédéric et la grande-duchesse Louise se consacrèrent toujours au bien de leur pays et de leur peuple et où, par suite, le ton de la cour n'avait aucune de ces notes fâcheuses que l'on pouvait remarquer dans certaines autres cours : tradition qui s'est maintenue avec le dernier grand-duc et qui a valu à celui-ci, ainsi qu'à sa famille, de conserver l'estime de son peuple, même après la révolution; je rappellerai son voisin, le roi de Wurtemberg, mort récemment, qui, lorsqu'il dut abandonner son trône en automne 1918, se soumit à sa destinée avec une dignité qui força l'estime et le respect de ceux-là même qui lui avaient demandé de partir. Je pourrais en citer d'autres.

Il y a une chose indéniable : la vie et l'atmosphère de la cour produisent presque toujours les mêmes effets sur les hommes qui vivent dans cette atmosphère — et un souverain n'est jamais qu'un homme. Quand j'assistais à une fête de la cour et que, me tenant à l'écart, je regardais les troupeaux des flatteurs et des courtisans et de tous ceux qui essayaient d'arriver jusqu'à l'empereur pour attraper un regard du Tout-Puissant, un rayon de ce Soleil, et qui se marchaient sur les pieds, au propre et au figuré, je comprenais pourquoi les monarques ont un tel mépris des hommes. Cet indescrip-tible mépris de l'empereur se manifestait parfois sous une forme comique. Quand un audacieux avait réussi, en jouant des coudes, à se pousser jusqu'au premier rang, ou quand

dans un intérêt personnel et parfois politique, il s'était fait
remorquer par les dignitaires de la cour ou les aides de
camp jusque sous les yeux du souverain pour attirer son
attention, l'empereur se faisait un malin plaisir de l'ignorer
complètement, même quand il se tenait à deux pas, et
d'adresser la parole à un autre personnage, absolument indifférent, de causer longuement avec lui, puis de disparaître
soudain, froid et dédaigneux, à la grande déception de tous
les ambitieux, qui restaient là comme des chiens mouillés.
Inversement, il était aussi comique de voir les « gros bonnets »
hauts dignitaires de la cour, ministres, généraux, et autres
Excellences, s'empresser auprès du privilégié, avec qui l'empereur avait daigné causer quelques instants et à qui il avait
offert une cigarette de son porte-cigarettes.

Quand on n'a pas vu de ses propres yeux des hommes
d'un âge avancé, occupant de hautes fonctions, oublier leur
dignité personnelle, se livrer aux flatteries les plus basses et
les plus grossières à l'égard du monarque et accepter avec
un sourire des plaisanteries souvent fort déplacées, on ne se
fait aucune idée du degré d'abaissement auquel l'ambition
et la vanité peuvent amener les hommes. Quand on assiste
à ce spectacle pour la première fois, on se demande comment
on peut se défendre d'un sentiment de dégoût dans cette
atmosphère, et comment il se fait que tant d'hommes se
donnent pareille peine pour parvenir auprès du monarque,
à la cour. C'est que la « vie de cour » avait quelque chose
de spécial. On s'en étonnera, après ce que je viens de dire ;
mais on était obligé de constater que tous ceux qui s'étaient
habitués à l'air de la cour ne pouvaient plus s'en passer :
loin d'elle, ils se sentaient malheureux comme un poisson
que l'on a retiré de l'eau. On pourrait croire que la contrainte d'une cour, où chacun, quels que soient son titre et

son rang dans la hiérarchie, n'est rien autre qu'un serviteur du souverain, aurait dû être insupportable à un homme qui, avec ses moyens et la situation que lui avaient laissée ses ancêtres, pouvait mener une vie distinguée, indépendante et agréable. Et cependant que de fois n'a-t-on pas vu des hommes intelligents, issus des meilleures familles et possesseurs d'une fortune considérable, occuper une charge de cour pendant des années, jusqu'à l'âge le plus avancé, et parfois auprès d'un souverain borné, entêté et méchant; et quand, par hasard, ils tombaient en « disgrâce », ils en étaient si malheureux que les dernières années de leur vie étaient empoisonnées et qu'ils se consumaient de chagrin, au lieu de se féliciter de cet *otium cum dignitate* qu'ils pouvaient goûter dans la paix et la liberté. Il paraissait y avoir un charme spécial à cette vie de cour, si morne, si ennuyeuse et si vide qu'elle pût paraître à tous ceux qui vivaient en dehors et qui ne pouvaient voir le fonctionnement de la machine, de tout l'organisme.

Le charme qu'exerçait la vie de cour et par suite l'intérêt qu'avait une charge de cour pour son détenteur s'expliquent sans doute par le fait que cette vie n'est qu'une reproduction en petit de la vie humaine elle-même, avec toutes ses vicissitudes, ses intrigues et ses luttes, et qu'elle exige les mêmes qualités, la même habileté et la même force intellectuelle et physique que la lutte pour l'existence dans la vie réelle. Elle en est en quelque sorte la synthèse, et l'attraction qu'elle exerce vient de toutes les possibilités qu'elle offre à chacun de déployer sa volonté de puissance. Tous ceux qui sont au service d'un monarque et qui croient sentir sur eux une parcelle de sa puissance, depuis le plus haut dignitaire de la cour jusqu'au dernier laquais, subissent ce charme particulier. Celui qui, aux qualités indispensables d'un vieux

courtisan : santé à toute épreuve, endurance, énergie, habileté, ruse, présence d'esprit, dureté, patience et égoïsme, plus
une certaine indépendance intérieure et une faculté d'observation pénétrante, unissait ce que les Anglais appellent « sense
of humour », pouvait éprouver une véritable jouissance à
cette comédie qui se déroulait chaque jour sous ses yeux.
Je dirai même que les relations journalières avec certains
monarques n'étaient supportables pour un homme intelligent,
cultivé, à l'œil ouvert, que s'il possédait précisément ce sens
du comique. Cela le dédommageait de l'ennui, de la contrainte et du dépit ; et le sentiment de sa supériorité intellectuelle et morale lui permettait de supporter les caprices
du maître qu'il servait.

A vrai dire, cette vie ne plaisait point à tout le monde et
La Rochefoucauld avait raison de dire : « Un esprit sain
puise à la cour le goût de la solitude et de la retraite ».
Selon moi, on éprouve déjà ce désir au contact de ce que
l'on appelle « le grand monde », mais on l'éprouve surtout
à la cour. Pourquoi ? Parce que dans les deux cas on voit de
près, et dans toute leur laideur, la méchanceté, la bassesse,
souvent aussi la sottise, la dureté et la fausseté des hommes.
L'homme que ne pousse point le démon de l'ambition, qui
ne sent pas en lui une volonté de puissance irrésistible, fuit
le monde après chaque expérience de ce genre ; il se félicite
de s'en être évadé sans blessure et goûte ensuite doublement
sa solitude et sa liberté. Lionardo a dit justement : *Se tu
sarai solo tu sarai tutto tuo* [1]. Pour moi la vision de ce monde
et de ce que l'on appelle « la grande politique » a eu cet
avantage de me guérir à jamais de l'ambition, que j'avais
héritée de mes pères, d'y jouer un rôle. J'avais déjà lu le

1. Quand tu seras seul, tu t'appartiendras tout entier.

mot du vieux Oxenstorne à son neveu : « Tu ne sais pas le peu de sagesse qui préside au gouvernement du monde » ; mais ce n'est qu'après mes expériences que je suis arrivé à en comprendre toute la vérité.

En voyant ce que fait leur père, les enfants ont souvent le désir « d'être un jour, quand ils seront grands, ce qu'est leur père » : j'avais donc rêvé aussi, dès ma prime jeunesse, de suivre plus tard les traces de mon père, et le but tout naturel de mes efforts me paraissait être un poste d'ambassadeur. Je ne pouvais m'imaginer alors que je ne possèderais point un jour, comme mon père, toutes les plus hautes décorations. Mais quand je pus regarder dans la coulisse, quand je vis comment se faisait la répartition de ces charges et de ces distinctions, et quels pauvres êtres, lamentables idiots ou misérables coquins, se cachaient sous les uniformes brodés d'or, constellés de décorations, comment ces hommes avaient dû payer souvent ces « honneurs » de leur indépendance intérieure et extérieure et de l'estime d'eux-mêmes, alors mon ambition fut refroidie et je sentis clairement que ma liberté intérieure était pour moi un bien plus précieux que tout cela et que dorénavant mes efforts devaient tendre à me conserver cette liberté à tout prix. Ce chemin n'est sans doute pas toujours semé de roses et il ne mène ni à la richesse ni à la puissance, il conduit souvent aux chagrins, aux soucis et aux privations ; et pourtant si j'avais à choisir encore, c'est celui-là que je prendrais.

Si le peuple allemand est politiquement si arriéré, la faute n'en est pas à lui-même, mais, comme je l'ai déjà montré, à ceux qui l'ont gouverné dans les cent dernières années. Comment des individualités et des caractères pouvaient-ils se former avec un système, dans lequel — pour ne parler que des dernières décades depuis 1870 — un parlement avait aussi peu d'importance et aussi peu de voix au chapitre que le Reichstag allemand, surtout à l'époque où la personnalité gigantesque de Bismarck disposait de toute la puissance et veillait jalousement à ce que le parlement ne dérangeât point ses plans, et ne touchât pas aux droits que le monarque et lui-même tenaient de la constitution.

Il faut avoir vu l'énergie, la violence avec laquelle le prince Bismarck protesta, lorsqu'un jour le président du Reichstag essaya de le rappeler à l'ordre, ou l'impatience et la colère qu'il montrait, quand des hommes comme Eugen Richter, Bebel, Lasker et quelques autres avaient le courage de critiquer le tout-puissant chancelier et sa politique. Il faut avoir été député au Reichstag allemand pour avoir une idée du sentiment d'impuissance que devait éprouver un membre de ce parlement quand il voyait le mépris avec lequel on accueillait, à la table du Conseil Fédéral, les paroles qui émanaient de la Chambre et le peu d'effet qu'elles avaient en général. Ce n'était point là sans doute la faute de la constitution, car le Reichstag avait toujours entre les mains une arme qui, s'il avait su la manier, aurait pu lui permettre de résister au gouvernement : c'était le refus de voter les crédits pour l'armée, de voter le budget. Le mal venait de ce que Bismarck avait, dès le début, brisé la colonne vertébrale au Reichstag et de ce que, sous le régime de Bismarck, la puissance du gouvernement s'était fortifiée et le respect de la table gouvernementale avait pénétré les députés au point qu'ils avaient peu à peu perdu toute force d'opposition et de critique, surtout quand l'orateur gouvernemental était un homme en uniforme. Ajoutez à cela que la génération des grands parlementaires, qui avait joué un rôle dans les premiers temps du Reichstag — des hommes comme Bennigsen, Richter, Windthorst, Lasker,

Bebel, Kardorff, etc.. — s'était éteinte et qu'il n'y avait plus au Reichstag que des épigones, qui se contentaient de verser les flots d'une éloquence pompeuse sur les auditeurs ennuyés et qui s'étaient habitués à cette idée que le pouvoir effectif n'était pas chez eux, dans la salle, mais sur les sièges du gouvernement, derrière la table du Conseil Fédéral. En outre, pendant des années sous Bismarck, quand par hasard le Reichstag osait s'occuper de politique étrangère, ils avaient eu devant eux le maître incontesté de cette politique, qui les renseignait seulement, notez-le bien, quand cela lui convenait et quand, par-dessus les têtes des députés du Reichstag, il jugeait à propos de parler à l'Europe attentive. Le Reichstag se soumettait docilement à sa compétence et ne concevait pas qu'on pût exercer une critique à ce sujet. Le Reichstag conserva cette modestie et cette insuffisante conscience de son rôle même après la disparition de Bismarck et c'était pour moi un spectacle comique que de voir le Reichstag écouter, bouche bée, dans un silence religieux, quand le troisième successeur de Bismarck à la chancellerie se levait et prononçait un de ses discours onctueux, mêlés de quelques gouttes de venin, sur la politique étrangère. S'il y avait en plus l'intervention d'un général, du ministre de la guerre ou de son représentant ou d'un amiral, comme Tirpitz, qui plus tard, avant et pendant la guerre, s'est acquis une si fâcheuse célébrité, le Reichstag ne savait répondre que par un silence respectueux ou par des applaudissements, quand il s'agissait de demandes pour l'armée ou la marine.

J'ai vu un jour Richter prendre violemment à parti l'amiral en question et lui prouver nettement la fausseté de ses dires. C'était pendant la séance du 7 février 1902 où l'amiral Tirpitz, alors secrétaire d'Etat de l'Office de la Marine, était accusé de tromperie. Une instruction secrète du secrétaire d'État von Tirpitz, publiée par le *Vorwärts*, montrait que lors de la discussion de la loi navale de 1900, il avait donné de fausses indications sur les frais que devait entraîner l'accroissement de la flotte et que, d'une manière générale, il avait faussement exposé les conséquences financières de la loi navale, pour qu'il semblât qu'elle ne donnerait pas lieu à de nouveaux impôts, et parce que, dans le cas contraire, elle n'aurait pas été votée. Tirpitz a naturellement nié, mais cela ne lui a servi de rien, pas plus que la défense que lui apporta le député Müller-Fulda. On gardait l'impression qu'il avait trompé le Reichstag sur les effets financiers de la loi navale. Bebel dit entre autres : « C'est la chose la plus grave qui puisse arriver aux représentants du peuple qu'un personnage responsable d'un Département d'empire demande des crédits supplémentaires aussi formidables en trompant le Reichstag par l'indication inexacte des dépenses exigées. Dans la vie ordinaire, on poursuivrait pour escroquerie le directeur d'une maison de commerce qui en ferait autant ». Eugen Richter a réfuté toutes les tentatives de défense de l'amiral Tirpitz en insistant sur le fait que, dans l'instruction secrète, Tirpitz lui-même reconnaissait avoir indiqué des chiffres inférieurs à la commission du Reichstag pour faire passer plus facilement la loi navale. Richter se résumait ainsi : « L'instruction de M. von Tirpitz contient l'aveu d'une dissimulation, d'un manque de franchise, que nous avons rencontrés malheureusement plus d'une fois chez M. le secrétaire d'État ». Si je rappelle cet incident et le jugement d'un vieux parlementaire aussi expérimenté sur l'amiral Tirpitz, c'est parce que celui-ci a exercé, pendant la guerre, des fonctions de premier plan et qu'il est de ceux qui sont responsables, en première ligne, du déchaînement de la guerre mondiale.

Au Reichstag, comme un peu partout, les effets énervants et démoralisateurs des vingt-cinq années du régime de Guillaume II s'étaient fait sentir et s'étaient traduits par un abaissement du niveau des caractères. En raison de l'essor formidable qu'avaient pris, à cette époque, l'industrie et le commerce allemands, les hommes d'énergie et d'intelligence s'étaient tournés de ce côté-là et, en outre, grâce à l'agitation et à la propagande continuelles des pangermanistes, le nationalisme et, à sa suite, le militarisme et la puissance du haut commandement en face du Reichstag avaient pris des proportions sans précédent même en Prusse. Qu'on se rappelle l'intervention provocante du ministre de la guerre von Falkenhayn, lors des débats sur le malheureux incident de Saverne, qui projeta sur la situation une lumière si vive que toute l'Europe effrayée regarda de ce côté et vit dans cette affaire, avec raison, le prélude de la guerre.

Il faut se rappeler tout cela pour comprendre que la révolution d'octobre 1918 ne pouvait, d'un seul coup, faire du Reich une république démocratique et des Allemands des démocrates et des républicains convaincus, un peuple capable de penser et d'agir par lui-même en politique. Les adversaires de l'Allemagne, disons plutôt ceux qui ont été les ennemis de l'Allemagne dans la guerre mondiale, devraient se le rappeler aussi. Ils comprendraient mieux, peut-être, qu'il faut de la patience et du temps pour que se développe en Allemagne la plante délicate de l'idée républicaine et démocratique, qu'ils avaient proclamée comme un de leurs buts de guerre, avec la chute de la dynastie des Hohenzollern, et que ce développement n'est possible que s'ils appuient et fortifient les éléments du peuple allemand qui sont les partisans et les champions sincères et convaincus de cette idée, au lieu de porter de l'eau au moulin des réactionnaires, des monarchistes et des nationalistes. S'ils continuent leur politique, ils accroîtront de plus en plus l'influence et le pouvoir de ces derniers qui, malgré le bruit qu'ils font, sont en réalité plus faibles encore qu'il ne paraît, jusqu'à ce que la grande majorité du peuple allemand se tourne soit vers eux, soit vers l'extrême-gauche, que l'agitation et la désunion s'étendent de plus en plus et que la situation devienne grave.

La révolution qui a balayé les gouvernements monarchiques en novembre 1918 n'a eu que partiellement pour origine le mécontentement d'une grande partie du peuple. Elle n'a pas été l'aboutissement d'une évolution en cours depuis des années; elle s'est produite juste à ce moment-là parce que les forces du peuple allemand avaient été tendues pendant la guerre par les dirigeants au point que même un peuple plus vigoureux et plus jeune encore se serait effondré; car il y a aux forces physiques et morales des hommes une limite que l'on ne peut dépasser. A partir de la déclaration de guerre c'est le haut commandement militaire qui fut le gouvernement. Le gouvernement civil, le chancelier de l'empire, les ministres des Etats confédérés, même l'empereur et les princes confédérés ne furent plus que les organes d'exécution, des pantins entre les mains du haut commandement, qui, seul, disposait du pouvoir, non seulement dans les affaires militaires, mais en tout; pouvoir auprès duquel pâlit celui d'un Napoléon. Mais les hommes qui personnifiaient cette toute-puissante dictature ne voyaient dans les masses humaines qui leur furent livrées le jour de la mobilisation qu'un instrument passif entre leurs mains, un matériel dont, grâce à une discipline de fer, ils avaient l'habitude de faire ce qu'ils voulaient, comme s'il se fût composé non point d'hommes vivants, doués de sensibilité et de pensée, mais d'êtres dépourvus de volonté, d'intelligence et de vie individuelle.

Avec leur mentalité exclusivement militaire et en arrière d'un siècle sur le développement moderne de l'humanité, ils oubliaient que les temps avaient prodigieusement changé et qu'aujourd'hui, où des peuples entiers, jusqu'au dernier homme, sont jetés dans la lutte, où toutes les forces de la nation doivent être tendues et utilisées dans leurs ramifications extrêmes, une guerre remue, jusque dans ses profondeurs, la vie tout entière de la nation; ils oubliaient, dans leurs calculs, que l'issue d'une pareille guerre, victorieuse ou non, et plus particulièrement dans cette dernière hypothèse, devait avoir des conséquences tout autres et infiniment plus profondes que les guerres des capitaines d'autrefois.

C'est ce qu'on vit lorsque, en octobre 1918, des revers décisifs frappèrent les armes allemandes. Alors ces dictateurs tout-puissants, qui se croyaient semblables à Dieu, perdirent soudain la tête. Depuis longtemps déjà, de leur propre aveu, ils n'avaient plus aucune foi dans la victoire, mais ils espéraient encore, semble-t-il, qu'un miracle se ferait ou que nos adversaires, après cette longue lutte, finiraient par perdre haleine et qu'ils échapperaient eux-mêmes tout au moins à la honte d'une défaite militaire incontestable et définitive. En outre, dans leur présomption et leur inaptitude à comprendre l'état d'esprit de nos adversaires, dans leur ignorance, qu'explique seule leur mentalité prussienne, ils avaient sous-estimé la force de l'armée américaine et la ténacité de l'Angleterre. Ils n'avaient aucune idée de ce qui se passait dans le peuple allemand et dans l'armée, qui ne faisaient qu'un, ou, s'ils s'en doutaient, ils n'entendaient pas ou ne voulaient pas entendre le sourd grondement du mécontentement et même du désespoir que percevaient déjà tous ceux qui avaient des oreilles; ou bien ils croyaient que leur puissance était encore capable de le réprimer par des mesures de violence. Lorsqu'enfin la catastrophe éclata, ils ne surent plus que faire, et celui qui aurait dû être le guide, l'empereur, chercha son salut dans la fuite, si bien que ceux qui restaient fidèles au Seigneur de la guerre et au monarque et qui étaient prêts à se sacrifier pour lui, se virent abandonnés et ne doutèrent plus que la partie ne fût définitivement perdue.

C'est alors que Ludendorff et Hindenbourg assaillirent par le téléphone et le télégraphe le gouvernement civil de Berlin, qu'ils avaient toujours considéré comme leur domestique, chargé d'exécuter leurs ordres et rien de plus, et qu'il le supplièrent d'entamer immédiatement, et à tout prix, non point des négociations de paix, mais des négociations d'armistice, sans quoi tout était perdu : c'est à peine si l'on pouvait tenir le front vingt-quatre heures encore. Ces gens qui, auparavant, alors qu'on aurait pu sauver des centaines de milliers de vies précieuses, s'étaient toujours opposés à toute tentative de négociations de paix, qui avaient ainsi prolongé la guerre jusqu'à l'absurde et avaient accru de plusieurs millions le chiffre des victimes, ces gens-là ne pouvaient plus attendre maintenant que le gouvernement du prince Max de Bade, qui, par esprit de sacrifice, venait de se charger des fonctions de chancelier, entamât des négociations d'armistice. Ils aggravèrent ainsi la catastrophe, car les négociateurs allemands se trouvèrent désarmés devant les exigences des généraux ennemis. Les conditions de l'armistice dépendent exclusivement des militaires et un chef d'armée qui, par une demande instante d'armistice et l'acceptation des conditions les plus rigoureuses, accuse la situation désespérée de son armée, est à la merci de l'ennemi. Il en est tout autrement d'un gouvernement qui propose l'ouverture de négociations de paix alors que ses armées se trouvent encore, intactes, sur le territoire ennemi.

C'est ce qu'avait bien vu le prince Max de Bade et c'est pourquoi il avait raison de vouloir proposer des négociations de paix au lieu d'implorer un armistice. Il ne céda que sur les supplications réitérées et instantes du haut commandement. La conséquence en fut qu'on réussit à ramener dans leur patrie les masses de troupes qui se trouvaient sur le territoire ennemi et aussi que l'immense majorité du peuple allemand, tout joyeux de cet heureux retour des soldats, eut l'impression que nous n'étions pas battus et que la guerre s'était terminée sans décision. Mais en apprenant l'abdication de l'empereur et sa fuite en Hollande, qu'ils considéraient justement comme une désertion — acte que tant de leurs camarades avaient dû payer de leur vie — les soldats qui rentraient, épuisés moralement et physiquement par les souffrances et les privations épouvantables des dernières années de la guerre, se joignirent tout naturellement à la révolution et lui donnèrent ainsi la force de renverser en un jour les institutions monarchiques dans toute l'Allemagne.

Ludendorff et ses partisans, les pangermanistes et les réactionnaires, articulent une contre-vérité grossière quand ils prétendent que ce sont les civils de l'arrière et leurs représentants qui ont perdu courage les premiers et n'ont pas tenu jusqu'au bout, que ce sont les pacifistes, les socialistes et les communistes qui, par leur « coup de poignard dans le dos » ont fait chanceler le front, et sont responsables de la catastrophe. C'est seulement parce qu'un deuxième Sedan a été épargné à messieurs Ludendorff et consorts qu'ils ont pu inoculer au peuple allemand la légende de leur non-culpabilité dans la catastrophe et de la trahison de l'arrière. Et avec cette incapacité de penser du public allemand, avec l'ignorance dans laquelle se trouve encore aujourd'hui la grande majorité du peuple allemand sur ce qui s'est passé pendant et après la guerre, et grâce à la courte mémoire de la plupart des hommes, ils ont malheureusement réussi à trouver créance, surtout dans la bourgeoisie allemande, et à jeter la confusion dans les cerveaux

A cela s'est ajouté la politique des alliés, la continuation du blocus après la fin de la guerre, le malheureux traité de Versailles, la déception causée par Wilson, dont le peuple allemand avait cru pouvoir espérer qu'il le sauverait de conditions de paix intolérables. Dans l'ivresse de leur triomphe, nos présomptueux adversaires ne pensèrent plus qu'à exploiter la victoire pour leur avantage momentané, à se venger de l'injustice subie, à rendre toutes les souffrances endurées; ils oublièrent toutes leurs belles paroles sur la lutte « pour la libération des peuples de la tyrannie du militarisme prussien », sur la « guerre, qui devait rendre la guerre à tout jamais impossible », bref tout ce pourquoi des centaines de milliers des leurs avaient cru combattre et avaient sacrifié leur vie. Un changement soudain se produisit alors dans les esprits en Allemagne. En novembre 1918, les soldats allemands auraient jeté leurs armes avec joie et auraient été sincèrement disposés à croire à la promesse nouvelle d'une société des peuples, d'un règlement pacifique des conflits internationaux, à transformer leur système de gouvernement en un système libre et démocratique et à procéder à un désarmement complet. On dira ce que l'on voudra, au fond le peuple allemand n'est ni belliqueux ni avide de gloire, il l'est beaucoup moins que le peuple français.

MON ATTITUDE VIS-A-VIS DE LA GUERRE
ET DU PACIFISME

Etre renié de sa famille et de son
pays, on ne peut avoir de plus belle con-
sécration. Il y a des outrages qui vous
vengent de tous les triomphes, des sif-
flets qui sont plus doux que tous les
triomphes.

GUSTAVE FLAUBERT.

Avant de poser la plume avec laquelle j'ai confié au
papier ces souvenirs de ma vie, je voudrais encore, pour
ceux de mes lecteurs qui ne me connaissent pas, dire un
mot de mon attitude pendant la guerre mondiale ; non point
que j'aie la prétention de croire que cette attitude ait eu
une influence quelconque sur la marche des événements,
mais seulement pour empêcher la formation d'une légende.

Certains propos, que j'ai publiés au cours de la guerre
et plus tard dans des journaux de pays neutres, ont été
interprétés par une partie de la presse allemande dans un
sens qui ne répond pas à la vérité. Je fais abstraction des
injures et des calomnies auxquelles doivent s'attendre tous
ceux qui, à une époque comme la nôtre, osent ne pas suivre la masse et ne pas souffler dans la trompette des exci-
tateurs payés ou volontaires, mais qui s'offrent le luxe d'une
opinion personnelle et d'une pensée indépendante. « Quand
on descend dans la rue et que vient à souffler sur vous la
poussière des passions et des bêtises humaines, il faut cour-
ber la tête, se rouler dans son manteau et passer droit. Puis,

à la porte du sanctuaire, on rejette toute cette ordure avec un grand mouvement d'épaules » a écrit ailleurs Flaubert. C'est ainsi que j'ai toujours fait en pareille circonstance. Je me bornerai à rectifier deux affirmations que j'ai rencontrées à plusieurs reprises dans les journaux, même dans ceux qui me sont favorables, à savoir : 1º que je suis un « pacifiste » et 2º que je suis un « démocrate rouge ». Ni l'une ni l'autre ne sont conformes à la réalité. En me faisant passer pour l'un ou l'autre, j'aurais l'impression de jouer la comédie. Je sais bien qu'en politique il est souvent impossible d'éviter la comédie, mais comme je me suis retiré de la vie publique depuis plusieurs années déjà et que je n'ai plus l'ambition de jouer un rôle politique, je ne vois pas de raison plausible de me déclarer autre chose que ce que je suis.

Quand j'étais encore membre du Reichstag allemand, j'ai été maintes fois l'objet des railleries de quelques journaux allemands conservateurs à cause de mes sentiments soi-disant démocratiques ou « rouges », et même on en donnait comme preuve une cravate rouge que j'avais portée une fois par hasard. Il y avait là, je le remarquai bientôt, une certaine tactique qui avait pour objet de me mettre hors d'état de nuire suivant le principe « le ridicule tue », parce qu'on s'était aperçu que je ne me laissais point facilement embrigader dans la grande masse d'un parti et qu'à l'occasion même j'étais capable de suivre seul mon chemin. Or on n'aime pas beaucoup cela en Allemagne, et surtout dans l'Allemagne d'alors, où la « foi dans les autorités » était plus solidement enracinée que partout ailleurs. Quiconque paraissait avoir un peu d'indépendance dans ses idées était tout de suite suspect, tout au moins antipathique. L'arme que l'on emploie de préférence est le ridicule ou, si cette arme ne porte pas, la conspiration du silence ; si ni l'une ni l'autre n'ont d'effet, alors on va chercher des armes plus empoisonnées : c'est ce qu'on fit plus tard pour moi lorsque mon père prit le poste de chancelier et que je devins ainsi une cible commode permettant d'atteindre également mon père. Je n'aurais pas voulu toucher ici à cette question, qui n'a que bien peu d'importance pour le public, maintenant que j'ai quitté la vie politique, et qui n'est plus qu'une affaire privée. Mais je ne voudrais pas être mis dans le même sac que tant de gens qui se posaient autrefois en soutiens du système monarchique et conservateur, tout au moins en partisans d'un libéralisme ouvertement incliné à droite, et qui ont découvert soudain leur cœur « démocratique » ou « socialiste ».

Il y a vingt-cinq ans, après un court passage chez les conservateurs, je siégeai, au Reichstag, parmi les « sauvages », c'est-à-dire les députés qui n'appartiennent officiellement à aucun parti. Je suis resté un « sauvage » jusqu'à aujourd'hui. Si par la qualification de « démocrate » on voulait indiquer que j'étais un républicain, je dirais qu'à mon avis un peuple peut être heureux aussi bien sous une constitution républicaine que sous une constitution monarchique. Cela dépend des hommes qui sont à la tête, soit dans la république soit dans la monarchie, et du degré de développement politique d'un peuple et de son aptitude à contrôler ses dirigeants. Une oligarchie de politiciens sans scrupules, malhonnêtes ou dominés par l'esprit de parti, peut exploiter et tyranniser une démocratie plus durement qu'un tyran[1]; et un monarque, même un autocrate, consciencieux, humain et sage, peut rendre un peuple aussi heureux qu'un gouvernement républicain. La même constitution ne convient pas à tous les peuples et, pour résoudre la question de savoir quel

----

1. C'est ce que l'on peut voir en Amérique et en France.

est le meilleur gouvernement pour un peuple, il convient d'envisager divers facteurs : aussi bien le degré de maturité politique que les qualités de caractère et les particularités ethniques, les traditions et le passé de ce peuple. Il n'est donc pas facile de se prononcer irrévocablement pour telle ou telle constitution. Les expériences que nous avons faites, nous Allemands, avec notre dernier empereur, le régime sous lequel nous avons vécu dans les trente dernières années, n'étaient pas de nature à nous convaincre des avantages décisifs de la monarchie héréditaire, quand elle n'est pas limitée dans son pouvoir par des formes constitutionnelles. La possibilité qu'un hasard désastreux mette sur le trône, en vertu de sa naissance, un homme à qui la nature a refusé les qualités de caractère, d'intelligence et de cœur nécessaires à un prince régnant, est un trop grand danger — le règne de Guillaume II en est la preuve — pour ne point souhaiter que le peuple allemand en soit, à l'avenir, mis à l'abri. Quelle est, pour un peuple, la meilleure façon de se protéger contre ce danger et cette protection se trouve-t-elle seulement dans une république démocratique ou socialiste ? C'est là une question sur laquelle on peut être d'avis différents.

Dans toutes les révolutions, à commencer par la grande Révolution française, on a beaucoup parlé de liberté, de fraternité et d'égalité ; mais les masses que l'on enflammait avec des phrases de ce genre sont toujours restées les dupes. En définitive, leur libération n'était qu'un changement de maîtres ; elles restaient toujours sous le joug. Il en a été ainsi chaque fois. On ne se rassasie pas avec des phrases. Lorsque, soit en toute sincérité et de bonne foi, soit dans une intention de tromperie, les chefs ont poussé les masses au combat, quand ils les ont pendant quelque temps nourries et tenues en haleine avec de belles paroles et de belles illusions et que, cependant, le paradis promis, l'âge d'or que l'on a fait entrevoir, n'apparaît point, alors le Demos, le « rhinocéros à demi aveugle », suivant le mot de quelqu'un, devient furieux et, dans sa rage, piétine tout ce qu'il rencontre. Mais quand sa fureur s'est calmée, l'animal dangereux est fatigué et il finit par se coucher. Il s'agit alors de le capturer et de lui assurer un pacage suffisant où il se laisse gentiment parquer. Au fond, il n'y a qu'une chose qui compte pour lui, c'est de manger. Pour celui qui a cru à l'idéal d'une révolution, qui a pris toutes ces belles paroles pour de l'argent comptant, pour celui qui était sincèrement convaincu que dorénavant l'humanité se montrerait plus clairvoyante, et qu'elle était devenue meilleure et plus heureuse, c'est un triste spectacle que de voir avec quelle facilité les masses s'accroupissent devant la mangeoire que leur présente un gardien quelconque, combien sont inutiles tous les efforts et toutes les luttes et souvent toute l'effusion de sang qu'entraîne une révolution, et de constater enfin que si les anciennes chaînes ont été brisées, on en a forgé et mis aussitôt de nouvelles.

Je ne sais pas s'il en sera jamais autrement. Peut-être un jour viendra-t-il, où la morale fera les mêmes progrès que la science et la technique, un jour où se réalisera le souhait exprimé jadis par Benjamin Franklin que « les hommes « cessent enfin d'être des loups les uns pour les autres et « que les créatures à visage humain commencent à reconnaître ce qu'elles appellent aujourd'hui à tort l'humanité ». Jusqu'à présent nous n'avons guère pris cette direction. Il semble presque que Gœthe avait raison quand il disait à Eckermann que l'humanité « serait peut-être un « jour plus intelligente, mais non meilleure, ni plus heu-

« reuse, ni plus énergique, sauf par intervalles » ; et si l'on considère la situation dans laquelle se trouve aujourd'hui le monde, on serait presque tenté de croire que le moment, prédit par Gœthe, est venu, « où Dieu n'éprouve plus aucune « joie à le contempler et où il va être obligé de tout repétrir « pour une nouvelle création ».

Dans les livres d'histoire qui parlent du Moyen Age et que nous lisions à l'école, on cherchait à nous inspirer l'horreur des chevaliers pillards et des seigneurs féodaux. Mais quand je vois les chevaliers pillards d'aujourd'hui et les seigneurs féodaux modernes qui gouvernent le monde, je suis obligé d'avouer que je me sens pris d'une certaine sympathie pour mes ancêtres. Eux non plus n'étaient pas autre chose. Mais si on les compare à leurs modernes imitateurs, ils étaient au moins environnés d'un certain charme romantique ; ils agissaient à découvert et se donnaient pour ce qu'ils étaient, depuis le petit chevalier pillard qui guettait le voyageur à la lisière d'un fourré jusqu'au seigneur qui, du haut de son château-fort, surveillait les routes et faisait arrêter et piller par ses gens toutes les caravanes de marchands qui se trouvaient à passer, ou tout au moins leur arrachait une forte rançon. Mais ceux d'aujourd'hui dissimulent leur rapacité sous le manteau de l'hypocrisie. Ils n'opèrent pas à découvert, même les petits. Ils pillent leurs victimes sous le masque d'une maison de commerce ou de spéculations à la Bourse. Et les grands sont de véritables despotes que les peuples connaissent à peine de nom. Ils ont à leur disposition de tout autres moyens que leurs prédécesseurs de jadis. Ils sont assis dans les bureaux des grandes banques, des grandes sociétés industrielles, des grands journaux ; et les gouvernants des démocraties, les présidents des républiques, les ministres, les « représentants du peuple » sont ou sciemment leurs alliés ou inconsciemment leurs instruments. Ils ont la puissance, sans les dangers personnels de la puissance.

Le tyran au Moyen-Age était obligé de porter une cotte de mailles et une armure quand il sortait à la tête de ses gens pour faire son métier de bandit. Ceux d'aujourd'hui n'ont pas besoin d'exposer leur peau. Leurs armes sont la presse et les bulletins de Bourse, le téléphone et le télégraphe ; du fauteuil confortable où ils sont assis, il leur suffit de dicter leurs ordres sous la forme d'un câblogramme ou d'un radiogramme ou de lancer une information par l'un des journaux qui leur appartiennent et, en l'espace de quelques minutes, leur brigandage est accompli. C'est ce qui fait que la plupart d'entre eux sont si gros et si gras qu'ils ne pourraient entrer dans l'armure d'un de leurs collègues d'autrefois. Leur métier exige aujourd'hui beaucoup moins d'efforts physiques et de mouvement. En face de ces requins modernes de grand style, mes aïeux trop calomniés étaient des enfants inoffensifs, sans compter qu'ils avaient des allures chevaleresques et savaient se montrer généreux à l'égard de leurs victimes. Mais aujourd'hui, il n'est plus question de mœurs chevaleresques. Ce qui règne, c'est la rapacité brutale sous sa forme la plus repoussante. Et ce qu'il y a de terrible, c'est que les tyrans modernes ne se contentent pas de quelques victimes et d'un peu de sang versé ; il faut que des millions de jeunes gens périssent et que s'entassent des pyramides de cadavres pour que leur soif de puissance et d'argent soit satisfaite. Je ne veux évidemment pas prétendre par là que ce soit la grande finance, la grosse industrie, etc...qui sciemment allument ou aient allumé la guerre ; je suis convaincu que la plupart des magnats financiers de Berlin, Paris, Londres ou New-York auraient préféré qu'en août 1914 le conflit avec la Serbie fût réglé pacifiquement

et qu'il n'y eût point de guerre mondiale. Ceux que l'on
appelle « les gros industriels » et même ceux d'entre eux
qui fabriquent des armes et des munitions de guerre, je ne
les considère ni comme assez mauvais ni comme assez stupides pour qu'ils aient sciemment et intentionnellement
amené la guerre, car leurs affaires étaient déjà assez bril-
lantes en temps de paix et le supplément temporaire de
bénéfices qu'une guerre devait leur assurer était compensé,
d'autre part, par les préjudices qu'ils devaient subir eux
aussi du fait de la décadence, de la ruine générale des
affaires, qui devait nécessairement succéder à une guerre.
Mais ils sont aussi indirectement responsables ou co-res-
ponsables de la guerre, car les conflits pour lesquels on fait
la guerre aujourd'hui sont au fond des conflits économiques
et ils sont causés par l'avidité et la soif de puissance dé
ceux qui, dans un intérêt égoïste, empêchent l'entente et
les relations pacifiques entre les peuples en fermant les
frontières des divers États pour assurer des avantages à
quelques producteurs. Il suffit de se rappeler les causes des
principaux conflits et des guerres qui en ont résulté dans
les temps modernes, sans oublier le rôle que l'égoïsme des
intérêts agrariens y a joué. (Qu'on se souvienne, par exemple, des obstacles mis par la Hongrie à l'importation des
porcs serbes).

Il ne faut pas oublier non plus que le socialisme marxiste,
en proposant aux masses ouvrières comme unique idéal et
comme but principal de leur lutte l'accroissement de leur
bien-être matériel, a contribué à fortifier l'égoïsme des
peuples, à multiplier les causes de conflits entre eux et à
leur donner de plus en plus un caractère matériel et économique. Il faut se rappeler aussi que c'est l'organisation et
en quelque sorte la militarisation des masses ouvrières

socialistes par leurs chefs qui a cultivé chez elles ou tout au moins favorisé l'esprit militaire et a permis aux chefs et dirigeants militaires de se servir de ces masses au moment décisif, pour leur propre but, comme d'un « matériel humain ». Ce sont les chefs socialistes eux-mêmes qui les ont livrées à l'abattoir, alors même qu'ils auraient dix fois refusé les crédits militaires pendant la guerre. C'est seulement quand les ouvriers s'en seront rendu compte, quand ils se seront unis par-dessus les frontières nationales et quand ils s'opposeront à la guerre — et s'ils étaient unis ils en auraient déjà le pouvoir — qu'il n'y aura plus de guerres.

Si, après cette digression, je voulais indiquer ma nuance politique, je dirais que l'étiquette « démocrate » me convient assez, si l'on entend par « démocratie » qu'un peuple doit avoir le droit de choisir lui-même son gouvernement et de contrôler l'exercice du pouvoir gouvernemental à l'intérieur comme à l'extérieur; mais surtout, qu'il doit trancher lui-même la question de la guerre et de la paix et ne pas la laisser à la discrétion d'un seul homme, comme le faisait l'ancienne constitution allemande. Quelle est la meilleure façon d'assurer ce contrôle et quel est le système qui donne à un peuple les meilleures garanties à cet égard? On peut être d'avis différents sur ce point. Quelle que soit la perte de prestige que le régime parlementaire ait subie dans beaucoup de pays et quelles qu'on soient les lacunes, il ne semble pas qu'on ait encore trouvé de meilleur système pour sauvegarder les droits du peuple. Doit-il y avoir à côté de lui, comme en Angleterre, une monarchie, constitutionnelle naturellement, dans laquelle les droits et les pouvoirs du monarque sont rigoureusement limités, ou bien doit-on mettre à la tête du pays un président de république comme en Amérique et en France, ou, comme en Suisse, un triumvirat dont l'un des membres porte le titre de président et change chaque année? cela me paraît indifférent et dépend plutôt du goût et des traditions de chaque peuple. J'incline à croire que la monarchie constitutionnelle conviendrait à l'Allemagne aussi bien que la république.

Mais pourquoi le peuple allemand ne serait-il pas heureux, lui aussi, sous une constitution républicaine? Il est exact que, d'après son histoire, il paraît avoir une prédilection pour la monarchie. Mais qui sait? Peut-être la république allemande qui a été enfantée dans la douleur le 9 novembre 1918 aura-t-elle une plus longue existence que ses fondateurs n'osent l'espérer aujourd'hui. Est-ce que la IIIᵉ République française, qui paraissait également si faible et si peu viable dans ses premières années, n'est pas toujours debout, en dépit de toutes les attaques et des convoitises de plusieurs prétendants? N'a-t-elle pas même fait courageusement face au plus grand danger qui puisse menacer une république, à une guerre — et quelle guerre — et n'en est-elle pas sortie victorieuse? Sans doute, si la République française a survécu aux nombreux périls qui l'ont menacée dans les vingt premières années, elle le doit tout d'abord au fait que, dans son « cauchemar des coalitions » qui, de son propre aveu, « lui a valu plus d'une nuit sans sommeil », Bismarck a soutenu la république en France de toute son influence, alors décisive en Europe, parce qu'il jugeait une république française moins capable de trouver des alliances qu'une monarchie française. Il ne faut pas oublier d'ailleurs qu'elle a produit des hommes de caractère, comme Gambetta, Jules Ferry, Waldeck-Rousseau qui, sans aucun doute, ont beaucoup contribué à lui faire traverser les tempêtes les plus dangereuses et à la fortifier. Pourquoi ne se trouverait-il pas en Allemagne des hommes de ce genre, qui

soient des guides et des conseillers de la République dans
les dangers qui la menacent encore et qui l'aident à surmonter les difficultés des premières années? Qui sait? Peut-
être la dure école par laquelle doit passer aujourd'hui le
peuple allemand lui donnera-t-elle enfin la maturité et
l'expérience politique qui lui ont toujours manqué jusqu'à
présent et que ne voulait ni ne pouvait lui donner le régime
précédent, sous lequel il s'était habitué pendant près d'un
demi-siècle à être mené à la lisière et à laisser les autres
penser pour lui! Pourquoi un peuple, qui possède tant d'excellentes qualités, qui a fait de si grandes choses dans tous
les domaines de l'activité humaine, n'apprendrait-il pas à
penser politiquement et à se conduire lui-même? Bismarck
a prononcé ce mot devenu célèbre : « Mettons l'Allemagne
en selle, elle saura vite se tenir à cheval »! Mais pour qu'un
élève apprenne à monter, il faut qu'à un moment donné le
maître d'équitation délivre le cheval de la longe et ait confiance dans le cavalier. Ni Bismarck, ni Guillaume II n'ont
montré cette confiance à l'égard des Allemands et le résultat est qu'ils sont en politique aussi gauches et inexpéri-
mentés que des enfants. Voilà pourquoi, après la proclama-
tion de la République allemande, le monde entier constata
avec stupéfaction que l'Allemagne manquait étrangement
d'hommes et de caractères capables de voir clairement le
but à atteindre et de saisir les rênes avec énergie : et nous
souffrons encore de ce manque. Les difficultés qui continuent
à accabler l'Allemagne ont précisément leur origine dans le
fait que les hommes nouveaux, sentant leur incapacité et
leur inexpérience, en ont été réduits à faire appel au personnel de l'ancien régime pour que la machine continue à
marcher et qu'ils n'ont pas eu le courage de faire hardiment
table rase et de se mettre au gouvernail. N'est-il pas carac-

téristique que la « république allemande » porte encore le nom de « Deutsches Reich » et que ses fondateurs n'aient pas osé appeler officiellement ce « Reich » la République allemande. C'est au peuple allemand de montrer s'il est digne ou non de la liberté conquise et s'il est capable de la conserver pour toujours. Si c'est dans ce sens qu'on veut m'appeler « démocrate », j'y consens.

En ce qui concerne ma couleur « rouge », qui voulait dire sans doute une sympathie pour le socialisme de gauche, car les autres social-démocrates, en Allemagne et probablement partout, ne sont pas autre chose aujourd'hui que des bourgeois, j'accepterais aussi cette appellation, si elle doit représenter, contrairement à la vieille conception conservatrice, les idées suivantes : il y a dans le socialisme un fond de vérité et il n'est plus possible aujourd'hui de traiter les ouvriers et les employés suivant le vieux système patriarcal ; on doit juger parfaitement légitime le désir de l'ouvrier d'être protégé par l'Etat contre les dangers de la vieillesse, de la maladie, de l'invalidité, etc...; il faut donner satisfaction à la demande de l'ouvrier de participer plus équitablement au produit de son travail et raisonnablement au contrôle de ce produit. Il faut également faire droit à ses prétentions à une existence plus humaine et meilleure et à la possibilité de s'élever pour lui et ses enfants; il faut protéger contre l'exploitation tous ceux qui travaillent non seulement avec leurs mains et leurs bras mais aussi avec leur cerveau et leur intelligence ; il faut même que la législation proclame non seulement le droit, mais encore le devoir de travailler pour tous les citoyens qui en sont capables. Si des idées de ce genre méritent que l'on vous traite de « rouge », je ne vois aucun inconvénient à passer pour un « démocrate rouge ».

Sur un point cependant mes conceptions cadrent mal avec ce qui précède. Je ne suis pas partisan de l'ingérence excessive de l'Etat dans la vie de l'individu et de la famille et de la domination intolérable d'une bureaucratie anonyme, pire encore que la tyrannie d'un autocrate. Un autocrate peut être éclairé et sage et avoir le sentiment de la responsabilité ; d'autre part, on arrive à s'en débarrasser, s'il se comporte mal ; tandis que l'hydre bornée, paresseuse et souvent méchante, de la bureaucratie ne connaît jamais ce sentiment de la responsabilité, et vous avez beau lui couper plusieurs têtes, il lui en pousse toujours de nouvelles.

Plus j'avance en âge, et, surtout après ce que nous avons vu ces derniers temps, plus se fortifie en moi la conviction que je m'étais formée dans ma jeunesse à l'université, à savoir que la liberté de l'individu est un bien si précieux que seule la constitution politique qui garantit le plus sûrement cette liberté est susceptible de faire le bonheur d'un peuple, de rendre supportable la vie de l'individu et de lui permettre d'augmenter la valeur de sa personnalité. On dira ce que l'on voudra : le progrès de l'humanité est l'œuvre de quelques hommes ; la masse n'a jamais été et ne sera jamais qu'un enfant mineur. « L'humanité, a dit un jour Gœthe, c'est une abstraction. Il n'y a jamais eu que des hommes[1] » ; et je suis de l'avis de Nietzsche quand il fait dire à Zarathoustra : « Je ne veux pas être confondu avec les prédicateurs de l'égalité. Car, la justice me dit : Les hommes ne sont pas égaux »[2].

La domination de la masse, « la dictature du prolétariat » n'est qu'un mot, derrière lequel se cache, on l'a vu en Russie, la dictature de quelques démagogues, qui se sont empa-

---

1. Eckermann, *Entretiens avec Gœthe*, II, 83.
2. *Zarathustra*, II, « Von den Taranteln ».

rés du pouvoir par la force ou par hasard pour l'exploiter contre les masses. Autant que j'ai pu m'en rendre compte jusqu'à présent, le prolétariat n'est pas plus heureux en Russie ; par contre, le pays menace de retomber dans l'anarchie chronique et la barbarie.

En ce qui concerne mon « pacifisme », je suis évidemment très loin de considérer comme une injure ou une calomnie d'être appelé « pacifiste », bien que, dans l'esprit des journalistes dont j'ai parlé plus haut, le nom de « pacifiste » signifie à peu près « traître à son pays » ; si je ne m'estime pas autorisé à m'intituler « pacifiste », c'est qu'à mon avis celui-là seul a droit au titre d'honneur de « pacifiste » qui, avant la guerre déjà, était convaincu non seulement que la guerre était nuisible à l'humanité, mais encore qu'il était possible de l'éviter, qui, en outre, n'a pas craint alors d'exprimer publiquement sa conviction, qui a mis tous ses efforts au service de la cause de la paix, est intervenu en faveur de la solution des difficultés internationales par la voie de l'arbitrage et de l'établissement d'une entente internationale permanente et qui a lutté contre ce mauvais argument, toujours employé par tous les gouvernements : « Si vis pacem, para bellum ». Des « pacifistes », dans le vrai sens du mot, c'étaient des personnages comme Frédéric Passy, Bertha von Suttner, D' Alfred H. Fried, pour ne parler que des morts. Ceux-là et d'autres ont rendu, comme « pacifistes », des services inoubliables à la cause de la paix, et un jour viendra où on leur élèvera des monuments, mais il y aurait quelque présomption de ma part à m'intituler « pacifiste ». Par hérédité déjà, j'étais peu prédisposé au pacifisme ; j'ai dans mes veines plus d'une goutte de sang guerrier et plusieurs de mes ancêtres, paternels et maternels, ont été dans les siècles passés hommes de guerre et chefs d'armée, comme les comtes de Hohenlohe, que Schiller mentionne dans son Histoire de l'émancipation des Pays-Bas, et plusieurs autres.

Non seulement l'hérédité, mais encore mon éducation et l'époque dans laquelle j'ai grandi étaient peu propres à faire de moi un « pacifiste », car le « pacifisme » était alors à ses débuts et à peu près complètement inconnu dans mon milieu : le public même le considérait comme une lubie de quelques songe-creux et, dans l'hypothèse la plus favorable, comme un idéal encore très éloigné. N'est-il pas caractéristique qu'un homme comme mon père, même quand il était chancelier, ne se soit jamais intéressé activement au pacifisme et n'ait pas connu une femme comme Bertha von Suttner et les autres pacifistes cités plus haut. Il n'était pourtant rien moins qu'un chauvin, un nationaliste ou un militariste ; il m'a souvent parlé des armements excessifs des grandes puissances et il les a déplorés ; mais il restait, lui aussi, convaincu que la guerre était inévitable, que c'était là un phénomène qui devait se produire à certains intervalles avec une nécessité élémentaire.

Ma formation scolaire n'était pas davantage pacifiste : à l'époque où j'allais au lycée — il y avait cinq ans à peine que la glorieuse paix de Francfort avait été signée — l'enseignement était si saturé de « patriotisme » qu'il ne pouvait être question « d'idées pacifistes ». Peut-être, d'ailleurs, le dégoût que m'inspiraient déjà les anniversaires de Sedan et autres fêtes patriotiques et les phrases creuses des discours prononcés à cette occasion, a-t-il commencé à ouvrir mon esprit au « pacifisme » en fortifiant l'esprit d'opposition qui était inné en moi et qu'avait cultivé un précepteur [1] socialiste. Je n'ai fait partie d'aucune association de pacifistes ;

1. D' August Rüdt, plus tard député socialiste au Landtag de Bade, mort en 1918.

j'avoue même que jusqu'à la guerre je ne connaissais pas beaucoup plus le « pacifisme » que la plupart de mes compatriotes. En tout cas, avant 1914, je restais convaincu que les guerres étaient un mal inévitable et — si désirable que fût le contraire — le seul moyen de résoudre certains conflits entre les peuples. Il n'y a qu'une chose dont je me rendais déjà clairement compte, c'est que les armements croissants des grandes puissances devaient nécessairement conduire à la guerre et que la théorie du « Si vis pacem, para bellum » et des dépenses d'armements qui seraient « des primes d'assurance », était fausse. Mais je croyais qu'il n'était pas encore possible de trouver un moyen efficace d'empêcher la guerre et que tout ce que l'on pouvait faire, c'était de se borner à une politique extérieure pacifique et raisonnable.

Je me rendais compte aussi que la politique extérieure allemande, telle que nous l'avons vue dans les quinze dernières années avant la guerre, et les discours que l'empereur d'Allemagne faisaient périodiquement retentir dans le monde entier devaient conduire à une catastrophe dans un avenir prochain. Mais je me représentais mal et connaissais peu l'importance et l'utilité d'une action « pacifiste ».

La guerre mondiale me surprit à l'étranger et m'enferma en Suisse, car, au début, les relations avec l'Allemagne étaient interrompues ; et, comme mon âge me dispensait du service militaire, que, d'ailleurs, mon état de santé ne me permettait pas, je décidai de rester en Suisse. Je vis très vite, en effet, qu'il me serait plus facile dans un pays neutre d'avoir une vue objective sur la marche des événements et que j'en serais plus rapidement informé qu'en Allemagne. En outre, j'avais à ce moment-là, comme presque tout le monde, l'illusion que la guerre serait terminée en quelques mois. Cette illusion disparut bientôt ; et à partir de la bataille de la Marne je ne doutai plus que la lutte serait longue et terrible et que nous ne pouvions plus espérer qu'une paix où il n'y aurait ni vainqueurs ni vaincus, « une paix d'entente ». Mais, lorsqu'au cours de la guerre, les fautes des dirigeants allemands, militaires et civils, et l'incompréhension de l'état d'esprit de nos adversaires, même de ceux qui étaient encore neutres, éclatèrent de plus en plus et que tous les éléments encore capables de raisonner aperçurent la pente abrupte par laquelle le malheureux peuple allemand allait être précipité dans l'abîme, il me fut impossible de rester spectateur silencieux. A cela s'ajouta l'indignation qui s'empara de moi quand je vis que mes compatriotes étaient systématiquement et honteusement trompés par leurs chefs responsables et que le poison du mensonge produisait peu à peu ses effets désastreux dans tout le peuple allemand. Mais ce qui me faisait le plus horreur, c'était de voir que certains misérables, bien à l'abri dans leurs salles de rédaction, mercenaires ou volontaires, aidés par certains professeurs et écrivains que la rage aveuglait, ne cessaient d'exciter la haine la plus farouche et d'amener au Moloch de la guerre de nouvelles victimes, et, dans l'intérêt des gens à qui la prolongation de la guerre permettait des bénéfices, se plaisaient à déjouer la moindre possibilité d'entente. Je me rendais compte que le haut commandement allemand, pour qui la guerre paraissait être devenue un but en soi, rendait une catastrophe inévitable en étouffant dans son germe toute possibilité de paix, en exigeant du peuple un effort démesuré et en étendant à l'infini ses buts de guerre, et qu'en même temps, par son inintelligence complète de la situation intérieure, le gouvernement allemand amenait la révolution avec une certitude mathématique. Alors, comme l'ont fait d'autres Allemands à qui le sort a accordé la faveur d'observer la marche des événements dans une atmosphère un peu plus pure et moins obscurcie par le brouillard des mensonges, et de conserver ainsi la clarté de leur pensée, j'ai décidé de m'appliquer à éclairer l'opinion publique allemande sur la situation véritable et, avant qu'il fût trop tard, de préconiser une paix d'entente, qui était la seule possibilité de nous sauver de la ruine où nous sommes maintenant plongés. Précisément parce qu'on ne m'aurait pas accepté pour le service de guerre, même si je l'avais voulu, j'ai considéré comme mon devoir et celui de tous les hommes en qui battait un cœur humain, de faire tout ce qui était en mon pouvoir pour sauver la vie aux centaines de milliers de jeunes gens qu'une prolongation de la guerre condamnait à accroître le nombre des morts et des mutilés, alors que cette folle et criminelle entreprise en avait déjà coûté plusieurs millions.

Ce sont là les seuls motifs qui m'ont amené à prendre la plume et à dire publiquement mon opinion, et cela d'un pays neutre, puisqu'une censure impitoyable m'ôtait la possibilité de dire la vérité dans un journal allemand. Je ne regretterai jamais d'avoir fait cela et je ne le regretterais pas davantage si j'y avais récolté plus d'injures et d'accusations encore de la part de certains compatriotes abusés ou d'agents payés pour m'attaquer. Si je regrette quelque chose, c'est de n'en n'avoir pas assez dit et d'avoir eu trop de ménagements. N'aurais-je contribué que pour une part infime à ouvrir les voies à la vérité dans certains esprits, ma récompense est suffisante.

J'ai tiré de tout cela un autre profit. J'ai complété mes connaissances psychologiques. Dans toute lutte pour une bonne cause, on fait une curieuse expérience. J'ai constaté cela plus d'une fois dans ma vie. On se trouve très vite dans une société étrange qui ne vous est pas toujours sympathique, qui vous est même quelquefois désagréable, et il faut souvent un effort pour ne pas se laisser induire en erreur par cette première impression. C'est ce qui m'est arrivé, pendant la guerre, avec le « pacifisme ». Je me suis vu bientôt dans une société qui me causa quelque étonnement, parmi des gens qui, considérés au grand jour, avaient souvent des idées, des intentions et des buts tout autres que les miens. Il était curieux d'observer les figures bizarres, comiques ou tristes qui surgissaient alors, personnages douteux qui se servaient de la cause comme d'un moyen pour leurs buts égoïstes, individus qui vous faisaient douter de leur équilibre intellectuel, pauvres diables inoffensifs, planant dans l'idéal, utopistes, escrocs, tout cela formant un mélange bigarré, d'où surgissait parfois une noble et précieuse personnalité, un caractère que l'on gagnait à avoir connu. Rien de tout cela ne m'a effrayé.

Voilà tout simplement comment je suis devenu « pacifiste ». Aujourd'hui je suis convaincu que les « pacifistes » avaient raison de prétendre que la guerre n'était pas une solution des conflits internationaux, en tout cas pas une solution durable, car une guerre qui se termine par une paix de violence ne fait qu'enfanter de nouvelles guerres. Je sais aujourd'hui que, pour conserver au monde l'Europe et sa civilisation, il n'y a qu'un moyen : c'est la création d'une société des peuples, tout au moins des peuples européens, la fondation des « Etats-Unis d'Europe », parmi lesquels je compte aussi l'Angleterre. Si l'Amérique s'y joint, tant mieux. Mais sans une entente et sans une réconciliation des peuples européens, une nouvelle guerre est inévitable, et il n'est pas douteux qu'avec le développement qu'ont déjà pris les moyens de destruction « grâce » à la science et à la technique, elle signifierait la fin et la ruine définitive de l'Europe. Les peuples ne se rendent pas encore clairement compte de cet effroyable danger, et, si l'on n'y pare pas énergiquement et en temps voulu, il pourra y avoir une fois de plus un terrible réveil.

Sans doute, pour me soustraire à tous les désagréments, j'aurais pu faire comme beaucoup d'autres. J'aurais pu me contenter d'être le spectateur silencieux de la danse macabre ou d'applaudir aux exploits que d'autres accomplissaient. Plus d'une fois pendant la guerre, tel ou tel de ceux qui n'étaient pas dans les tranchées, qui, comme diplomate, fonctionnaire ou à tout autre titre, était au service du gouvernement, m'a confié : « J'aimerais mieux mille fois être là-bas dans les tranchées ». Il est possible qu'il ait dit ou cru dire la vérité, mais le fait est qu'il n'y était pas et qu'il était tranquillement assis auprès d'un poêle bien chaud, en sécurité, à l'arrière, alors que les autres, dans la boue, la neige et le froid, attendaient jour et nuit, pendant des mois et des années, la mort ou la mutilation. Quand un de ceux-là essayait de me démontrer, avec une « ardeur patriotique » qu'il « fallait tenir » coûte que coûte et continuer la guerre jusqu'à ce que l'ennemi « fût à terre », que nous ne devions même pas essayer d'amorcer des négociations de paix, qu'il était « trop tôt », — et cela alors que le massacre durait depuis trois ans et que des millions de jeunes hommes de quatre parties du monde avaient été jetés dans la gueule du Moloch ! — je ne pouvais me défendre d'un sentiment d'indignation et, bien que peu encouragé par certains de mes amis et même de mes parents, j'étais encore fortifié dans ma résolution de ne me laisser arrêter par aucun obstacle et de déployer toutes mes faibles forces pour obtenir, si possible, que l'on recherchât une entente avec nos adversaires. Je ne me sentais nullement ému quand ces mêmes hommes me parlaient avec admiration des exploits de nos guerriers. Je voyais presque de la lâcheté dans cette admiration de l'héroïsme des autres. J'ai d'ailleurs souvent remarqué que ceux qui revenaient du front, ceux qui avaient réellement souffert et combattu là-bas, sous la pluie des obus et des bombes empoisonnées, montraient peu de plaisir à ces éloges et restaient très froids, quand ils n'étaient pas ironiques. C'était pour moi presqu'un crime qu'un homme qui ne partageait pas lui-même les dangers des combattants pût contribuer, ne fût-ce que par l'expression de son admiration, à persuader un nombre toujours plus grand de jeunes gens non encore appelés, de sacrifier, eux aussi, leurs jeunes existences à la folie de cette guerre. Je ne pouvais pas admirer davantage les femmes qui, le visage radieux, envoyaient à la mort leurs époux, leurs frères et leurs fils, pas plus que je n'éprouvais de sympathie pour les pères qui parlaient avec fierté de leurs fils tués à la guerre. Il me semblait qu'il eût été plus humain de laisser libre cours à leur légitime douleur ou tout au moins de garder le silence.

A vrai dire, ils étaient également victimes de la psychose et de la suggestion générales. Ce qu'il y avait de pire, c'est qu'ils étaient en même temps les victimes et les auteurs de cette suggestion, et c'est pourquoi je considérais comme le devoir de ceux, très rares, qui, dans dans le tumulte, avaient conservé la clarté de leur jugement et avaient réussi à se soustraire à la folie de la multitude et à l'hypnose générale, d'essayer tout au moins de faire reprendre leurs droits à la raison et à la froide réflexion.

« Eh, oui, si tout le monde faisait cela, qu'adviendrait-il de la mobilisation ? S'il fallait demander à chacun s'il approuve la guerre, où en serions-nous ? On ne réunirait pas un régiment, un bataillon, même une compagnie, quand

serait lancé l'ordre d'appel ! La guerre serait impossible ! »
Voilà ce que me répondrait tout ministre de la guerre ou
chef d'état-major général. Soit. Mais c'est précisément ce
que je veux démontrer, à savoir que, s'il n'y a pas de suggestion artificielle, si le « patriotisme » c'est-à-dire l'esprit
guerrier n'est pas cultivé systématiquement chez un peuple
dans la maison paternelle, à l'école, à l'université, par la
presse et même par l'Eglise — ce n'est pas sans raison que
l'on a souvent parlé de l'alliance du sabre et du goupillon
— un peuple ne quitte pas facilement ses occupations pacifiques pour exposer sa vie. C'est une erreur de croire que le
motif qui pousse les peuples à la guerre soit la rapacité, la
soif de profit matériel. Cela peut arriver, mais bien rarement, et seulement quand il s'agit d'un peuple encore primitif. Presque toujours le motif est différent et en un certain sens plus élevé ; c'est l'honneur offensé, le « prestige »
mis en question ; en d'autres termes, il s'agit de défendre
« l'honneur » du peuple. C'est ce que les dirigeants savent
et ont toujours su, d'instinct. C'est pourquoi ils ont toujours
veillé à ce que ce sentiment de l'honneur fût blessé et, quand
il le fallut, comme en Russie, où le peuple serait resté
indifférent, pour montrer l'indignation nationale, on orga-
nisa, par ordre gouvernemental, des manifestations toutes
factices qui trouvaient obligatoirement leur écho dans la
presse, jusqu'à ce qu'enfin la guerre fût aux portes. Car
le jeu des diplomates était si compliqué que l'homme
moyen, le bourgeois de la rue ou le paysan aurait eu de la
peine à le comprendre.

Je m'étais clairement rendu compte de tout cela et je
savais maintenant que la lutte contre la guerre devait être
continuée sans trêve et en tous lieux par ceux qui en avaient
la force et la capacité ; car les dirigeants, tant dans les gou-

vernements qu'au dehors, ne le feront jamais. Ils pensent encore avec les vieilles formules et ne veulent pas en changer; car la guerre accroît la puissance de tous les individus qui ont ou qui reçoivent le pouvoir ou une parcelle de pouvoir entre les mains, depuis le feld-maréchal jusqu'au sergent, depuis le ministre jusqu'au dernier bureaucrate; et à ce pouvoir, personne ne renonce volontiers. Qu'on se rappelle l'espèce de demi-dieu que la guerre faisait soudain d'un vieux commandant ou lieutenant-colonel, qui, quelques jours auparavant, menait l'existence étriquée d'un retraité, et qui maintenant était commandant de quelque ville en Belgique, en France, en Serbie, ou ailleurs et disposait en maître absolu de la vie de milliers de personnes. Qu'on se rappelle les innombrables bureaucrates militaires qui, devenus soudain de véritables autocrates, eurent le droit d'entraver la liberté personnelle de chaque citoyen sans avoir à craindre la moindre résistance. Tout cela n'était possible que dans l'atmosphère de la guerre; et c'est pourquoi ceux qui disposaient du pouvoir ont toujours eu intérêt à ce que cette atmosphère fût créée et conservée le plus longtemps possible. Et le bourgeois, dans sa paresse d'esprit, laissait tout faire, sans savoir où on le conduisait. N'était-il pas un animal grégaire et n'était-il pas habitué à n'avoir aucune opinion personnelle. C'est ainsi que chacun regardait l'autre et que tous avaient les yeux fixés sur leurs chefs et sur les gouvernements. Mais ceux-ci, à leur tour, observaient la foule et cherchaient à savoir ce qu'elle voulait. Seuls, quelques malins se tenaient à l'arrière-plan et faisaient danser les marionnettes. Enfin, tout d'un coup, « l'opinion publique » fut à point, et chacun se hâta de rugir très fort avec les autres, par peur de ne pas être considéré comme patriote ou même de passer pour un lâche.

On vit ainsi soudain de pacifiques agneaux prendre des allures de lions et quand le jour de la mobilisation fut arrivé, on vit les appelés et les volontaires courir sous les drapeaux comme s'ils ne pouvaient point aller assez vite au combat, simplement parce qu'on leur avait répété depuis si longtemps que la guerre était inévitable et devait nécessairement venir un jour et parce qu'ils n'avaient plus qu'un seul désir, mettre fin à l'éternelle incertitude. « Finissons-en », disait-on en France, et l'on faisait comme celui qui se précipite d'un bond, la tête la première, dans l'eau froide, parce qu'il lui serait plus désagréable d'y descendre lentement. Ils ne soupçonnaient pas que la guerre n'était nullement inévitable, que d'ailleurs aucune guerre n'est inévitable, et qu'il n'y aurait plus de guerres, si les peuples se rendaient compte qu'on les trompe quand on leur raconte que la guerre est inévitable. C'est précisément parce qu'on l'a considérée comme inévitable que la guerre est venue ; et tant qu'on la considérera comme inévitable, elle reviendra. Mais ils ne s'aperçoivent de cela que lorsqu'il est trop tard. Le pauvre diable qui partait plein d'enthousiasme, avec l'illusion qu'il allait combattre « pour la liberté et l'égalité », « pour la défense de son foyer », ou, comme on disait autrefois, « pour le trône et l'autel », et qui finalement est rentré chez lui après avoir laissé là-bas un bras ou une jambe, demande en vain pourquoi on a exigé de lui tous ces sacrifices et ceux de ses camarades tombés dans la lutte et à quoi ils ont servi. Aujourd'hui comme jadis, il lui reste pour toute réponse, les vers français suivants :

> Tout cela pour des Altesses,
> Qui, vous à peine enterré,
> Se feront des politesses,
> Pendant que vous pourrirez.

Il s'agit donc de combattre cette conception, d'extirper cette idée erronée de la guerre inévitable. Il faut que la mentalité des peuples se modifie, sans quoi toutes les sociétés des nations ne serviront de rien. C'est seulement quand un nouvel esprit régnera parmi les peuples qu'ils pourront compter sur une paix durable. Peut-être en viendront-ils un jour à faire ce que Maupassant proposait, à savoir de juger les gouvernements qui auront déclaré la guerre[1]. Alors toute guerre sera désormais impossible. Il faudra encore un long travail de culture et de dures expériences pour ouvrir les yeux aux peuples et les libérer des préjugés, de la foi en la religion de la guerre et pour répandre parmi eux la semence de la paix, surtout dans les générations montantes. Et comme la presse, dont ce travail devrait être la tâche la plus belle et la plus sacrée, s'en montre la plupart du temps incapable, comme elle est souvent entre les mains de gens pour lesquels l'esprit de guerre est une source de puissance et de richesse, il faut que ce soient les individus qui entreprennent cette lutte.

C'est une œuvre pénible, épuisante, mais ceux qui l'ont entreprise ne doivent pas désespérer; comme pour tous les travaux qui tendent au progrès de la civilisation humaine ils doivent être heureux à l'idée que leurs fils et leurs petits-fils réussiront peut-être ce qu'ils ont commencé. Ils doivent se passer le drapeau de main en main par-dessus les multiples têtes de la foule et un jour viendra où les peuples auront honte de leur folie d'aujourd'hui comme de tous leurs crimes et erreurs des temps passés.

---

1. « Pourquoi ne jugerait-on pas les gouvernements après chaque guerre déclarée ? Si les peuples comprenaient cela, s'ils faisaient justice eux-mêmes des pouvoirs meurtriers, s'ils refusaient de se laisser tuer sans raison, s'ils se servaient de leurs armes contre ceux qui les leur ont données, ce jour-là la guerre serait morte. » Guy de Maupassant, *Sur l'eau !*

C'est parce que la plupart des hommes sont incapables de penser jusqu'au bout que les divers peuples sont encore pénétrés de nationalisme, c'est-à-dire ne croient pas que l'humanité constitue un tout et que les frontières nationales soient quelque chose d'arbitraire, d'accidentel et même de nuisible au bonheur et au développement de l'humanité. Herbert Spencer dit avec raison que « la plupart des hommes paraissent avoir pour idéal de traverser la vie en exerçant aussi peu que possible l'activité de leurs cerveaux ». Mais à cela s'ajoute autre chose : plusieurs puissances se sont conjurées pour entretenir la paresse d'esprit innée chez les hommes, et même pour les empêcher de penser, ce sont l'État, la presse et l'Eglise. Il en résulte qu'il y a à peine un homme sur mille qui soit capable de penser par lui-même — peut-être est-ce encore trop dire. Par suite, la plupart des hommes croient au lieu de penser, c'est-à-dire qu'ils acceptent comme vrai ce qui leur est dit ou prêché par ceux qui ont réussi à acquérir de l'autorité sur eux, un prêtre, un journaliste, un général, un professeur ou un démagogue. Et ce n'est pas seulement la masse inculte qui se laisse diriger ainsi ; ceux que l'on appelle les « gens cultivés » croient également trop et pensent trop peu. Ils deviennent à leur insu les victimes de quelques malins et de quelques puissants. S'il n'en était pas ainsi, tout nationalisme, tout impérialisme aurait disparu depuis longtemps, la guerre paraîtrait aux hommes aussi abominable, aussi insensée, aussi monstrueuse que nous paraissent aujourd'hui la pratique du pillage, la sorcellerie, l'Inquisition et autres horreurs de l'histoire de l'humanité, et une Europe unie pourrait vivre dans la tranquillité et la paix, à l'intérieur comme à l'extérieur.

On aurait pu croire que les sacrifices épouvantables et les amères expériences de cette guerre auraient guéri pour toujours de la folie du nationalisme et du chauvinisme tous les peuples qui y ont pris part et qu'ils ne désireraient plus rien qu'une paix durable. Je suis d'ailleurs convaincu qu'au fond c'est le cas de tous. Si, malgré cela, nous avons aujourd'hui sous les yeux un tout autre tableau que celui que nous attendions, si les passions et les ambitions nationales se sont accrues encore chez plusieurs nations, en dépit de la misère financière où elles se trouvent toutes, si même quelques-unes d'entre elles font aujourd'hui encore des guerres coûteuses pour satisfaire ces ambitions et si d'autres sont prêtes à se précipiter dans de nouvelles aventures pour des raisons nationales, si, en Allemagne, l'esprit de revanche paraît régner dans une grande partie de la population, s'il ne peut être question d'un désarmement chez les gouvernements des peuples qui appartiennent aux groupes des Etats vainqueurs, si, en un mot, dans le monde entier, et particulièrement en Europe, il semble que l'on voie s'approcher l'épouvantable possibilité de nouvelles guerres, dont, en novembre 1918, après l'effondrement de l'Allemagne et de ses alliés, on se croyait délivré pour longtemps, tout cela tient à ce qu'on ne peut parler encore d'une paix véritable, car la paix de Versailles n'a pas été une paix; elle n'a fait qu'éterniser l'état de guerre. Tant que subsistera ce désastreux ouvrage, réalisé grâce à la défaillance tragique de l'homme que toute l'Europe, que le monde entier considérait comme un second Messie et en qui il avait placé toutes ses espérances, si amèrement déçues par sa lamentable capitulation à Paris, tant que régnera en France l'esprit du militarisme, l'atmosphère européenne restera troublée et on pourra toujours craindre le retour de la guerre.

Les peuples ne doivent pas oublier que s'ils ne réussissent pas à se débarrasser de la tutelle d'une certaine presse qui, dans tous les grands Etats, est devenue un moyen formidable de pression entre les mains de quelques puissants, il est impossible de dire combien de temps il faudra pour que l'on voie cesser les luttes entre les nations et si, avec les épouvantables progrès de la technique des armes de guerre, les nations européennes ne se seront pas ruinées et anéanties réciproquement, avant que se réalise l'union des Etats européens ou la véritable société des nations. Il se pourra alors que des peuples d'autres races viennent recueillir leur héritage, quand, dans une véritable folie de suicide, ces Etats se seront déchirés entre eux. Nous avons suffisamment vu pendant la guerre, où la propagande mensongère a atteint partout le sommet de la perfection, le puissant instrument que peut être la presse, accompagnée de l'arme de la censure, entre les mains des dirigeants. Mais les choses ne vont pas mieux depuis la guerre ; peut-être même vont-elles plus mal. Aujourd'hui encore, on s'en sert pour dissimuler aux peuples la vérité sur les causes, le déclanchement, le développement de la guerre et sur tous les crimes qui l'ont accompagnée, et pour leur donner le change sur les vrais responsables. La vieille formule *nihil novi sub sole* paraît s'appliquer ici. Thucydide, que l'on a assassiné, dit-on, pour faire disparaître ses récits, n'a-t-il pas expressément ajouté à son histoire de la guerre du Péloponnèse qu'« il nous indiquait les motifs de guerre tels qu'ils avaient été exposés au peuple ». Quand on lit cette réflexion et quand on se rappelle que celui qui l'a écrite a été assassiné, n'est-on pas amené à supposer que Thucydite, lui aussi, eut à lutter avec la censure ? Tous les chroniqueurs sincères qui ont vécu sous un puissant régime militaire, n'ont-ils pas eu à lutter avec elle ? C'est précisément cette lutte avec la censure qui rend incertains non seulement les communiqués des gouvernements mais encore tous les documents historiques qui émanent de personnages appartenant à des peuples militaristes. Et c'est par ces sources peu sûres que les peuples, en particulier le peuple allemand, se laissent encore tromper. Aussi, les rares hommes qui ont conservé leur indépendance ne doivent-ils, ni en temps de guerre ni en temps de paix, se laisser détourner de dire leur opinion, quand ils le peuvent.

Il en est plus d'un qui, au fond, pense très raisonnablement peut-être, mais que la crainte des attaques des journaux, la peur de se trouver dans une société désagréable ou les égards pour l'opinion différente de ceux de sa classe empêchent de dire franchement son opinion, et qui ne réfléchit point que par son silence il se fait sans le vouloir le complice de certains actes qu'il condamne intérieurement. Beaucoup d'autres aussi préfèrent nager avec le courant, simplement pour avoir la paix, sans soupçonner le mal immense qu'ils font ni la responsabilité accablante qu'ils assument. Si je n'ai pas agi ainsi, si je n'ai pas ce poids sur la conscience, la cause en est peut-être que je suis, comme l'a écrit de moi un journaliste, de cette catégorie d'hommes, qui aiment à dire ce qu'ils pensent. En tout cas, je ne regrette pas ce que j'ai fait, bien que certains de mes compatriotes me l'aient amèrement reproché. Je considère comme le devoir de tout homme qui s'estime lui-même d'ouvrir un sentier à la vérité, quand on essaie de lui barrer la route. Il faudra toujours que quelques-uns acceptent de marcher en tête dans cette voie, s'ils veulent que les autres les suivent. Anatole France a raison de dire : « L'humanité est semblable à une colonne en marche, dont la tête est déjà haute dans le ciel et voit apparaître les premiers feux de l'aurore, cependant que le reste se traîne encore au milieu des ténèbres. »

MAYENNE, IMPRIMERIE FLOCH — 20-3-192

COLLECTION DE MÉMOIRES, ÉTUDES ET DOCUMENTS POUR SERVIR A L'HISTOIRE DE LA GUERRE MONDIALE

SIR GEORGE ARTHUR. Kitchener et la guerre, 18 fr. — ASQUITH. La genèse de la guerre, 24 fr. — BAKER. Le président Wilson et le règlement franco-allemand, 24 fr. — BAUX. Études sur le combat, 12 fr. — PERRY BELMONT. L'abstention des États-Unis, 5 fr. — BERNHARDI. L'Allemagne et la prochaine guerre, 24 fr. — BIENSTOCK. Histoire du mouvement révolutionnaire en Russie (1790-1894), 24 fr. — *Princesse* BLUCHER. Notes intimes, 24 fr. — *Générale* BOGDANOVITCH. Journal, 24 fr. — *Général* BUAT. Ludendorff, 9 fr. — *Ambassadeur* BUCHANAN, Mémoires, 18 fr. — *Feld-maréchal* VON BULOW. Mon rapport sur la bataille de la Marne, 12 fr. — *Commandant* CARPENTER. L'embouteillage de Zeebrugge, 15 fr. — *Général* DE CHAMBRUN. L'armée américaine dans le conflit européen, 24 fr. — WINSTON CHURCHILL. La Crise mondiale, 18 fr. — GEORGES CLEMENCEAU. La France devant l'Allemagne, 12 fr. — COLLIN. Situation de l'armement maritime en France de 1914 à 1919, 18 fr. — *Général* VON CRAMON, Quatre ans au G. Q. G. austro-hongrois, 24 fr. — *** Les dangers mortels de la Révolution russe, 6 fr. — *** Que faire de l'Est européen? 7 fr. 50 — *Général* Y. DANILOV. La Russie dans la guerre mondiale, 40 fr. — DELBRUCK. Ludendorff peint par lui-même, 6 fr. — DELECRAZ. 1914. Paris pendant la mobilisation, 6 fr. — *Général* DOUCHY. Le Grand État-Major allemand, 15 fr. — DUTREB. Le Général Marchand, 9 fr. — DUTREB et GRANIER DE CASSAGNAC, Mangin, 9 fr. — ERZBERGER. Souvenirs de guerre, 24 fr. — H. W. FAWCETT ET G. W. HOOPER. La bataille du Jutland, racontée par les combattants de la flotte anglaise, 20 fr. — G. FERRERO. La guerre européenne, 6 fr. — *Colonel* FEYLER. Avant-propos stratégique, 15 fr. — Le problème de la guerre, 15 fr. — *Maréchal* GALLIENI. Mémoires, 24 fr. — GENTIZON. Le drame bulgare, 24 fr. — La révolution allemande, 6 fr. — L'armée allemande depuis la défaite, 6 fr. — L'Allemagne en république, 7 fr. 50. — *Ambassadeur* GERARD, Mémoires. — I. Mes quatre années en Allemagne, 15 fr. — II. Face à face avec le Kaiserisme, 15 fr. — GILLIARD. Le tragique destin de Nicolas II et de sa famille, 18 fr. — Dr RICHARD GRELLING. J'accuse, 24 fr. — Le Crime, 72 fr. — Documents belges, 24 fr. — EDWARD GREY, Mémoires, 40 fr. — GROMAIRE. L'occupation allemande en France (1914-1918), 24 fr. — GRUMBACH. L'Allemagne annexionniste, 24 fr. — Brest-Litowsk, 3 fr. 75. — DANIEL HALEVY. Le Président Wilson, 6 fr. — HANSI et TONNELAT. A travers les lignes ennemies, 9 fr. — C^t HASE. La Bataille du Jutland, 12 fr. — *Général* VON HAUSEN. Souvenirs de la campagne de la Marne, 12 fr. — *Général* VON HOEPPNER. L'Allemagne et la guerre de l'Air, 18 fr. — *Colonel* HOUSE ET SEYMOUR. Ce qui se passa réellement à Paris en 1918-1919, 24 fr. — Papiers intimes du *Colonel* HOUSE, 50 fr. — HULDERMANN. La vie d'Albert BALLIN, 18 fr. — *Ambassadeur* ISWOLSKY. Mémoires, 18 fr. — *Amiral* JELLICOE. La Grande flotte, 24 fr. — TAKE JONESCO. Souvenirs, 6 fr. — REGINALD KANN. Le plan de campagne allemand de 1914 et son exécution, 12 fr. — KIDERLEN WAECHTER intime, 24 fr. — L. L. KLOTZ. De la guerre à la paix, 18 fr. — *Général* VON KLUCK. La marche sur Paris, 12 fr. — KRONPRINZ DE PRUSSE. Mémoires, 24 fr. — Souvenirs de guerre, 24 fr. — *Général* VON KUHL. Le grand État-Major allemand, avant et pendant la guerre mondiale, 15 fr. — LABRY. Autour du Moujik, 24 fr. — *Général* LANREZAC. Le plan de campagne français et le premier mois de la guerre, 9 fr. — *Général* LEBAS. Places fortes et fortifications pendant la guerre de 1914-1918, 9 fr. — LEFEBURE. L'Énigme du Rhin (La stratégie chimique), 9 fr. — JULES LEGRAS. Mémoires de Russie 24 fr. — Lettres des Grands-Ducs à Nicolas II, 24 fr. — Lettres de l'Impératrice Alexandra Feodorovna à l'Empereur Nicolas II, 24 fr. — *Prince* LICHNOWSKY, Mémoire, 6 fr. — *Général* LIMAN VON SANDERS. Cinq ans de Turquie, 18 fr. — *Comte de* LUCKNER. Le Dernier Corsaire, 18 fr. — *Général* LUDENDORFF. Souvenirs de guerre, 48 fr. — Documents du G. Q. G. allemand, 48 fr. — LYON. Le prestige du pouvoir, 18 fr. — MELAS. L'ex-roi Constantin, 18 fr. — MERIWETHER. Journal, 12 fr. — *Ambassadeur* MORGENTHAU. Mémoires, 18 fr. — NAUMANN. L'Europe centrale, 18 fr. — NICOLAS II. Journal intime, 18 fr. — NIPPOLD. Le chauvinisme allemand, 30 fr. — Lord NORTHCLIFFE. A la guerre, 6 fr. — NOWAK. Les dessous de la défaite, 30 fr. — *Ambassadeur* WALTER H. PAGE. Vie et Correspondance, 60 fr. — PARSEVAL. Bataille du Jutland, 6 fr. — PUAUX. Le mensonge du 3 août 1914, 18 fr. — RAPHAEL. Tirpitz, 7 fr. 50 — *Colonel* REPINGTON. La première guerre mondiale (2 vol.) 60 fr. — *Colonel* REVOL. L'effort militaire des alliés, 12 fr. — Le plan XVII, 7 fr. 50 — Foch, 7 fr. 50 — RIESSER. Préparation et conduite financière de la guerre, 24 fr. — *Colonel* RIPERT D'ALAUZIER, Un drame historique, 12 fr. — RIST. Finances de guerre de l'Allemagne, 18 fr. — *Amiral* RONARC'H. Souvenirs de la guerre, 12 fr. — *Amiral* SCHEER. Mémoires, 30 fr. — *Président* SCHEIDEMANN. L'effondrement, 18 fr. — SCHMIDT. Les plans secrets de la politique allemande en Alsace-Lorraine, 15 fr. — *Amiral* SIMS. La victoire sur mer, 24 fr. — SOKOLOFF. Enquête judiciaire sur l'assassinat de la famille impériale russe, 24 fr. — TANNENBERG. La plus grande Allemagne, 12 fr. — ANDRE TARDIEU. La Paix, 15 fr. — C^t THOMAZI. La guerre navale dans la zone des armées du Nord, 18 fr. — La guerre navale dans l'Adriatique, 18 fr. — La guerre navale aux Dardanelles, 24 fr. — *Amiral* TIRPITZ. Mémoires, 30 fr. — VERMEIL. Les origines de la guerre, 24 fr. — WAXWEILER. La Belgique neutre et loyale, 12 fr. — Le procès de la neutralité belge, 12 fr. — *Baron* WERKMANN. Le calvaire d'un Empereur, 18 fr. — *Prince* WINDISCHGRAETZ. Mémoires, 15 fr. — WOLFF. Le Prélude, 24 fr. — YOUNG. A bord des croiseurs de bataille, 15 fr.